由华南农业大学马克思主义学院资助出版

“互联网+”条件下的协同反腐模式创新

黄威威◎著

湖南大学出版社
·长沙·

图书在版编目(CIP)数据

"互联网+"条件下的协同反腐模式创新 / 黄威威著.
长沙：湖南大学出版社，2024. 12. --ISBN 978-7
-5667-3791-5

Ⅰ. D630. 9-39

中国国家版本馆 CIP 数据核字第 202475HK86 号

"互联网+"条件下的协同反腐模式创新

"HULIANWANG+" TIAOJIAN XIA DE XIETONG FANFU MOSHI CHUANGXIN

著　　者：黄威威
责任编辑：吴海燕
印　　装：长沙创峰印务有限公司
开　　本：710 mm×1000 mm　1/16
印　　张：14. 25
字　　数：212 千字
版　　次：2024 年 12 月第 1 版
印　　次：2024 年 12 月第 1 次印刷
书　　号：ISBN 978-7-5667-3791-5
定　　价：58. 00 元

出 版 人：李文邦
出版发行：湖南大学出版社
社　　址：湖南・长沙・岳麓山　　**邮　　编**：410082
电　　话：0731-88822559(营销部)，88821343(编辑室)，88821006(出版部)
传　　真：0731-88822264(总编室)
网　　址：http://press.hnu.edu.cn
电子邮箱：934868581@qq.com

序

腐败是世界各国普遍面临的痼疾。要取得反腐败斗争胜利涉及诸多因素，其中制度因素具有根本性、全局性、稳定性、长期性特征，也是有效治理腐败的决定性因素，而互联网、大数据、区块链、人工智能等数字技术的出现提升了腐败治理的有效性与精准性。本书从“互联网+”视角出发，创造性地提出制度反腐与技术反腐协同创新模式，全面而系统地分析了新时代反腐败斗争的实践问题、新技术为反腐模式带来的新挑战与新机遇、技术反腐与制度反腐协同创新的必然趋势与内在机理，并从“技术赋能”“制度重塑”“双轮驱动”三个维度深刻剖析了反腐典型案例，提出具有建设性和可操作性的协同创新机制与实施路径。该研究主题鲜明、实事求是、层次严谨、表达流畅，对于加强反腐倡廉法规制度建设，推动形成“不敢腐、不能腐、不想腐”长效机制具有一定的参考借鉴意义，对于党政机关、企事业单位的腐败治理也有一定的应用价值。

在“互联网+”条件下，对技术反腐与制度反腐进行协同创新研究，以技术手段保证制度制定的精细化、严密性和制度执行的严肃性，有助于实现制度设计从经验主义的模糊制定走向数据驱动的精准治理。本书提出价值追求、技术手段、制度体系和创新主体是“互联网+”条件下技术反腐与制度反腐协同创新机制的要素。四个要素相互作用，突破创新壁垒，释放创新资源，通过全要素协同创新、全员协同创新、全时空协同创新，以实现从根本上遏制腐败的目的。本书还提出要解决腐败顽疾，必须要共享数据资源，构建技术-制度反腐协同创新的预警机制；扎紧制度笼子，构建技术-制度反腐协同创新的约束机制；扩大多方协作，构建技术-制度反腐协同创新的监督机制；完善追逃机制，构建技术-制度反腐协同创新的惩戒机制。技术-制度反腐协同创新机制提升了反腐的严密性、科学性、精准性、有效性，能实现反腐败从治标到治本的转变，从人治到法治的升华。

党的十八大以来，党和国家反复强调，腐败问题对党的执政基础破坏力最大、杀伤力也最大，是最容易颠覆政权的问题，是党面临的最大威胁，反腐败斗争是一场输不起也决不能输的重大政治斗争，必须决战决胜。随着互联网、大数据、人工智能等新技术的快速发展，腐败行为在不断演变升级、花样翻新，贪腐手段更为隐蔽复杂，传统的反腐模式已经不适用于技术浪潮时代的新型腐败行为。作者黄威威副教授十年前在"互联网+"被纳入国家经济社会发展战略的顶层设计时就敏锐地觉察到"技术"在反腐倡廉领域的双面性影响，一直进行深入跟踪研究，探索有效预防及治理腐败的新机制、新体系、新模式，先后在《学习时报》《理论探讨》《领导科学》《南方日报》《中国纪检监察报》《探索》等期刊发表相关观点。作者主持的国家社科基金青年项目"'互联网+'条件下技术反腐与制度反腐协同创新机制研究"结项鉴定结果为良好，充分肯定了该研究成果的创新性与现实意义。《"互联网+"条件下的协同反腐模式创新》一书正是在此基础上持续深入研究的成果，为反腐败研究提供了新视角、新思路，是反腐倡廉学术研究的有益补充。

民心是最大的政治，人民群众最痛恨腐败，不得罪成百上千的腐败分子，就要得罪14亿人民。党风廉政建设和反腐败斗争永远在路上，必须以抓铁有痕、踏石留印的坚韧和执着，打好这场攻坚战、持久战，使党永葆清正廉洁的政治本色。希望本书的出版能助力于建设反腐倡廉理论与实践，提高我国反腐倡廉建设的时代化、科学化水平。

中山大学　郭文亮

2024年12月1日

于广州康乐园

目次

第一章　绪　论 / 001
一、选题缘起及意义 / 002
(一)选题缘起 / 002
(二)研究意义 / 003
二、文献综述 / 005
(一)研究现状 / 005
(二)研究述评 / 017
三、研究内容及思路 / 019
(一)研究对象 / 019
(二)总体框架 / 020
(三)重点难点 / 020
(四)主要目标 / 020
四、研究方法及创新点 / 021
(一)研究的基本思路、具体研究方法 / 021
(二)创新之处 / 021

第二章　"互联网+"条件下技术反腐与制度反腐协同创新的必然趋势 / 023
一、新时代反腐模式的制度共识与实践困境 / 024
(一)新时代反腐模式的制度共识 / 025

（二）新时代反腐进程的实践困境 / 031
二、新技术为反腐模式带来新挑战与新机遇 / 037
（一）网络空间：反腐败斗争的新场域 / 037
（二）新技术为反腐倡廉带来的新挑战 / 047
（三）新技术为反腐倡廉带来的新机遇 / 049
三、技术反腐与制度反腐协同的必要性与必然性 / 051
（一）技术反腐与制度反腐协同的必要性 / 051
（二）技术反腐与制度反腐协同的必然性 / 053
四、技术反腐与制度反腐协同创新趋势：从技术赋能到技术赋权 / 058
（一）技术赋能：完善反腐工具箱 / 058
（二）技术赋权：公民监督权的实现 / 060
（三）全域监督：新的监督体系形成 / 063

第三章 “互联网+”条件下技术反腐与制度反腐协同创新的内在机理 / 067
一、基本理念：制度为体，技术为用 / 068
（一）制度为体：制度反腐是反腐治权的根本举措 / 068
（二）技术为用：移云数物链赋能反腐新技术创新 / 075
二、共同目标：构建“不敢腐、不能腐、不想腐”体制机制 / 080
（一）复杂的反腐败形势是技术反腐与制度反腐协同创新的现实需求 / 080
（二）“强化一体、立足三不”是新时代坚持和完善有效治理腐败的战略举措 / 085
三、理论支撑：从技术治理理论到数字治理理论 / 087
（一）技术治理理论 / 087
（二）数字治理理论 / 091
四、协同演化：技术反腐与制度反腐创新双轮驱动反腐模式升级 / 097
（一）实践基础上的技术反腐创新推动反腐制度重塑 / 098
（二）“三不”融合的制度反腐提升技术反腐创新动力 / 106
（三）技术-制度反腐协同演进双轮驱动反腐机制创新 / 109

第四章 “互联网+”条件下技术反腐与制度反腐协同创新典型案例 / 115
一、技术赋能：实践基础上的技术反腐典型案例 / 116
（一）技术赋能反腐典型案例呈现 / 116
（二）技术赋能反腐典型案例的剖析及启示 / 127
二、制度重塑：“三不”融合的制度反腐典型案例 / 128
（一）制度反腐典型案例呈现 / 128
（二）制度反腐典型案例的剖析及启示 / 131
三、双轮驱动：技术反腐与制度反腐协同演进典型案例 / 134
（一）技术反腐与制度反腐协同演进典型案例呈现 / 134
（二）技术反腐与制度反腐协同演进典型案例的剖析及启示 / 137

第五章 “互联网+”条件下进一步优化技术反腐与制度反腐协同创新机制 / 145
一、技术反腐与制度反腐协同创新机制的要素及功能 / 146
（一）技术反腐与制度反腐协同创新机制的要素 / 146
（二）技术反腐与制度反腐协同创新机制的功能 / 149
二、“互联网+”条件下技术反腐与制度反腐协同创新机制构建 / 151
（一）共享数据资源，构建技术–制度反腐协同创新的预警机制 / 151
（二）扎紧制度笼子，构建技术–制度反腐协同创新的约束机制 / 156
（三）扩大多方协作，构建技术–制度反腐协同创新的监督机制 / 162
（四）完善追逃机制，构建技术–制度反腐协同创新的惩戒机制 / 173
三、“互联网+”条件下技术反腐与制度反腐协同创新实施路径 / 179
（一）推进数字政府建设，云原生技术加速政府数字化转型 / 179
（二）发挥数据铁笼威势，大数据技术强化不敢腐的震慑 / 186
（三）构建价值互联网络，主权区块链赋能不能腐的高压 / 189
（四）创新廉政教育模式，数字孪生增强不想腐的自觉 / 195

结　语 / 200
参考文献 / 202
后　记 / 220

第一章 绪 论

一、选题缘起及意义

（一）选题缘起

腐败被称为政治之癌，是一种世界性的痼疾。腐败作为毒瘤，对一个国家的公共权力有着巨大的侵蚀作用，对社会政治经济的良性发展有着严重的危害。[①] 假如我们肯细心翻读过去每一朝代的历史，就会发现“腐败竟是与史实同寿的社会历史现象，并存在于所有时代”[②]。腐败是古今中外长期存在的社会毒瘤，是任何一个国家都难以回避的现实问题，是人民群众最痛恨的现象。

党的二十届三中全会通过的《中共中央关于进一步全面深化改革　推进中国式现代化的决定》强调“深入推进党风廉政建设和反腐败斗争”“着力铲除腐败滋生的土壤和条件”。党的十八大以来的高压反腐态势，使不敢腐的震慑作用充分发挥，不能腐、不想腐的效应初步显现。尽管党风廉政建设和反腐败斗争取得了历史性成就，但形势依然严峻复杂，传统腐败和新型腐败交织，贪腐行为更加隐蔽复杂，其危害性与艰巨性不减反增，必须知难而进，必须一刻不停推进党风廉政建设和反腐败斗争。当前中国面临百年未有之大变局，新兴信息技术快速发展迭代，然而各项体制机制相对滞后，并不完善，导致我国反腐倡廉工作存量还未清底，增量仍有发生。“解决腐败问题关键在于寻求一个可操作的、有效针对我国腐败现状的反腐倡廉新模式。重点是通过制度建设预防腐败。‘反腐败’是治标，‘防腐败’才是治本。”[③]党中央反腐败工作中重要的一环是着力扎牢制度的笼子，完善制度反腐，实现反腐工作从治标向治本转变。

---

① 汪玉凯．十八大以来反腐败斗争的时代紧迫性与历史必然性[J]．人民论坛，2017(13)：28-31.

② 吴晗．论贪污[N]．云南日报，1943-11-14．转引自过勇．经济转轨、制度与腐败[M]．北京：社会科学文献出版社，2007：4.

③ 胡鞍钢．有效防止腐败的关键是从制度入手[J]．改革，2000(6)：101-107.

目前我国的反腐倡廉模式主要还局限于运动反腐、权力反腐、不完善的制度反腐和创新阶段的技术反腐。我们必须结合新技术发展的态势，在我国现行的政治体制下进行反腐倡廉模式创新，探寻有效预防和治理腐败的新机制、新方法。2015 年 3 月 5 日李克强在政府工作报告中首次提出“互联网+”行动计划，此后国务院陆续发布了《关于积极推进“互联网+”行动的指导意见》《促进大数据发展行动纲要》《政务信息资源共享管理暂行办法》《国务院关于加快推进“互联网+政务服务”工作的指导意见》等政策文件。“互联网+”被纳入国家经济社会发展战略的顶层设计，是全面深化改革的技术引领，将深刻变革经济社会结构和社会生活方式，将重点促进以云计算、物联网、大数据为代表的新一代信息技术现代制造业、生产性服务业等的融合创新。“互联网+”行动计划引发了人们对“互联网+”与反腐倡廉关系的高度关注，面对“互联网+”这个社会转型期的“最大变量”，如何借助“互联网+”提高反腐倡廉水平？如何与时俱进地推进制度反腐创新？如何实现技术反腐与制度反腐的协同创新以完善制度反腐效能？这已成为我国当前反腐败体制机制创新研究亟待解决的重要课题。深刻研究新时代、新阶段反腐败工作的目标、任务，探索以制度创新为体，技术创新为用，将党风廉政建设和反腐败斗争纵深推进，寻求从根本上遏制腐败，提高党对进一步全面深化改革、推进中国式现代化的领导水平，确保党永远不变质、不变色、不变味，始终成为中国特色社会主义事业的坚强领导核心。

（二）研究意义

反腐倡廉模式实现从治标到治本的转变，从人治到法治的升华，从权力反腐到权利反腐的回归，需要新的理念、新的技术、新的手段、新的机制。反腐倡廉遇上“互联网+”，为反腐倡廉模式创新提供了一个新契机。在此背景下，对技术反腐与制度反腐进行深入研究，探讨“互联网+”条件下技术反腐与制度反腐协同创新机制，提出“互联网+”条件下的技术反腐与制度反腐协同创新实施路径，具有深刻的理论意义和重要的现实意义。

1. 理论意义

①本书以"互联网+"为视角研究反腐倡廉模式，对技术反腐与制度反腐进行协同创新研究，把反腐倡廉工作放入"互联网+"行动计划中考察，拓宽了反腐倡廉问题的研究领域，有助于丰富反腐倡廉建设理论，提高我国反腐倡廉建设的时代化、科学化水平。

②不断创新的互联网革命提高了互联网普及率，网络政治学已成为政治学研究领域一个新的理论研究范式。以"互联网+"为视角研究反腐倡廉模式创新，能够推动网络政治学的进一步发展，拓宽网络政治学的研究领域，丰富网络政治学的研究内容。

③采用行动研究方法，以"新技术实践—协同创新探讨—已有模式反思—技术-制度协同变革"为研究路径，有助于推进反腐败研究范式的变革，推动反腐败理论的发展。

2. 现实意义

①党的十八大以后，反腐高压态势成为新常态，建设廉洁政治，做到干部清正、政府清廉、政治清明成为国家治理的新要求。以"互联网+"为视角研究反腐倡廉模式创新，通过创新性手段解决实际问题，有助于提升反腐败工作的科学化、民主化水平，从腐败发生的根源处遏制腐败。

②反腐倡廉模式的创新是提高反腐倡廉工作水平的重要途径之一。针对中国当前反腐任务艰巨、制度反腐乏力的现状，研究借势"互联网+"助力反腐倡廉模式创新，有助于突破制度反腐的实践困境，弥补制度反腐的漏洞，补齐制度反腐短板，实现制度反腐科学化、实效化。

③对技术反腐与制度反腐进行协同创新研究，以技术手段保证制度制定的精细化、严密性和制度执行的严肃性，有助于实现制度设计从经验主义的模糊制定走向数据驱动的精准治理。

二、文献综述

（一）研究现状

1. 关于“互联网+”条件下技术反腐的研究

在信息时代，“互联网+”的出现极大地改变着人们的社会生活，而腐败现象也日益呈现出多变性、长期性、复杂性、隐蔽性等特点，因此，反腐倡廉工作也成为党的十八大以来党的一项重要工作。随着反腐败斗争的深入，反腐败研究呈现出如下趋势：“互联网+”条件下的技术反腐创新日渐增多，较成熟的有网络监督、网络反腐、大数据反腐、电子政务反腐，方兴未艾的有区块链反腐、人工智能反腐等等，不一而足。

（1）“互联网+”条件下技术反腐的特点研究

随着互联网技术的发展，网络以其特有的优势占据“互联网+”条件下技术反腐的一席之地，网络监督应运而生并发挥出强大的反腐优势。网络以其公开、透明、快捷的优势，成为“全天候的反腐利器”，形成体制外一支重要的反腐力量。① 从本质意义上说，网络反腐带来的社会正面效应不可小觑。一方面，它在网络领域的拓展为那些敢为有为的公民提供了广阔的政治参与空间。另一方面，它在形式上扩展了社会舆论监督的力度。② 另外，网络反腐作为当下中国反腐败的新范式，具有运动反腐、权力反腐、制度反腐、体系反腐等传统反腐败范式所不具有的优势，呈现出鲜明的强调“权利制约权力”的特点，对体制内的已有监督手段和官方反腐起到重要的补充作用。③

---

① 杜创国，刘静静. 构建网络反腐的“制度化”机制[J]. 当代世界与社会主义，2011(1)：160-162.

② 黄红平，赵佳鑫. 从喧闹到理性：当代中国网络反腐的价值旨归[J]. 信息技术与管理应用，2023，2(1)：159-168.

③ 黄红平，赵佳鑫. 从喧闹到理性：当代中国网络反腐的价值旨归[J]. 信息技术与管理应用，2023，2(1)：159-168.

从主客体上看，网络监督主体具有广泛性，从在校学生、公司职员、事业单位工作人员到个体户和专家学者，网民在各行各业中都有代表，能够充分反映其职业的广泛性和代表性。① 网络监督客体具有全面性，是指网络监督从根本上改变了传统监督的单向性和不对称性特点，突破了传统监督的“禁区”和“死角”，将国家机关的各级工作人员，涉及公共事务和公共利益的组织和个人，统统都纳入监督的范围之内，使自下而上的监督成为可能，因而极大地扩大了监督范围。② 在网络反腐过程中，最初有关腐败信息的披露者、相关反腐信息的搜索者、众多的网络围观者、相关舆论平台的推动者及线下的调查取证查处者，都是网络反腐的主体及有效载体；网络反腐客体所涉及的领域及人群涵盖各行各业，并共同指向显性或隐性的腐败官员及相关的腐败事件，或者是不正之风的公共或相对隐私的议题。③ 具体来看，官方反腐机构成为网络反腐传播强势主体。官方反腐机构主要指中央纪委国家监委、地方纪委、省监委及派驻纪检监察机构。群众成为网络反腐传播的重要力量，对监督起着重要作用。社交媒体也成为反腐传播的重要利器。④

从参与方式上看，“互联网+监督”的实施路径主要分为三个阶段。一是事前公开，把前台收集的信息全部“晒”出来，主动让群众监督；二是事中控制，通过后台数据碰撞及时发现腐败线索，进一步通过人机结合的模式彻查腐败根源；三是事后反馈，对群众反映的问题在规定时日内进行核实、回复、反馈，并将处理结果在平台上公示。⑤ 民众主要是通过接触反腐信息的媒介来了解中国反腐败工作的进程、决心与态度，进而形成自身的清廉感知。在新媒介环境下，反腐信息传递的是党和国家打击腐败的决心，反腐信息的大量曝光在一定程度上可以起到震慑作用，一方面能够加强党政干部廉洁从政的自觉意识，另一方面能够对潜在的

---

① 孔川，方世南. 网络监督的概念及其价值蕴涵[J]. 电子政务，2014(7)：34-39.

② 郑兴刚，梁丽辉. 网络监督：概念、缘起及优势[J]. 电子政务，2015(1)：2-7.

③ 任祥. 网络反腐的边际递减效应及其规制调适论析[J]. 云南师范大学学报(哲学社会科学版)，2020，52(5)：66-76.

④ 陈实，陈井安. 双主体传播格局的构建：社交媒体环境下的反腐传播研究[J]. 社会科学研究，2020(2)：170-179.

⑤ 陶富林，王敏. 大数据时代基层反腐的治理路径研究：以“互联网+监督”为例[J]. 河南科技学院学报，2020，40(3)：1-6.

腐败分子产生威慑力，为反腐败工作取得最终胜利提供坚实的基础。[①] 田湘波、罗厚卿认为，数据技术赋能“三不腐”一体推进的公众参与十分必要。首先，在我国强力推进“完善技术反腐体系”的背景下，建设大数据智慧监督平台将成为当前纪检监察方式革新的主要手段。其次，在当前政治民主化的进程中，公民参与反腐败斗争已成为廉政建设的重要渠道，而数据技术的赋能适应了公众参与的需要。最后，在互联网时代，数据的重要性愈发突出，并应用于各大领域，这使数据技术拥有充分的提升空间。[②]

从信息安全性上看，网络举报的匿名性能有效弥补传统反腐手段的不足，增强了举报腐败问题的安全度，保护了举报者个人信息及人身安全，极大地促进公众充分表达意见。[③] 但网络自身所具有的虚拟性、隐秘性等特点，使得网络评论及观点真实性受到质疑。同时，我国目前的网络监管与网络监督相关的法律法规并不完善，网民的素质也参差不齐，且被举报人在知晓之后也可能会采取各种措施来维护自己的利益。[④] 杨二慧、古剑在《大数据技术推进腐败治理现代化：亮点、难点和发力点》中指出大数据反腐高效、便捷、安全，提出就公民的举报来说，由于大数据反腐自身的隐蔽性、便捷性、高效性等特点，检举人不会因实名揭发而招致被检举人的打击报复，自身安全系数与积极性大为提高。[⑤]

从便捷性上看，传统的举报反腐方式的整个过程都受传统官僚科层结构的影响，而互联网强大的同步传输功能使得网络反腐程序简单便捷，成本低，效率高。[⑥] 更为重要的是，以微博、微信等为代表的新媒体正在成为新的信息承载工具，这些工具吸纳了尖端的信息技术、融合了公众

① 杜晓燕，张江楠. 新媒介环境下反腐信息媒介接触对民众清廉感知的影响机制[J]. 河南社会科学，2023，31(4)：45-55.

② 田湘波，罗厚卿. 数据技术赋能“三不腐”一体推进的公众参与：基于成都市数据纪检的 MOA 实证分析[J]. 信息技术与管理应用，2024(2)：135-146+168.

③ 韩笑. 我国网络反腐的现实困境及其破解路径[J]. 理论导刊，2020(3)：75-79.

④ 何铭，孙亮亮. “互联网+”新模式下反腐理念和方式的创新研究[J]. 学校党建与思想教育，2019(4)：55-56+61.

⑤ 杨二慧，古剑. 大数据技术推进腐败治理现代化：亮点、难点和发力点[J]. 社会科学动态，2023(10)：5-12.

⑥ 张桥，贺先志. 走向公共治理：网络反腐及其出路[J]. 天津行政学院学报，2017，19(2)：71-75.

心理，以此为基础生成的舆论能够得到更为广泛和深入的关注。因此，在网络环境中，政府机构反腐实践的执行反馈更加快速，使反腐效率不断提高。[①] 杜治洲、卢佳琦指出把权力关进笼子的价值逻辑：首先，人工智能嵌入廉政治理改善了公共权力行使者与监督者之间信息不对称的状况；其次，将信息化手段融入廉政治理，特别是将大数据技术融入规范权力运行的制度设计和管理过程，可以实现权力运行的标准化和规范化；再次，新型设备的应用可以大幅提升权力监督的效果。[②]

（2）"互联网+"条件下技术反腐的功能研究

技术反腐的优势特点与功能作用相关联，正向的优势特点带来正向的功能作用。通过对网络反腐案例的实证研究，学者任祥肯定了公民在互联网平台上对于公共权力的监督作用，以及技术反腐的功能："网络反腐作为'互联网+'盛行时代所演进及催生的一种社会发展新形态，有着显著的正向功能。"[③]牛先锋认为网络的廉价性、快捷性、互动性、隐蔽性和追踪性的特点决定了"其具有举报腐败现象、监督公权运行、制造社会舆论的强大反腐功能"[④]。杜治洲在惩治腐败有效性模型的基础上，对网络反腐功能作了进一步的分析，认为"网络反腐能提高腐败行为被发现的概率、被调查的概率和腐败分子被惩处的概率，从而大幅提升惩治腐败的有效性"。[⑤] 网络监督是对传统监督功能的深化，张绍荣认为"网络监督既表现出扎根人民立场的全民性、耦合府民关系的便捷性、有效制约权力的阳光性、保障网民权益的安全性等独有的监督优势特质"[⑥]，让网络监督既有传承，又有创新。杨二慧、古剑认为大数据的情报研判、风险预警、可视化信息分析等技术为我国科学地作出腐败犯罪防控决策插上了

① 董豪．网络反腐的制度困境与路径突破［J］．人民论坛，2014(20)：48-50.

② 杜治洲，卢佳琦．人工智能嵌入廉政治理的伦理风险及其防范［J］．广州大学学报(社会科学版)，2024，23(4)：113-124.

③ 任祥．网络反腐的边际递减效应及其规制调适论析［J］．云南师范大学学报(哲学社会科学版)，2020，52(5)：66-76.

④ 牛先锋．网络反腐的功能及其完善对策［J］．理论视野，2009(5)：44-46.

⑤ 杜治洲．基于惩治腐败有效性模型的网络监督研究［J］．中国行政管理，2010(7)：15-17.

⑥ 张绍荣．论制约权力运行的网络监督体系建构［J］．中国延安干部学院学报，2020，13(6)：71-78.

翅膀。[①] 陈雪锐认为廉政治理的“互联网+”思维是指尖时代实现廉政治理精准化的必由之路。“互联网+”这一工具的嵌入，可以充分释放廉政治理现代化改革进程中的新势能，从效率维度和精准角度提高廉政治理现代化水平。[②]

但技术反腐也存在异化的可能性，从而产生负向功能。互联网发布与腐败案件相关的信息时可能存在一定夸张性，公众空闲时间上网多倾向于娱乐化使用互联网，随着互联网使用频率增加、时长越长，公众接触“腐败传说”的概率大大增加，当公众接触到较多的“腐败传说”时会造成一定的感知偏差，进而降低其政府清廉感知水平。[③] 技术反腐的功能也存在一定的局限性。网络反腐具有继续存续的必要性，但其功能实现的前提是网络反腐的本身就应当是制度化的，只有制度化的网络反腐才具有长期性、确定性、稳定性，网络舆论场里的“仇官”戾气才能逐渐消融，虚拟空间只有在制度化之后才能有效地与现实社会相互动。[④] 总而言之，网络技术毕竟只是一种方式或手段，而对腐败的治理是一项系统工程，它需要各个方面的人力与物力的协调配合，这就需要建立有效长效的制度机制。[⑤]

(3)“互联网+”条件下技术反腐的路径研究

在技术反腐的路径方面，法律的完善、制度的支持、公民素质的提升、数字技术的融合这几方面是学者们关注的热点。

第一，加强技术反腐法律建设研究。王金鑫认为应在网络舆论监督中设置红线，“完善网络舆论的相关立法，以法为界，加强舆论监督，在具备可操作性和时效性的基础上保障网络舆论的健康开展”[⑥]。陶爱萍提

① 杨二慧，古剑. 大数据技术推进腐败治理现代化：亮点、难点和发力点[J]. 社会科学动态，2023(10)：5-12.

② 陈雪锐. 指尖时代廉政治理现代化的内生逻辑、现实困境与路径探析[J]. 廉政瞭望，2022(18)：48-49.

③ 邓崧，刘开孝. 互联网使用对政府清廉感知的影响研究：基于CGSS数据的实证分析[J]. 电子政务，2020(9)：107-120.

④ 谢遥. 从虚拟走向现实：网络反腐的式微及其制度化出路[J]. 理论学刊，2018(2)：41-46.

⑤ 陈平其，郑吉峰. 网络反腐的技术路径及其风险化解[J]. 辽宁行政学院学报，2015(3)：5-10.

⑥ 王金鑫. 网络舆论监督的法律边界与规制[J]. 新闻战线，2017(22)：38-39.

出从四个方面完善网络反腐法律规范体系：①科学界定网络反腐主体的权利与义务；②明确规定网络反腐的程序与合理的处理时限；③规范网络反腐信息的管理、完善举报人保护和激励制度；④建立统一完善的政府信息管理法律体系等。[①] 从各国反腐实践来看，治腐之所以能成功常常离不开反腐立法的健全和完善。当前，国内这一方面的立法还很滞后，并未统一规定其主体权利、责任、义务等标准，可考虑制定《网络反腐条例》以实现其规范化，保障举报者的正当权利，合理划分公职人员的隐私范围。[②] 徐翔、金桐提出对反腐倡廉党内法规完善路径的建议：第一，规范反腐倡廉党内法规的立法工作，提高立法质量；第二，推进反腐倡廉党内法规的执行；第三，加强反腐倡廉党内法规的普法教育。[③] 徐行认为加强反腐倡廉党内法规制度建设，是夺取反腐败斗争彻底胜利的根本举措；对于推进党风政风和社会风气好转有重要意义；有利于推动全面从严治党和全面依法治国向纵深发展。[④]

第二，完善技术反腐制度建设研究。网络反腐是人民群众参与反腐的一条重要途径，而反腐倡廉建设需要解决的问题之一是有效治理涉腐网络舆情，因此学者曹军辉、王瑛提出，推行涉腐网络舆情网格化治理机制要完善制度保障，建立涉腐网络舆情网格化监测机制，完善涉腐网络舆情预警、处置、责任、治理措施的“制度化”机制。[⑤] 王立军认为：“网络反腐制度化就是网络反腐获取社会共同的价值理念和稳定性的一种进程。而网络反腐制度化的有效推进需要制度供给主体愿意供给和健全制度，参与者利用网络平台创新技术，遵守制度。”[⑥]涉及举报制度的完善可以从两个方面着手：一是刑事法举报制度的完善；二是出台专门的举

---

① 陶爱萍．建立健全法律制度规范网络反腐[J]．中国党政干部论坛，2017(7)：58-61.

② 韩笑．我国网络反腐的现实困境及其破解路径[J]．理论导刊，2020(3)：75-79.

③ 徐翔，金桐．试论我国反腐倡廉党内法规建设的经验和对策措施[J]．中共石家庄市委党校学报，2023，25(4)：30-33.

④ 徐行．党的十八大以来反腐倡廉党内法规制度建设述论[J]．党的文献，2022(1)：50-57.

⑤ 曹军辉，王瑛．涉腐网络舆情的网格化治理机制研究[J]．重庆大学学报(社会科学版)，2020，26(6)：211-221.

⑥ 王立军．网络反腐的无序化及其治理：基于国家治理现代化的视角[J]．广西社会科学，2017(8)：138-141.

报法，这两方面的措施都是促进公众参与反腐的法律保障。[①] 学者张志凌认为，构建风清气正的政治生态，需要建立健全科学的反腐制度体系以保障政治生态上的“绿水青山”，要求反腐制度的建立要细致紧密、坚不可摧，并在反腐工作的开展和跟进中不断补缺堵漏，全面编织反腐的制度之网。[②]

第三，提升公民个体素质建设研究。网络反腐的基本特征赋予了每位公民以“网络评说员”的身份，但一些评论的压倒性态势会在一定程度上将其他网民的意见“群体性淹没”，抑制多样化表达。[③] 熊光清认为，“应加强对网民的教育和对网络舆论的引导工作”[④]，加强网民道德自律，以创造良好的网络监督环境。王世谊提出培育公民社会及公民精神，促进网络反腐，一要建设良好的网络监督的环境，二要完善公民社会视域下的网络监督的途径，三要促进网络反腐模式的公民精神培育，公民精神的培育应注重培养和提升网民道德素质，尤其不能忽视公务员、党员群体自身素质的建设。[⑤] 蒋占峰等提出要强化全体党员的思想政治教育工作，树立社会主义核心价值观，反对党内的不正之风和党外的歪风邪气，以筑牢拒腐防变的思想防线，同时用好批评与自我批评的强大利器，以刮骨疗毒、刀刃向内的勇气进行自我革命，从而达到“惩前毖后、治病救人”的目的。[⑥] 徐秦法、张睿认为要提高反腐主体的素质和法律修养，增强监督主体的可靠性，一是加强网络反腐宣传教育，二是加强反腐主体的反腐素质教育，三是加强反腐主体的法律修养。[⑦]

第四，促进数字技术融合发展研究。在“互联网+”时代，大数据反腐、区块链反腐、人工智能反腐等已成为我国反腐倡廉工作的重要组成

---

① 王秀梅，司伟攀．我国公众参与反腐的碎片化及其完善[J]．北京师范大学学报(社会科学版)，2021，(3)：144-152.

② 张志凌．关于新时代反腐败重要论述的四个维度[J]．学习与探索，2024(4)：106-111.

③ 陈雪锐．指尖时代廉政治理现代化的内生逻辑、现实困境与路径探析[J]．廉政瞭望，2022(18)：48-49.

④ 熊光清．中国的网络监督与腐败治理：基于公民参与的角度[J]．社会科学研究，2014(2)：42-46.

⑤ 王世谊．网络反腐：权力监督的新形式[J]．江苏行政学院学报，2012(1)：105-110.

⑥ 蒋占峰，苏东阳．新时代党内集中教育的发展态势、内在逻辑与新鲜经验[J]．河南师范大学学报(哲学社会科学版)，2022，49(1)：8-16.

⑦ 徐秦法，张睿．网络反腐：越南共产党腐败治理的新动向[J]．理论视野，2022(7)：80-86.

部分，邬彬和肖汉宇在《大数据应用与腐败治理：基于“互联网+监督”的深度个案研究》中指出，大数据应用能够有效地提升基层政府的反腐败效果，一是可以通过数据的收集与共享实现公开透明，二是大数据应用可与腐败行为惩处、基层权力监督机制相结合实现规则建设。① 蒋尧明、杨嘉逸等人指出，区块链技术与国家审计相结合，能够突破数据壁垒、推动反腐协作，促进信息透明、揭示隐性腐败，保障信息真实、强化审计问责，从而进一步提升大数据反腐的效率与效果。② 充分发挥大数据、云计算、区块链等技术在反腐中的优势，为反腐败提供更多的科学方法，解决反腐倡廉建设中迫切需要解决的问题。黄威威在《传统党建融合数字党建：新时代党建高质量发展的新路径》中指出，传统党建与数字党建融合发展，要在技术维度上构建党建高质量发展平台支撑体系、数据权属体系、数字安全体系；治理维度上构建组织管理新体系、从物理空间到多维空间营造全域数字生态、从单向度到立体全景式建立宣传服务新链接；人才维度上建立数字素养考评机制、数字创新与应用能力提升机制、人才成长全周期培育机制。③ 唐衍军、肖长春认为，以区块链网络反腐平台建设为契机加强制度建设，对腐败行为进行事前预警、事中监控及事后惩处，可助力开创“技术-制度”协同反腐的新局面。④ 张曦指出区块链技术的明显优势使得网络反腐应用区块链技术具有很大的可能性与可行性。新时代推进区块链技术在网络反腐中的应用，需要从优化线索管理、创新信息管理方式、健全网络反腐生态体系等方面入手。⑤

2. 关于制度反腐的研究

所谓制度反腐，就是“通过制定和实施一系列的法律、法规、规章、政策和具体管理条例来抑制腐败并惩治腐败”，是一种外在环境的“硬性”

---

① 邬彬，肖汉宇. 大数据应用与腐败治理：基于“互联网+监督”的深度个案研究[J]. 暨南学报（哲学社会科学版），2020，42(10)：78-94.

② 蒋尧明，杨嘉逸，唐衍军. “区块链+国家审计”助力大数据反腐研究[J]. 北京工商大学学报（社会科学版），2021，36(1)：37-45.

③ 黄威威. 传统党建融合数字党建：新时代党建高质量发展的新路径[J]. 探索，2024(2)：86-97.

④ 唐衍军，肖长春. 区块链助力网络反腐：技术制度协同视角[J]. 理论导刊，2020(10)：73-78.

⑤ 张曦. 腐败治理中的区块链技术：场景应用与价值展望[J]. 廉政瞭望，2024(9)：54-55.

约束。人们普遍认为，制度是治理腐败的决定性因素，制度建设是治理腐败的最重要途径。因此，以制度建设为核心、自上而下为主的制度反腐发挥了重要作用。[①] 关于制度反腐的重要性，习近平总书记在十九届中央纪委六次全会上的讲话中指出："当今世界没有其他哪个政党、哪个国家能够像我们这样大规模、大力度、坚持不懈惩治腐败。我们成功走出一条依靠制度优势、法治优势反腐败之路，书写了人类反腐败斗争历史新篇章。"[②]习近平总书记不仅把制度、法治摆在反腐败的突出位置，而且深刻阐述了原因。从理论逻辑看，法规制度带有根本性、全局性、稳定性和长期性。反腐倡廉法规制度既"禁于未然之前"，又"禁于已然之后"，为党员、干部拉起了高压线、划出了警戒线，在党风廉政建设中具有规范引导、控制约束、警戒告诫、惩罚威慑的作用。[③] 燕继荣在《中国腐败治理的制度选择》中提出："中国腐败治理的出路不在于改造人性，在于设计良好的制度。"[④]黄金存认为，中国共产党进行制度反腐，并不是就制度论制度，而是把发扬党的政治优势、制度体系建设、党的其他方面建设有机结合起来，注重发挥反腐倡廉建设整体合力。[⑤] 靳思昌认为制度具有稳定性、长期性的特征，在预防和惩治腐败中发挥着不可替代的作用。制度是反腐的依据，是反腐败的主要方法，也是反腐强制力的保障。[⑥]"依靠制度优势、法治优势反腐败之路"实质就是制度反腐、法治反腐之路，这是新时代反腐败成功之路，这意味着新时代中国选择并实践了法治反腐，中国法治反腐不仅开创了中国反腐败新局面，在中国反腐败历史上具有重要意义，而且创新了人类反腐败历史图景，具有重要的世界意义。[⑦]

---

① 伍汗飞，刘怀. 制度与文化并举：中国式腐败治理现代化研究的双路径模型[J]. 行政与法，2023(3)：10-20.

② 习近平. 全面从严治党探索出依靠党的自我革命跳出历史周期率的成功路径[J]. 求是，2023(3)：4-7.

③ 习近平. 论党的自我革命[M]. 北京：党建读物出版社，2023：113-114.

④ 燕继荣. 中国腐败治理的制度选择[J]. 哈尔滨工业大学学报(社会科学版)，2013，15(3)：1-12.

⑤ 黄存金. 改革开放以来中国共产党制度反腐探析[J]. 大连干部学刊，2010(11)：33-38.

⑥ 靳思昌. 国家审计基于"制度+科技"治理腐败研究[J]. 财会通讯，2024(9)：121-126.

⑦ 邓联荣. 法治反腐的中国理论：习近平法治思想中的法治反腐理论研究[J]. 中共中央党校(国家行政学院)学报，2024(2)：14-23.

在制度反腐的经验启示方面，习近平总书记在《论坚持全面依法治国》中指出："中外经验告诉我们，只有坚持依法严厉惩治、形成不敢腐的惩戒机制和威慑力，坚持完善法规制度、形成不能腐的防范机制和预防作用，坚持加强思想教育、形成不想腐的自律意识和思想道德防线，才能有效铲除腐败现象的生存空间和滋生土壤。"[①]张亚茹在《中国共产党制度反腐的历史考察及现实启示》中提出新时代要正确处理党的领导与制度建设、制度建设与制度执行、制度执行与制度氛围之间的关系，切实提升制度反腐治理能力，开拓反腐败斗争新局面。[②] 罗喜郎提出党的反腐倡廉制度建设经验给予当代的启示：第一，必须始终坚持和加强党对党风廉政建设和反腐败斗争制度建设的全面领导；第二，必须把人民放在最高位置来加强党风廉政建设和反腐败斗争的制度建设；第三，必须不断完善和发展党风廉政建设和反腐败斗争的法治体系；第四，坚持运用系统观念推动党风廉政建设和反腐败斗争制度建设；第五，必须契合形势发展和时代需要，加强党风廉政建设和反腐败斗争制度建设。[③]

新时代以来，以习近平同志为核心的党中央从国际治理体系层面着手进行战略规划和实施推进，不断丰富优化反腐败国际合作要素，搭建反腐败国际合作平台和载体，形成反腐败国际治理的制度性成果，通过"连点、成线、织面"的持续努力，积极推动构建反腐败国际治理体系。[④] 制度不是一成不变的，制度需要创新性发展。立足百年未有之大变局，我国内外部环境也在悄然发生变化，必须坚持以改革创新精神推进反腐倡廉制度建设，着眼制度的前瞻性、科学性，与时俱进制定规章制度。立足本国基本国情，学习借鉴世界各国反腐倡廉的好做法，在实践中不断推动制度创新，以制度建设夯实反腐倡廉治本之基。[⑤]

在制度反腐的路径选择方面，一是树立制度反腐思维。赵玥在《新时代反腐败的思维向度》中提出，反腐败思维的选择直接关系到腐败治理的

① 习近平．论坚持全面依法治国[M]．北京：中央文献出版社，2020：151.

② 张亚茹．中国共产党制度反腐的历史考察及现实启示[J]．理论导刊，2021(7)：50-55.

③ 罗喜郎．中国共产党反腐倡廉制度建设的历程与经验启示[J]．廉政瞭望，2023(19)：40-42.

④ 阚道远．新时代反腐败国际合作的中国智慧及其现实启示[J]．世界社会主义研究，2024，9(5)：28-38+125-126.

⑤ 罗喜郎．中国共产党反腐倡廉制度建设的历程与经验启示[J]．廉政瞭望，2023(19)：40-42.

效果，制度反腐思维是中国共产党治理腐败的又一基本思维向度，要织严织密织牢制度笼子的制度反腐思维。[①] 二是反腐法治化。姜明安在《论法治反腐》中指出，法治反腐能达到逐步减少和消除腐败的目标，而法治反腐的最大优势是程序反腐，提出推进政治体制改革，修改《中华人民共和国行政诉讼法》扩大人民法院行政案件的受案范围，推进政务公开，建立和完善官员家庭财产申报、审核和公开制度，启动人大的质询监督制度以及加强和规范平面媒体和网络对腐败现象、腐败官员、腐败行为的监督是当前反腐应当采取的主要措施。[②] 完善党内反腐倡廉法规制度的监督机制，首先要健全党内民主制度。其次要实现对纪检机关的监督，充分发挥人大和政协的监督作用。最后要培育公民的监督主体意识，以技术发展为重要保证，不断开辟党外监督的途径和方法，增强外部监督力量。[③] 三是重视与非正式制度的协同发展。蒯正明在《推进制度反腐建设的路径探究》中提出，有效预防和遏制腐败，最根本的是依靠制度，而推进制度反腐建设的重要保障是推动正式制度与非正式制度的协同发展。[④] 伍汗飞、刘怀提出，将系统观念运用到反腐倡廉建设中，从系统的整体性、协同性与韧性三方面来实施反腐败斗争，标本兼治，协同治理，实施自我革命的双路径模型策略，以期为推进腐败治理现代化提供新思路。[⑤] 四是提高制度反腐执行力。牛月永、刘桂英在《提高制度反腐执行力问题探析》中提出："在全面从严治党的新形势下提高反腐倡廉制度执行力，应该树立系统思维，科学理解制度反腐执行力的内在理念，明确制度反腐执行力面临的困境，以系统性思维为指导，构建起科学严密的制度体系，把制度执行落到实处，切实提高制度反腐执行力。"[⑥]金艳认为要从"硬件"和"软件"两个方面着手，双管齐下，既重视反腐倡廉制度的

---

① 赵玥. 新时代反腐败的思维向度[J]. 东北师大学报(哲学社会科学版)，2020(5)：174-178+188.

② 姜明安. 论法治反腐[J]. 行政法学研究，2016(2)：3-10.

③ 刘子文. "于法周延、于事有效"：新时代党内反腐倡廉法规制度建设的完善与发展[J]. 鄂州大学学报，2024，31(1)：14-16.

④ 蒯正明. 推进制度反腐建设的路径探究[J]. 中国特色社会主义研究，2016(6)：97-102.

⑤ 伍汗飞，刘怀. 制度与文化并举：中国式腐败治理现代化研究的双路径模型[J]. 行政与法，2023(3)：10-20.

⑥ 牛月永，刘桂英. 提高制度反腐执行力问题探析[J]. 理论导刊，2017(6)：13-16.

"硬件"部分，又紧抓反腐倡廉制度文化的"软件"部分，形成"硬件"与"软件"的双向联动，这为反腐倡廉制度文化建设的可行性提供了基本遵循。[①]

3. **技术与制度在反腐中协同的必要性研究**

习近平总书记在中国共产党第十九届中央纪律检查委员会第五次全体会议上发表重要讲话时指出，传统腐败和新型腐败交织，贪腐行为更加隐蔽复杂。"互联网+"模式下，要充分发挥网络的积极作用，实现网络反腐与制度反腐的对接，推动监察举报的信息化已是大势所趋。[②] 黄其松在《权力监督的类型分析：基于"制度—技术"的分析框架》中表明，引入技术维度，进而从制度、技术双重维度对权力监督进行研究是对权力监督理论研究的有益补充。[③] 刘源源在《完善网络反腐机制的思考》中提出，运用科技手段提升预防腐败效能，探索"制度+技术"模式反腐败，已经成为预防和惩治腐败的新模式和新理念。[④] 黄威威在《制度为本、技术为器：基于"互联网+"条件下的协同反腐模式创新》中表明，制度反腐虽然是治本之策，但制度反腐不是万能的，更不是一劳永逸的，任何制度都难免百密一疏。只有在制度为本的基础上辅之以技术为器，才能有效发挥技术反腐的热炉效应，有效弥补制度反腐的局限。[⑤] 程文浩指出，有效防治新型腐败，应综合采用制度和技术两种工具。[⑥]

（二）研究述评

1. **国内"互联网+"条件下的反腐模式的探索**

随着"互联网+"的出现和反腐败斗争的深入，国内与本书相关的研究主要集中在两个方面。一是"互联网+"条件下的技术反腐创新日渐增多，

---

① 金艳. 反腐倡廉制度文化是关系反腐倡廉制度优势的根本问题：《反腐倡廉制度文化研究》评介[J]. 社会科学动态，2020(6)：125-126.

② 何铭，孙亮亮. "互联网+"新模式下反腐理念和方式的创新研究[J]. 学校党建与思想教育，2019(4)：55-56+61.

③ 黄其松. 权力监督的类型分析：基于"制度—技术"的分析框架[J]. 中国行政管理，2018(12)：108-113.

④ 刘源源. 完善网络反腐机制的思考[J]. 郑州大学学报(哲学社会科学版)，2014，47(3)：16-19.

⑤ 黄威威. 制度为本、技术为器：基于"互联网+"条件下的协同反腐模式创新[J]. 领导科学，2017(6)：9-11.

⑥ 程文浩. 新型腐败的识别要点和惩治策略[J]. 人民论坛，2021(17)：47-49.

较成熟的有网络反腐、大数据反腐、电子政务反腐，方兴未艾的有区块链反腐、人工智能反腐等等。

（1）网络反腐

2009年“网络反腐”被收入《党的建设辞典》，得到官方认可；杨金卫在《网络：一种新的反腐利器》中指出网络反腐作为一种新的反腐手段已经开始显现其重要的作用。

（2）大数据反腐

冯燕红和赵淑梅都提出大数据能提高反腐败斗争的实效性；李彦探讨了大数据反腐何以可能与何以可为的问题；李后强、李贤彬指出大数据反腐的具体方向——腐败行为的认定与识别、腐败行为发生的概率分析、腐败过程的动态反演等。

（3）电子政务反腐

夏义堃指出电子政务反腐败的具体作用手段；张锐昕、刘红波分别研究了电子政务反腐败的潜力和效力表现及提升策略。

（4）区块链反腐

段琳和张凤侠指出区块链技术在政府治理方面具有广泛的应用前景和发展空间，为腐败治理提供了新的思路与方法。

（5）人工智能反腐

潘庸鲁在《人工智能介入司法领域的价值与定位》中指出人工智能具有防范冤假错案、提高司法效率、预防司法腐败的显著客观作用和价值。

在利用“互联网+”新技术反腐的过程中，我国更多的是单纯利用技术手段，没有完善的制度和法规，因而治理腐败的效果不明显。同时，学界关于技术反腐的研究多停留在传统的互联网应用阶段，缺乏对新技术（移云数物链）的进一步融合，而反腐要紧跟时代发展步伐，融合数字技术，发挥数字技术的优势特点，提升反腐效果。这就给本书通过技术与制度双轮驱动协同创新，提高技术反腐效能留下了研究空间。

二是制度反腐方面的研究。世界各国的反腐经验表明，制度反腐是从源头上遏制腐败产生的更有效的方法，具有根本性、稳定性和科学性。总的来看，反腐的制度共识已然形成，学者们也研究了制度反腐面临的困境和挑战，而且还从不同视角给出了解决办法，但是从技术与制度协同创新的视角进行的研究较少，大部分局限于网络反腐与制度反腐相互关系的研究，大数据反腐和电子政务反腐与制度反腐的关系鲜有人关注。

2. 国外“互联网+”时代反腐模式的探索

与本书相关的研究主要集中在电子政府、电子政务和电子治理方面，多数采用实证和案例研究。在电子政府(e-government)的背景下，腐败已经成为一个备受争议的话题。一些发展中国家的报告显示，电子政务应用有助于打击腐败和扩大服务提供范围，Shikha Vyas-Doorgapersad 以案例研究、文献和学术文献为重点，论述了南非电子政务相关举措，调查结果表明，电子创新有助于在政府和被治理者之间建立对话，以打击腐败和提升服务供给。① Averin 等指出电子政务是有效的反腐败工具，减少腐败的方式之一是鼓励公民使用电子政务应用。现代技术的普及，尤其是公民对国家和地区事务的“电子参与”，有助于国家权力的公开、合法化，减少腐败。② Matthew 以美国旧金山“311”热线为研究对象，分析了数字技术对政府服务绩效和社会公平的影响，指出那些能够帮助民众与政府直接沟通的数字技术，有利于政府和民众之间开展互动，进而有助于提高共同生产效率。③ Harald Waxenecker，Christina Prell 强调了地方干预的重要性，并主张采用网络方法来提高透明度、加强问责制、推进长期反腐工作。④ Davina Osei，Maty Konte，Elvis Korku Avenyo 考察了社会网络在缓解公共服务需求中的官僚腐败影响方面的作用，主要结果表明，并非所有的公民都是腐败公职人员的受害者，因为社交网络充当了腐败行为的替代途径或是民众可能选择的非腐败服务方式。⑤《联合国电子政务发

---

① SHIKHA V-D. The application of e-government for increased service delivery in South Africa[J]. The international journal of interdisciplinary social sciences：annual review，2009，4(1)：455-466.

② AVERIN A V，POGODINA I V，MANOKHIN V S. Encouraging citizen adoption of e-governance—a way to reduce corruption [C]//Proceedings of international scientific and practical conference “Russia 2020—a new reality：economy and society”(ISPCR 2020). Atlantis press，2021：13-16.

③ MATTHEWM. Young，the impact of technological innovation on service delivery：social media and smartphone integration in a 311 system[J]. Public management review，2022，24(6)：926-950.

④ WAXENECKER H ，PRELL C. Corruption dynamics in public procurement：a longitudinal network analysis of local construction contracts in Guatemala[J]. Social networks，2024，79：154-167.

⑤ OSEI D，KONTE M，AVENYO E K. Escaping corruption in the demand for public services in Africa—the dual nature of civic networks[J]. World development，2024，177：106541.

展报告》显示，从全球范围来看，电子政务发展水平持续提升，目前有65%的成员国处于高或者非常高的电子政务发展指数组别。

许多清廉国家的反腐经验表明，外国政府已经将互联网作为反腐败“工具箱”中的重要成员。电子政府提高了民众对政府的信任程度，增进了政府对电子政务服务的采纳，改善了政府内部以及政府与外部利益相关者之间的沟通渠道，有助于政府优化流程和改善服务能力，更好地满足组织目标和客户需求。[①]

国内外已有研究成果为本书的深入研究提供了有力支撑和重要参考，但仍较为薄弱：①视角单一；②视域狭窄；③单学科研究多，交叉研究、跨学科研究较少。

纵观国内外相关研究，学界已有研究成果为本课题研究奠定了良好基础，但如何科学认识当前制度反腐模式面临的机遇与挑战？如何利用“互联网+”条件下的新技术手段提高反腐效能？如何推动技术反腐与制度反腐协同创新？如何实现“制度为体，技术为用”的反腐新模式？如何有效运行技术反腐与制度反腐协同创新机制以提升反腐治理效能？这些问题目前学界鲜有涉及，这就给本书留下了系统研究拓展的空间和现实价值。

三、研究内容及思路

（一）研究对象

本书以“‘互联网+’条件下的技术反腐与制度反腐”为研究对象。“互联网+”是以互联网为主的一整套新一代信息技术（包括移动互联网、云计算、大数据技术、区块链、人工智能等）在经济、社会生活各部门的扩散、应用和深度融合，并不断释放出数据流动性的过程。“互联网+”条件

① DON M，RYAD T. A systematic literature review of empirical research on the impacts of e-government：a public value perspective[J]. Public administration review，2022，82(1)：12-30.

下的技术反腐有网络反腐、大数据反腐、电子政务反腐、区块链反腐、人工智能反腐等。本书从分析当前制度反腐面临的新挑战出发，针对应用技术反腐优势弥补制度反腐漏洞难题，对技术反腐与制度反腐进行协同创新研究，探索“互联网+”条件下的技术反腐与制度反腐协同创新路径与对策。

（二）总体框架

第一章：绪论。

第二章：“互联网+”条件下技术反腐与制度反腐协同创新的必然趋势。

第三章：“互联网+”条件下技术反腐与制度反腐协同创新的内在机理。

第四章：“互联网+”条件下技术反腐与制度反腐协同创新典型案例。

第五章：“互联网+”条件下进一步优化技术反腐与制度反腐协同创新机制。

（三）重点难点

①当前的技术反腐研究成果多数还处于技术探索与聚焦的阶段，而制度反腐方面的研究成果则主要局限于单一研究范式。如何实现“互联网+”条件下的技术反腐与制度反腐协同创新，找到切实可行的“制度为体，技术为用”的反腐倡廉模式的实施路径与对策，将是本书研究的重点。

②技术反腐与制度反腐之间不是简单的线性关系，技术反腐与制度反腐协同创新的内在机理是一个复杂的过程。如何厘清技术反腐与制度反腐协同创新的内在机理，是本书研究的难点。

（四）主要目标

总体目标：本书以马克思主义理论为指导，结合政治学、经济学、信息科学、法学等多种学科知识，从技术和制度协同创新的维度出发，通过行动研究方法和案例比较分析方法对国内外技术反腐与制度反腐协同创新问题进行研究，旨在通过“互联网+”技术的应用破解制度反腐难题，提高制度反腐效能，形成技术反腐与制度反腐协同创新的路径与对策。

具体目标：

①厘清当前制度反腐的局限及挑战。

②明确“互联网+”条件下技术反腐的具体方式、手段。

③探讨“互联网+”条件下技术反腐与制度反腐协同创新机制，破解制度反腐难题。

④提出“互联网+”条件下的技术反腐与制度反腐协同创新路径与对策。

四、研究方法及创新点

（一）研究的基本思路、具体研究方法

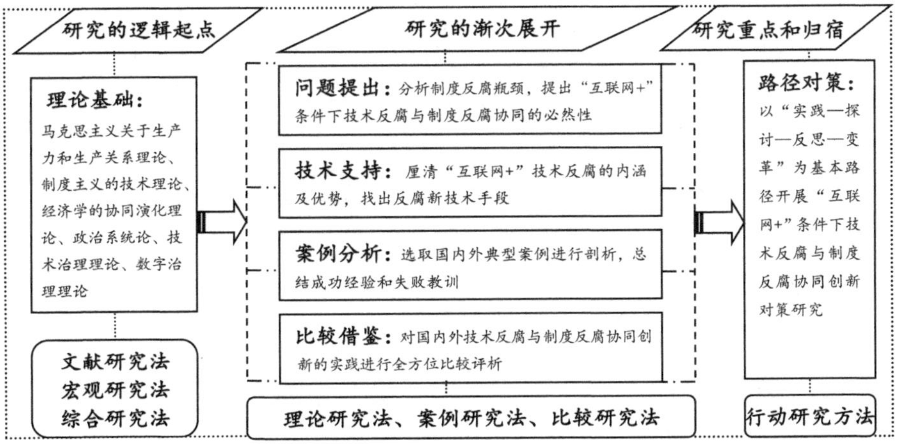

（二）创新之处

①选题上的创新。过去，学界已有很多制度反腐和技术反腐的研究成果，但从“互联网+”角度研究技术反腐与制度反腐协同创新机制的选题尚未见到。

②学术观点上，在全方位、立体式的制度体系中融入“互联网+”条件

下的新技术，可以实现作为反腐手段与工具的技术与制度的优势互补，协同创新。技术与制度作为反腐的两种有效手段与工具，单纯从技术角度研究腐败问题具有局限性，单纯从制度角度研究腐败问题也有局限性，技术和制度的协同创新将是实现技术反腐与制度反腐优势互补、模式创新、效率提高的必然选择。

③研究方法上，创新性地应用行动研究方法，打破传统的“研究—传播—运用”的研究路径，面对“互联网+”时代迅速变革、速度为王的挑战，以“实践—探讨—反思—变革”为基本路径开展“互联网+”条件下技术反腐与制度反腐协同创新研究。

第二章 “互联网＋”条件下技术反腐与制度反腐协同创新的必然趋势

人类社会随着私欲和权力的萌生而发展，不论什么时代和社会制度，腐败与反腐败之间的博弈从来就没有停止过，博弈的双方都在利用一切资源和手段达到自己的目的。世界各国都一直在探讨怎样有效推进反腐倡廉建设。创立于1921年7月的中国共产党建党100余年，中国共产党的百年历史既是“一部争取中国人民全面解放和发展的历史，也是一部同腐败进行斗争的历史”①。进入新时代，互联网快速发展的影响范围之广、程度之深是其他科技成果所难以比拟的。互联网发展给生产力和生产关系带来的变革是前所未有的，给世界政治经济格局带来的深刻调整是前所未有的，给国家主权和国家安全带来的冲击是前所未有的，给不同文化和价值观念交流交融交锋产生的影响也是前所未有的。党的十八大以来，以习近平同志为核心的党中央坚持推进全面从严治党，开展史无前例的反腐败斗争，反腐败斗争取得压倒性胜利并全面巩固，成功走出一条中国特色反腐败之路，为世界性难题贡献了中国方案。但是也必须清醒认识到，反腐败斗争形势依然严峻复杂，腐败问题产生的土壤和条件尚未彻底铲除，新型腐败、隐性腐败层出不穷，遏制增量、清除存量任务依然艰巨。互联网作为一种通用目的技术，将对人类经济、社会、生活产生深远而广泛的影响。“互联网+”的跨界融合、重塑结构、开放生态、连接一切等特性可以为反腐倡廉模式创新带来新思维、新模式、新工具。在“互联网+”条件下创新技术反腐与制度反腐协同机制，是实现从治标到治本的转变，从人治到法治的升华，从权力反腐到权利反腐回归的必然要求与趋势。

一、新时代反腐模式的制度共识与实践困境

我国一直致力于构建一个“不敢腐、不能腐、不想腐”的腐败治理体系。习近平总书记在二十届中央纪委二次全会上对持续发力、纵深推进

① 邵景均. 新中国反腐简史[M]. 北京：中共党史出版社，2009：1.

反腐败斗争提出要求，强调深化标本兼治、系统治理，一体推进不敢腐、不能腐、不想腐。制度反腐的共识已然形成，但是任何制度都存在局限性：制度漏洞和滞后性。党和国家不断出台各种反腐制度，但仍然存在越反越腐、“十八大后不收敛、不收手”的情况，制度反腐陷入困境。制度反腐实践困境表明，只有协同推进技术反腐，在全方位、立体式的制度体系中融入“互联网+”条件下的新技术，堵住反腐败工作中的制度漏洞，清除反腐败体制机制建设的外围障碍，才是完善制度反腐的必由之路。

（一）新时代反腐模式的制度共识

1. 执政党对制度反腐的认识

改革开放后，邓小平曾在《党和国家领导的制度改革》一文中指出：“我们过去发生的各种错误，固然与某些领导人的思想、作风有关，但是组织制度、工作制度方面的问题更重要。这些方面的制度好，可以使坏人无法任意横行，制度不好，可以使好人无法充分做好事，甚至走向反面。”①通过制度建设来惩治预防腐败已经是我国最根本的反腐战略，从党的十三大首提反腐“制度”到党的十八大以来的国家监察体系重大改革，从制度上实现对公权力运行的监察；再到党的十九大“把制度建设贯穿党的各项建设，推进反腐败国家立法的新要求”，“制度”已经成为反腐倡廉建设的中流砥柱。党的十九大决议指出，要“全面推进党的政治建设、思想建设、组织建设、作风建设、纪律建设，把制度建设贯穿其中，深入推进反腐败斗争，不断提高党的建设质量”②，明确了廉政建设中要更加重视制度的力量。党的二十大报告提出：“完善党的自我革命制度规范体系。坚持制度治党、依规治党，以党章为根本，以民主集中制为核心，完善党内法规制度体系，增强党内法规权威性和执行力，形成坚持真理、修正错误，发现问题、纠正偏差的机制。健全党统一领导、全面覆盖、

① 邓小平文选：第2卷[M]. 北京：人民出版社，2005：333.

② 中国共产党第十九次全国代表大会. 中国共产党第十九次全国代表大会关于十八届中央委员会报告的决议[M]//中国共产党第十九次全国代表大会文件汇编. 北京：人民出版社，2017：64.

权威高效的监督体系，完善权力监督制约机制，以党内监督为主导，促进各类监督贯通协调，让权力在阳光下运行。推进政治监督具体化、精准化、常态化，增强对‘一把手’和领导班子监督实效。”①强化制度建设是落实新时代党的建设总要求的具体体现。

党的十八大之前我们的反腐败成绩不够显著，“其中一个重要原因就是我们一些领域的体制机制还不健全”②，制度反腐不科学，权力监督不全面。要从源头根治腐败必须有“治本”之策，要逐步把工作重心从“打虎”转移到“建笼”上来，利用治标创造的时间，尽快将反腐工作重心转移到治本之上，只有完善制度反腐，才能让各级官员“不能腐”，才能从根本上遏制腐败蔓延的趋势。党的十八大以来，反腐败斗争压倒性胜利不断巩固发展，全面从严治党向纵深发展，这与反腐败制度转型是分不开的。特别是党的十八届六中全会以后全面从严治党，制度的“笼子”越扎越紧，完善制度反腐，一体推进“三不”体制机制的实现将是党中央下一步反腐倡廉工作的重中之重。

我们从党风廉政建设和反腐败斗争入手，坚决遏制腐败蔓延势头，严肃惩治了一批腐败分子。从十八届中央纪委二次全会上，党中央下定决心“要加强对权力运行的制约和监督，把权力关进制度的笼子里”；到十八届中央纪委三次全会强调“要强化制约，科学配置权力，形成科学的权力结构”的反腐目标；再到十九届中央纪委五次全会明确“制度治党”“不断实现不敢腐、不能腐、不想腐一体推进战略目标”，制度反腐共识已然形成，制度反腐持续发力。反腐败斗争一直存在越反越腐的治理怪圈，要破解这个难题，除了致力于抓“老虎”、拍“苍蝇”、打“蚊子”，更重要的是建“笼子”，只有把权力关进制度的笼子里，才能从根本上杜绝腐败。习近平总书记在中共中央政治局第二十四次集体学习时强调，“要加强反腐倡廉法规制度建设，把法规制度建设贯穿到反腐倡廉各个领域、落实到制约和监督权力各个方面，发挥法规制度的激励约束作用，推动

① 习近平．高举中国特色社会主义伟大旗帜　为全面建设社会主义现代化国家而团结奋斗：在中国共产党第二十次全国代表大会上的报告[M]．北京：人民出版社，2022：65-66.

② 中共中央纪律检查委员会，中共中央文献研究室．习近平关于党风廉政建设和反腐败斗争论述摘编[M]．北京：中央文献出版社，2015：124.

形成不敢腐、不能腐、不想腐的有效机制”。“反腐倡廉法规制度一经建立，就要让铁规发力、让禁令生威，确保各项法规制度落地生根。”[①]党的十九大报告指出：“只有以反腐败永远在路上的坚韧和执着，深化标本兼治，保证干部清正、政府清廉、政治清明，才能跳出历史周期率，确保党和国家长治久安。”[②]党的二十大报告强调：“深化标本兼治，推进反腐败国家立法，加强新时代廉洁文化建设，教育引导广大党员、干部增强不想腐的自觉，清清白白做人、干干净净做事，使严厉惩治、规范权力、教育引导紧密结合、协调联动，不断取得更多制度性成果和更大治理效能。”[③]法规制度好比一把戒尺，只有这把尺子震慑力足够强，贪污腐败分子才不敢逾越规矩，才能安分守己地在尺度内行使手中的公权力。

2. 学界对制度反腐的认识

新中国成立 70 多年来，我国逐渐形成了三种常见的反腐模式，即运动反腐、权力反腐、制度反腐。运动反腐依靠发动群众来遏制腐败，尽管有效遏制了腐败的蔓延，却常常破坏正常的社会秩序；权力反腐人治色彩强烈，常常受掌权者个人反腐意愿和能力的左右；只有制度反腐才是遏制腐败的终极解决方案。国内学界对反腐败的研究也是由运动反腐、权力反腐逐步转向制度反腐，制度反腐共识逐渐形成。如何增科在《反腐新路》中指出反腐的新路在于运用体制改革和制度创新；金波的《世界各国制度反腐经验研究》对德国、俄罗斯、巴西、印度、新加坡等国的廉政治理和制度反腐经验进行研究；霍登煌在《党内巡视制度下的权力监督与反腐治理效能分析》中指出制度机制创新是新时代反腐倡廉建设的根本保障；罗喜郎提出要立足本国基本国情，学习借鉴世界各国反腐倡廉的好做法，在实践中不断推动制度创新，以制度建设夯实反腐倡廉治本之基。制度反腐的普适性、根本性、稳定性和科学性特征表明，制度才是从源头上遏制腐败产生的最佳方法。也有学者从制度反腐的局限性提出建议。

---

① 习近平. 关于全面从严治党论述摘编[M]. 北京：中央文献出版社，2016：189-190.

② 习近平. 决胜全面建成小康社会 夺取新时代中国特色社会主义伟大胜利：在中国共产党第十九次全国代表大会上的报告[M]. 北京：人民出版社，2017：67.

③ 习近平. 高举中国特色社会主义伟大旗帜 为全面建设社会主义现代化国家而团结奋斗：在中国共产党第二十次全国代表大会上的报告[M]. 北京：人民出版社，2022：69-70.

如陈巧燕指出，从目前党内廉政法规全过程监督来看，不论制定过程还是执行过程中，都存在不完善的地方，也存在政治生态环境和机制上的困境，要以完善廉政法规制度的科学内涵、覆盖范围和操作程序为重点，以增强制度的执行力和有效监督为保障，才能真正建成一个内容科学、程序严密、配套完备、运行有效的廉政法规体系。王立峰、周强伟指出，当前虽已初步搭建起涵盖规则制定、纪律严明、责任明确、偏差纠正、任务落实等环节的框架，但仍需细致排查潜在盲区，进行精准填补，应紧密围绕党的四个自我建设要求，自我净化、自我完善、自我革新、自我提高，审视体系是否全面覆盖了思想、组织、作风、纪律等核心领域。因此，反腐倡廉建设的实现需要一套具有完整性、系统性、科学性、规范性的制度体系，一般性的调整和纠偏只能治标无法治本，只有“刮骨疗毒”式的深刻变革才能发挥制度反腐的效能，形成不敢腐、不能腐、不想腐的有效机制。

3. 制度反腐的历史演进

党的十三大中纪委工作报告提出反腐败“制度”，制定和遵守制度是当时纠正党内不正之风的重大举措。2005 年中共中央印发了《建立健全教育、制度、监督并重的惩治和预防腐败体系实施纲要》，并指出“教育是基础，制度是保证，监督是关键”，明确教育、制度和监督三者并重的同等地位。2008 年中共中央印发的《建立健全惩治和预防腐败体系 2008—2012 年工作规划》健全了反腐倡廉法规制度，形成了对惩治预防腐败科学理论体系建设的总体布局，具有里程碑式的重要意义。2013 年在十八届中央纪委二次全会上，习近平总书记提出了“把权力关进制度的笼子里”；2015 年在十八届中央纪委五次全会上，习近平总书记强调要按照全面从严治党的要求，坚持思想建党和制度治党。一系列党内法规和国家法律的颁布实施，为权力制约提供了持续的新制度支撑，标志着我国开始全面探索多维度的制度反腐实现机制。

反腐制度变革的驱动因素首先是决策者对反腐败形势的认知和意识。1993 年十四届中央纪委二次全会提出“惩治腐败要作为一个系统工程来抓”。十五大提出“反腐败要标本兼治”“通过深化改革，不断铲除腐败现象滋生蔓延的土壤”。十六大提出“坚持标本兼治、综合治理的方针，逐步加大治本的力度”。十七大强调“更加注重治本、更加注重预防、更加注重制度建设”“形成拒腐防变长效教育机制、反腐倡廉制度体系、权力运行监控机制”，十七大至十八大之间的五年，先后开展了针对工程建设领域腐败问题、公款出境游问题、“小金库”和公务用车等问题的专项治理和集中查处。十八大之后，党中央的反腐倡廉建设进入了新阶段，反腐败战略部署呈现中央权威地位突出的系统性治理特征，制度对权力的约束渐趋常态化，提出了诸如“打虎”“拍蝇”“猎狐”“制度的笼子”“刀刃向内”“四种形态”“形成不敢腐的惩戒机制、不能腐的防范机制、不易腐的保障机制”等重大理论创新和标本兼治的重要理念。通过党内监督、同级监督、群众监督、舆论媒体监督等内外部监督方式制约权力运行，发挥反腐制度效能。党的十九大指出：“强化不敢腐的震慑，扎牢不能腐的笼子，增强不想腐的自觉。”十九届中央纪委四次全会上习近平强调：“一体推进不敢腐、不能腐、不想腐，不仅是反腐败斗争的基本方针，也是新时代全面从严治党的重要方略。”十九届中央纪委五次全会上明确将“三不”一体推进确定为反腐倡廉建设战略目标。党的二十大报告强调：“坚决打赢反腐败斗争攻坚战持久战。腐败是危害党的生命力和战斗力的最大毒瘤，反腐败是最彻底的自我革命。只要存在腐败问题产生的土壤和条件，反腐败斗争就一刻不能停，必须永远吹冲锋号。坚持不敢腐、不能腐、不想腐一体推进，同时发力、同向发力、综合发力。”①

制度建设一直是国家反腐倡廉的一条基本主线。1979 年《中华人民共和国刑法》(简称刑法)首次以国家基本法律的方式，对贪污、受贿、渎职等腐败行为予以规制。1985 年邓小平同志指出，主要通过两个手段解决腐败，一个是教育，一个是法制。1992 年邓小平强调“还是要靠法制，搞法制靠得住些”。2006 年十六届中央纪委六次全会提出“用制度管权、用制度管事、用制度管人，推进党风廉政建设和反腐败斗争制度化、规范化”。2012 年《中华人民共和国刑事诉讼法》(简称刑事诉讼法)做出了进

① 习近平. 高举中国特色社会主义伟大旗帜 为全面建设社会主义现代化国家而团结奋斗：在中国共产党第二十次全国代表大会上的报告[M]. 北京：人民出版社，2022：69.

一步的修改规定，完善了职务犯罪相关的刑罚，对我国的反腐败工作和反腐败国际合作具有积极的影响和重要意义。党的十八大以来，习近平总书记强调“坚持依法治国与制度治党、依规治党统筹推进、一体建设”。2015 年刑法对贪污贿赂犯罪的相关规定作出修改和完善。2016 年制定修订了《中国共产党党内监督条例》《中国共产党廉洁自律准则》《中国共产党纪律处分条例》等，全面提升了反腐败斗争的制度化、规范化水平，体现了依法治国、依规治党的有机统一。2018 年通过宪法修正案确立国家监察体制，颁布《中华人民共和国监察法》（简称监察法），修改刑事诉讼法，颁布《中华人民共和国公职人员政务处分法》（简称政务处分法），健全和完善反腐败法律体系。2019 年中共中央办公厅印发《中国共产党纪律检查机关监督执纪工作规则》并发出通知，要求各地区各部门认真遵照执行。这一规则为纪检机关的监督执纪工作提供了制度遵循，进一步规范了监督执纪程序，提高了监督执纪的质量和效率；中央纪委国家监委印发《监察机关监督执法工作规定》，对监察机关开展日常监督、谈话函询、初步核实、立案调查的审批程序作出具体规定，明确了各项调查措施的使用条件、报批程序和文书手续，在措施使用、证据标准上主动对接以审判为中心的刑事诉讼制度改革，要求进一步强化自我约束，自觉接受监督。2020 年经党中央批准，中央纪委国家监委印发了《监察机关监督执法工作规定》，并发出通知，要求各级纪检监察机关和纪检监察干部认真遵照执行。这一规定进一步明确了监察机关的职责和权限，规范了监督执法行为，为反腐败斗争提供了有力的制度保障。十三届全国人大常委会第十九次会议表决通过了《中华人民共和国公职人员政务处分法》（简称政务处分法），该法是新中国成立以来第一部全面系统规范公职人员政务处分工作的国家法律，对所有行使公权力的公职人员监察全覆盖的要求进一步具体化。2021 年国家监察委员会公布《中华人民共和国监察法实施条例》，这是国家监委根据全国人大常委会授权决定制定的第一部监察法规，让监察权在法治轨道上运转；十三届全国人大常委会第三十次会议表决通过《中华人民共和国监察官法》，这是继监察法、政务处分法之后，又一部关于深化国家监察体制改革的立法。2022 年最高检印发《关于加强行贿犯罪案件办理工作的指导意见》，惩治行贿，依法从严。2023 年新修订的《中国共产党纪律处分条例》向社会公开发布，为推动完善党的自我革命制度规范体系夯实基础。2024 年中共中央政治局会议第二次修订并发布《中国共产党巡视工作条例》，进一步健全巡视工作体制机制、责任体系，坚持和加强党对巡视工作的全面领导，推进新时代巡视工作高质量发展。近年来，中央纪委国家监委制定或修订了廉洁自律准则、党内监督条例、纪律处分条例、问责条例、巡视工作条例、党员权利保障条例、监察法实施条例等。执政党不断完善、不断创新制度建设，是应对党内、国内的各种腐败现象和不正之风、彰显社会公平正义、保障人民群众切身利益的最有效实现路径。

（二）新时代反腐进程的实践困境

我国历来重视反腐败斗争和党风廉政建设，反腐力度日益增强，但是从中央纪委监察部公布的反腐败斗争结果来看，反腐形势依然严峻，反腐败斗争依然艰巨。党的十八大以来，以习近平同志为核心的党中央重拳出击严查腐败，大批腐败官员纷纷落马，数据显示，截至党的二十大，“天网行动”共追回外逃人员 10668 人，追回赃款 447.9 亿元，“百名红通人员”61 人归案。[①] 中央纪委国家监委通报数据显示：2024 年，全国纪检监察机关共接收信访举报 356.3 万件次，其中检举控告类信访举报 100.7 万件次。处置问题线索 217.5 万件。立案 87.7 万件，其中立案省部级及以上干部 73 人、厅局级干部 4348 人、县处级干部 3.5 万人、乡科级干部 12.1 万人；立案现任或原任村党支部书记、村委会主任 10.4 万人。处分 88.9 万人，其中党纪处分 68 万人、政务处分 27 万人；处分省部级及以上干部 73 人、厅局级干部 3838 人、县处级干部 3.1 万人、乡科级干部 11.2 万人、一般干部 12.8 万人，农村、企业等其他人员 61.3 万人。[②] 上述统计数据充分显示了中央同腐败作殊死较量的决心和勇气，中

① 中央纪委监察部网站[EB/OL].(2023-06-13)[2023-07-15].https://www.ccdi.gov.cn/toutiaon/202306/t20230613_269599.html.

② 中央纪委监察部网站[EB/OL].(2025-01-10)[2025-01-15].https://www.ccdi.gov.cn/toutiaon/202501/t20250110_399620.html.

央反腐的力度可谓持续发力、有增无减。然而，面对前所未有的反腐高压态势，一些官员仍不收敛、不收手。从地域范围来看，遍布全国32个省、自治区、直辖市；从所属部门来看，涵盖中央部委、国家机关、军队和企事业单位；从年龄阶段来看，从“40后”到“90后”均有；从腐败趋势方面来看，被查处贪官所任的职务越来越高，涉案金额越来越大，并且出现家族性腐败、结构性腐败、集团性腐败，形成了塌方式腐败、系统性腐败；从腐败特点方面来看，体制内与体制外、权与钱交易、权与色交易、权与权交易等腐败方式共存；从反腐败效果来看，改革开放以来我国的反腐败工作似乎陷入了一个怪圈，每年查处的腐败案件数量巨大，但始终没能遏制住腐败蔓延的势头。反腐高压态势对腐败分子的威慑作用有限，不论是广度还是深度，都呈现出腐败问题之触目惊心。目前的反腐倡廉体制机制对腐败分子的惩治力度依然不足，现实中“边反边腐”这一反腐悖论不能不发人深省。

是我们不重视腐败问题？早在新中国成立前的1926年我们党就发布了第一个反腐肃贪的法规性质文件《关于坚决清洗贪污腐化分子的通告》。1931年党代表大会通过《党的建设问题决议案》提出严肃党的纪律、反对官僚腐化现象。1933年颁布的《关于惩治贪污浪费行为》训令，明确了对贪污浪费行为的惩戒。1938年党的六届六中全会提出“党内法规”的概念。1945年党出台了《陕甘宁边区惩治贪污条例(草案)》等一批党纪、政纪、军纪综合一体的惩治腐败法规。1949年新中国成立前夕，毛泽东同志在党的七届二中全会上要求党员干部做到“两个务必”。建国后，我们党依然高度重视腐败问题，反腐败斗争从未松劲歇脚。新中国成立之初，毛泽东同志指出对于贪污、浪费和官僚主义现象，如果不加以肃清，就有亡党、亡国、亡身的危险。1951年毛泽东在为中央起草的重要指示中说：“应把反贪污、反浪费、反官僚主义的斗争看作如同镇压反革命的斗争一样的重要，一样的发动广大群众包括民主党派及社会各界人士去进行，一样的大张旗鼓去进行……直至枪毙一批最严重的贪污犯，才能解决问题。”[①]毛泽东同志指出，“凡是属于大批地用钱管物的机关，不论是党政

① 毛泽东. 毛泽东选集：第5卷[M]. 北京：人民出版社，1975：544.

军民学哪一个系统，必定有大批的贪污犯，而且必定有大贪污犯（大老虎）。”[①]1978年邓小平提出国要有国法，党要有党规党法，党章是最根本的党规党法，没有党规党法，国法就很难保障。要将党规党法与国家法律摆在同样重要的位置。1990年中共中央颁布《中国共产党党内法规制定程序暂行条例》，明确了党内法规的概念、范围和制定程序等。1992年“党内法规”被写入了党章。2012年十八届中央政治局第一次集体学习，习近平总书记就明确提出了“要坚持以实践基础上的理论创新推动制度创新，坚持和完善现有制度，从实际出发，及时制定一些新的制度”，强调了党内法规制度建设是重要抓手。2013年党的十八届三中全会提出“紧紧围绕提高科学执政、民主执政、依法执政水平深化党的建设制度改革”；2014年党的十八届四中全会把形成完善的党内法规体系确立为建设中国特色社会主义法治体系的重要内容；2015年党的十八届五中全会强调“全面提高党依据宪法法律治国理政、依据党内法规管党治党的能力和水平”；2017年党的十九大提出“坚持依法治国和依规治党有机统一，加快形成覆盖党的领导和党的建设各方面的党内法规制度体系”；2019年十九届四中全会提出“健全总揽全局、协调各方的党的领导制度体系，加快形成完善的党内法规体系”；2020年11月在中央全面依法治国工作的会议上强调“建设中国特色社会主义法治体系，形成完善的党内法规体系”。2021年习近平总书记在庆祝中国共产党成立一百周年大会上的重要讲话中将“坚持依规治党、形成比较完善的党内法规体系”作为“新时代中国特色社会主义的伟大成就”之一，这表明党对完善党内法规体系的高度重视；2022年党的二十大报告中强调“坚持制度治党、依规治党，以党章为根本，以民主集中制为核心，完善党内法规制度体系，增强党内法规权威性和执行力，形成坚持真理、修正错误，发现问题、纠正偏差的机制”。2023年党中央再次修订了《中国共产党纪律处分条例》，与时俱进完善纪律规范，明确“把严的基调、严的措施、严的氛围长期坚持下去”。截至2024年3月，全党现行有效党内法规共3890部，形成了比较完善的

① 中共中央文献研究室. 建国以来毛泽东文稿：第3册[M]. 北京：中央文献出版社，1988：87.

党内法规体系；2024年在中共中央政治局第十五次集体学习时，习近平强调“贯彻落实新时代党的建设总要求，进一步健全全面从严治党体系”，提出“深化党内法规制度建设改革，做好顶层设计、查漏补缺、提质增效文章，面向实践需要，及时将好经验好做法上升为制度，着力提高制度执行力，推动全面从严治党在法规制度轨道上向纵深发展”。

据不完全统计，1952年1月，全国县以上党政机关参加“三反”运动的总人数为383万余人（不包括军队数字），共查出贪污旧币1000万元以上的贪污犯10万余人，总额6万亿元。[①] “三反”运动是指1951年12月至1952年10月，由中国共产党领导和发起的、在全国党政军机关开展的、以“反贪污、反浪费、反官僚主义”为主要内容的一场群众性政治运动。[②] “三反”期间，揭发贪污分子和有贪污行为者1226984人，其中判处有期徒刑的9942人，判处无期徒刑的67人，判处死刑立即执行的42人，判处死刑缓期二年执行的9人。[③] 经过整风整党，共有32.8万人离开党的组织，其中有23.8万混入党内的各种坏分子和蜕化变质分子被清除出党，9万多人自愿或被劝告退党。[④] 动员全党，动员社会各界反腐败，并且取得巨大成效，是新中国成立初期反腐败斗争中的一大特色。[⑤] 1951年12月至1952年10月开展的“三反”运动是中国共产党领导的反腐败这一长期斗争的初战，通过群众性政治运动，在执政的情况下，在全党全军全国政府机关开展的保持共产党人廉洁的反腐运动。大规模运动型反腐虽然遏制了腐败蔓延势头，但并未真正动摇腐败产生的根基。[⑥] 根源上是因为运动反腐缺乏规范，无法形成长效机制，人治色彩强烈，法治缺失。改革开放以后，当时以邓小平同志为核心的党中央领导层坚持一手抓改革开放、一手抓惩治腐败，坚持两手一起抓、两手都要硬。十四届中央纪委二次全会提出“惩治腐败，要作为一个系统工程来抓，标本兼治，综

---

① 中共华北局：向贪污腐化倾向展开坚决的斗争[J]. 海军建设，1951(23)：84-89.

② 王顺生，李军. “三反”运动研究[M]. 北京：中共党史出版社，2006：2.

③ 中国反贪调查编辑委员会. 中国反贪调查：第1卷[M]. 北京：中国检察出版社，2004：125-131.

④ 中共中央党史研究室. 中国共产党简史[M]. 北京：中共党史出版社，2001：107.

⑤ 王传利. 毛泽东与反腐倡廉[M]. 北京：中国社会科学出版社，2015：64.

⑥ 汪玉凯. 运动式反腐难以撼动腐败发生的制度性基础[EB/OL]. (2016-11-26)[2024-10-07]. https：//www. jfdaily. com/news/detail. do? id=37539#：~：text=.

合治理，持之以恒”，这标志着标本兼治的反腐败斗争战略形成。党的十五大进一步提出“坚持标本兼治，教育是基础，法制是保证，监督是关键”，党的十七大强调“更加注重预防”，反腐败斗争从侧重于“治标”逐渐转移到“标本兼治”。党的十八大以后反腐败斗争进入了高压态势的深水区，逐步形成一体推进不敢腐、不能腐、不想腐的“三不”协同创新反腐机制。习近平总书记在十八届中央纪委二次全会上强调反腐要“标本兼治”，在十九届中央纪委三次全会上提出“要深化标本兼治，夯实治本基础，一体推进不敢腐、不能腐、不想腐”，在十九届中央纪委四次全会上提出“不敢腐、不能腐、不想腐是相互依存、相互促进的有机整体，必须统筹联动，增强总体效果”，进一步明确了新阶段反腐败斗争方略；在二十届中央纪委三次全会上指出，新征程反腐败斗争总的要求是，坚持一体推进不敢腐、不能腐、不想腐，深化标本兼治、系统施治，不断拓展反腐败斗争深度广度，对症下药、精准施治、多措并举，让反复发作的老问题逐渐减少，让新出现的问题难以蔓延，推动防范和治理腐败问题常态化、长效化。

反腐败斗争持续高压态势，反腐败斗争才能取得压倒性胜利并全面巩固。然而腐败的存量未能清底，增量仍有发生，其原因究竟何在？党的十一届三中全会后的经济体制从计划走向市场，从封闭走向开放，工作重心也转移到了经济建设，但是与之配套的体制机制、反腐制度还跟不上，因此从改革开放以后的反腐败斗争实践来看，我国的反腐败工作似乎陷入困境，每年查处的腐败案件数量巨大，但始终没能从源头上控制腐败的蔓延。近年来，被查处贪官所任的职务越来越高，涉案金额越来越大，并且出现家族性腐败、团伙性腐败、结构性腐败、塌方式腐败、集团性腐败、行业性腐败、系统性腐败、地域性腐败。如果腐败行为发生在个别人身上，可能是个人品质问题，但目前贪腐官员“前腐后继”甚至出现群体性腐败，这说明反腐倡廉模式存在一定问题。我国是全世界少数几个对腐败分子处以极刑的国家，然而我国的反腐败斗争却陷入越反越腐的怪圈，甚至出现腐败高发领域“前腐后继”现象。究其原因，不是我们不重视反腐，也不是我们的反腐力度不够，而是需要反思反腐模式。

如何才能够遏制腐败，如何才能够管住权力？靠道德，管不住；靠说教，难以长久，并且在权钱交易的巨大利益诱惑面前几乎是无效的。[①] 必须深刻认识到反腐败斗争的长期性、复杂性、艰巨性，始终保持零容忍震慑，在不敢腐上持续加压，在不能腐上深化拓展，在不想腐上巩固提升。坚持什么问题突出就重点查处什么，哪里工作薄弱就向哪里发力，以重点突破带动整体推进，不断拓展反腐败斗争的深度广度，让反复发作的老问题逐渐减少直至不犯，让一些滋生的新问题难以蔓延。严酷的反腐败斗争形势警示我们：如果不改变反腐模式，打再多的“老虎”、拍再多的“苍蝇”也不能遏制住腐败蔓延的势头。腐败的本质就是公权力的异化，反腐败“治本”就是“管住权力”。近年来常用的权力反腐模式虽然是减少腐败存量的必要步骤，但只是治标之策，多属于事后惩戒的“亡羊补牢”型，没有从源头上形成让掌权者不能腐的监督制约防范机制，以至于一边不断大力度反腐，一边仍有新的腐败分子产生。如果制度设计是导致腐败的根源的话，那么对个别腐败分子的查处并不能有效地遏制腐败。[②] 意大利著名法理学家切萨雷·贝卡利亚早在 18 世纪就曾说过：“预防犯罪比惩罚犯罪更高明，这乃是一切优秀立法的主要目的。”[③]遏制腐败增量的治本之道是从源头上治理腐败，构建制约监督权力运行的制度反腐模式，切实解决权力配置和有效监督问题。

从众多的腐败案例来看，由于反腐制度的不完善，致使官员的贪污腐败行为频发易发。十八大以后党和国家领导人高度重视反腐倡廉，中国的反腐倡廉工作被提上前所未有的政治高度：腐败问题解决不好，就会导致“亡党亡国”。反腐倡廉工作已上升到关系党和国家安全的新高度。我国一直致力于构建一个“不敢腐、不能腐、不想腐”的腐败治理体系，但是从目前日益严峻的反腐斗争形势来看，结果不尽如人意。制度反腐共识已然形成，但是任何制度都有局限性：制度漏洞和滞后性。首先是

---

① 张文显．习近平法治思想研究（下）：习近平全面依法治国的核心观点［J］法制与社会发展，2016(4)：5-47.

② 卡马克．过去 20 年各国政府改革的经验与教训［J］．经济社会体制比较，2005(6)：79-87.

③ 贝卡利亚．论犯罪与刑罚［M］．北京：中国法制出版社，2005：126.

制度建设与腐败演变的非对称性。新型腐败与隐性腐败的技术化、隐蔽化特征，传统监察手段难以穿透其复杂交易结构，现有法律对新型腐败规制不足。例如通过“影子公司”“资金池”转移资产，利用离岸金融工具和金融衍生品洗钱，甚至通过“期权腐败”实现权力远期兑现等腐败行为与正常经济活动深度交织，法律定性难度较大，而制度的建设往往落后于腐败形式迭代升级的速度。其次是制度执行的结构性梗阻，权力监督存在“一把手监督难题”。同级纪检监察机关对“一把手”监督效能不足，有的基层纪委在双重领导体制下面临“监督对象即上级领导”的困境。此外地方保护主义也导致监督体系的作用发挥有限。习近平总书记指出：“要从源头着手，完善管权治吏的体制机制，更加常态化、长效化地防范和治理腐败问题。要着力减少腐败机会，抓住政策制定、决策程序、审批监管、执法司法等关键权力，严格职责权限，规范工作程序，强化权力制约。”“要建立腐败预警惩治联动机制，加强对腐败手段隐形变异、翻新升级等新特征的分析研究，提高及时发现、有效处理腐败问题的能力。”突破我国的反腐困境，关键在于寻求一个可操作的、有效针对我国腐败现状的反腐新模式。

二、新技术为反腐模式带来新挑战与新机遇

随着计算机硬件设备和网络技术的蓬勃发展，以互联网为代表的信息网络技术正在悄然改变我们的生活。网络技术逐渐渗入社会政治、经济、文化、生活的每个角落，引起社会方方面面的变革，人们的工作、生活、学习和政治参与方式都发生了翻天覆地的变化。当网络成为公民参政议政、行使监督权利的一种新途径时，必然导致现有反腐模式的内容、形式以及行使方式发生相应的变化。

（一）网络空间：反腐败斗争的新场域

2024 年是世界互联网诞生 55 周年，是中国全功能接入国际互联网 30

周年，互联网所带来的影响，已经渗透到人们生活的各个方面。随着信息网络技术的迅猛发展，不知不觉中互联网已经成为反腐败斗争的新场域。现阶段，中国正面临百年未有之大变局，市场经济尚不完善，腐败现象层出不穷、腐败形式多种多样，存在问题形形色色，反腐败斗争依然任重而道远。如何持续发力、纵深推进，不断巩固深化反腐败斗争压倒性胜利，如何通过加强权力监督，从而有效遏制腐败，这是中国共产党和政府一直以来高度关心而又倍感艰难的重大问题。网络技术作为权力监督的一种新形式，正以其快捷、有效的优势开辟民众反腐新渠道。

1. 网络技术的特征及其反腐功能

网络技术是20世纪90年代中期发展起来的新技术，它把互联网上分散的资源融为有机整体，实现资源的全面共享和有机协作，提升了人们透明地使用资源的能力，并使他们能够按需获取信息。以互联网为典型代表的网络技术是计算机技术与通信技术共同发展的结果。互联网有助于消除资源孤岛，实现资源共享。没有网络技术就没有互联网，网络技术是互联网得以形成的根本，网络技术的发展程度直接决定互联网的发展程度。网络通常具有如下技术特征：协议的统一性、网址的唯一性、规模的广泛性、功能的服务性。因此，网络本质上具有开放性、虚拟性、资源共享、传播互动性和方便快捷等多方面特点。

普适计算之父马克·韦泽曾说过：最高深的技术是那些令人无法察觉的技术，这些技术不停地把它们自己编织进日常生活，直到你无法发现为止。[①] 互联网即这样一种技术，纵观互联网的发展历程，最初互联网只是一些科学家和专业技术人员的实验品和大玩具，历经了Web1.0的"互联网+"信息时代、Web2.0的"互联网+"交易时代和Web3.0的"互联网+"综合服务时代，现在正进入Web4.0的"互联网+"数据时代，互联网规划并建设了一个崭新的世界。互联网变得像水、电和空气一样重要。在这样的社会背景下，中国政府提出了极富战略意义和实践价值的"互联网+"行动计划。

随着互联网的高速发展，网络技术的功能和应用范围早已远远超出

① 阿里研究院. 互联网+从IT到DT[M]. 北京：机械工业出版社，2015：2.

其产生诞生初期的初衷和预期。以计算机硬件技术、通信技术和多媒体软件技术为基础构成的网络技术正日渐成为联结信息社会的纽带。人与人的沟通不再受到时间、空间的束缚，只要有网络连接，我们可以在任何地方、任何场所、任何国家与他人进行信息互动与传递。网络技术为人与人的互动提供了更广阔的空间场域，提高了人类信息共享与通信交往的质量。由于摩尔定律的作用，计算机硬件的性能越来越高、价格越来越低；同时移动网络也得到了快速发展，这些因素使得网民队伍不断壮大。中国互联网络信息中心（CNNIC）发布的第 53 次《中国互联网络发展状况统计报告》中的数据显示，截至 2023 年 12 月，我国网民规模达 10.92 亿人，较 2022 年 12 月新增网民 2480 万人，互联网普及率达 77.5%。[①] 网络技术的去层级化和对网民的不断技术增能赋权，让人们看到了网络技术为社会发展所带来的无限空间。

网络技术的出现及其发展不仅是一种单纯的技术革新，它带来了生产力的提升，并以其巨大的活力改变着生产关系。网络技术不但改变了人们原有的生活方式，而且还对社会政治的发展产生了深远的影响。互联网在政治实践中的应用及网络空间民主的培育和公民参与日益深入，网络作为新型的政治实践形式，展现了更强大的张力。[②] “网络拥有相对独立的权力中心，而且网络在社会组织发展进程中引进新参与者和新内容的能力将随着时间的推移、科技的改变而增强。”[③] BBS、微博、微信、QQ、短视频通过手机网络的广泛应用，使网络技术成为民众最容易接近和利用的参与社会政治生活的工具。网络技术是 21 世纪以来最常见、应用最广泛的技术反腐手段。网络技术简化了信息来源途径，保障了公民的知情权，同时网络的无空间限制、随时随地连接交互的特性保障了公民的表达权。网络技术必将给我国的政治权力结构、政治参与方式带来长久而深远的影响。

网络技术不但具有技术属性，同时还具有价值属性。网络技术的双

---

① 第 53 次《中国互联网络发展状况统计报告》[EB/OL].（2024-03-22）[2024-10-07]. https://www.cnnic.net.cn/n4/2024/0322/c88-10964.html.

② 卡斯特. 网络社会：跨文化的视角[M]. 周凯，译. 北京：社会科学文献出版社，2009：5.

③ 卡斯特. 网络社会：跨文化的视角[M]. 周凯，译. 北京：社会科学文献出版社，2009：5.

重属性，天然具有监督和制约权力的功能。网络技术的发展带来了一批互联网企业的崛起和信息交流平台的普及，如腾讯QQ、新浪微博、微信、知乎、抖音、小红书等，个人话语权得到空前释放，消解了电视报纸等传统媒体的个体话语垄断，破解了信息传递过程的金字塔结构，重要的信息话题在网络上一经曝光便可以快速引爆全网，理论上能够传递至世界上拥有网络和设备的任何一个个体。通过网络技术在权力监督中的应用，国家可以实现更有效的腐败治理，即“数字-技术治理”。网络的及时性能够降低权力监督的经济成本，网络技术为反腐倡廉提供了技术支撑和信息资源。信息网络技术的蓬勃发展为当前中国集权制的政治体制开辟了权力监督的一个新渠道。网络技术在权力监督过程中充分利用了信息网络优势，实现了信息来源渠道的畅通，减少了监督的中间环节，提高了监督的范围和有效性，大大降低了权力监督的成本。此外，网络技术在权力监督中的应用，能够对政府官员产生极大的威慑作用，可以有效地降低腐败行为发生的概率。

2. 网络监督：权力监督的新形式

网络对权力的制约监督是网络技术带来的权力监督新形式。基于网络技术的权力监督消解了人际传播的隔膜，解构了监督的专业性和神秘性，颠覆了传统的监督格局和监督理念，塑造了民众新的监督权和话语权。党的十九届五中全会明确要求推进国家治理体系和治理能力现代化，党的十九大报告强调要创新监管方式，增强政府公信力和执行力，建设人民满意的服务型政府。网络技术在权力监督中的应用使民众的意愿表达得到前所未有的自由，监督权得到了更为充分的实现。网络技术为公众提供了一个自由表达与平等交流的平台，打破了传统媒介“一言堂”的信息垄断和过去传统权力监督话语权不对等格局。网络技术带来了人们参政方式的变革，也就是学者们通常所说的网络参政。尽管网络参政的方式很多，但是网络和权力的制约与监督是天然同盟。网络技术在权力监督中的应用理所当然地成为公众参与政治的新形式。2019年4月，国务院办公厅在中国政府网和国务院客户端开设“互联网+督查”网络监督平台，同时开通微信小程序入口。2020年10月，增设了国务院客户端支付宝、百度小程序入口。2021年4月，平台留言升级迭代为人民群众、市场主体、基层政府3个留言通道，并且24小时开放，社情民意可以直接传递到中央政府。自“互联网+督查”网络监督平台上线运行以来，已经突破一亿次的访问量、千万量级的留言、参与推动解决问题10万余个。特别是新冠疫情防控期间，“互联网+督查”平台面向社会征集疫情防控责任落实不到位、防控不力等问题线索，实时掌握社会动态、发现苗头隐患，助力疫情精准防控。二十届中央纪委三次全会强调，推动数字技术深度融入纪检监察各项业务。2022年4月，中共中央、国务院发布的《关于加快建设全国统一大市场的意见》要求，完善“双随机、一公开”监管、信用监管、“互联网+监管”、跨部门协同监管等方式，加强各类监管的衔接配合。充分利用大数据等技术手段，加快推进智慧监管，提升市场监管政务服务、网络交易监管、消费者权益保护、重点产品追溯等方面跨省通办、共享协作的信息化水平。“互联网+监管”的创新监管方式是网络技术的深度应用，将推动社会治理模式创新、构建监管数据资源体系、建立全流程管理机制，进一步推进国家治理体系和治理能力现代化。“互联网+督查”的成功实践，对解决政府治理体系中信息因层层过滤而失真的问题提供了有效的治理方式，并对改善行政监督体制、提高政府行政效能具有革命性的意义。

网络技术在权力监督中发挥积极作用，是互联网时代的一个新现象，网络监督是网络技术在权力监督中应用的新形式。互联网的普及，以及网络信息传播迅速、内容多元、交流自由的特点，使得越来越多的网民把网络作为表达自己诉求与观点的重要平台。网络技术的发展促进了新型舆论监督方式——网络监督的出现、发展和不断完善。网络监督是网络技术与民主政治共同发展的产物，网络监督天然具有反腐功能。网络监督打破网络技术与反腐败之间的壁垒，创造性地运用信息技术解决腐败问题，创新了反腐倡廉模式。网络技术因其公开、透明、快捷的特点，在改变人们原有社交模式的同时，已然成为监督、制约权力腐败的天然盟友，不断冲击着传统的权力监督与制约的反腐格局。网络技术在权力监督中的应用开辟了治理腐败的新战场，网络空间也开始成为国家廉政建设和反腐败斗争的新阵地。网络监督权力腐败的逐渐兴起，使互联网日益成为公民参与反腐败斗争的新场域，重视信息网络技术在反腐败斗争中的应用已经成为世界各国的普遍共识。

网络监督具有传统监督方式不具备的优势：首先，网络监督的平台多样，不但有政府网站、门户网站、BBS、两微一端（微信、微博、新闻客户端）、直播平台等，而且还会随着网络技术的不断发展而持续更新。其次，网络监督的参与广泛。正如托克维尔在《论美国的民主》一书中所指出的那样，一个强大的、活跃的和警觉的公民社会，是制约国家权力、防范政治腐败的有力屏障。世界各国反腐败斗争的最新趋势表明，公民社会的积极参与已成为建立国家廉政体系的重要组成部分。[①] 再次，网络监督在监督过程中具有交互性。互联网为监督过程中信息的传播者和接受者之间架起了互动和交流的桥梁，这时的网民不但是受众同时也是传播者，每个网民都可以根据自己的喜好和需求去浏览信息、发表自己的见解或对自己感兴趣的内容进行讨论。一方面，通过网络技术，每个公民都可以对政府官员发表意见，提出批评和建议；另一方面，政府工作人员也能时时获取公民提出的批评意见，及时了解民情民意。正因为如此，网络监督的成功案例才会产生较大的社会效益。例如，网络监督的经典案例“孙志刚案”、“躲猫猫”事件、“孙小果案”、“仝卓”事件等在推动政府制度改革方面都做出了较大的贡献。“孙志刚案”终止了实行多年的政府收容遣送条例；“躲猫猫”事件推动了监狱管理制度的审查；“孙小果案”暴露了司法系统内部存在的严重问题，引起了社会各界的广泛关注，促使政府和司法机关正视问题，并采取措施加以整改；“仝卓”事件推动了高考资格审查的严格化。网络监督实际上已经成为全民监督腐败的新渠道。

作为治理腐败的新手段，从无到有，从小范围发芽到全域开花，网络监督为反腐斗争带来了全新的方式。2013 年，国内各大主流官方新闻网站（新华网、人民网、光明网等）和主流商业网站（新浪网、搜狐网、网

① 透明国际. 制约腐败：建构国家廉政体系［M］. 清华大学公共管理学院廉政研究室，译. 北京：中国方正出版社，2000：186.

易网等）几乎同步推出了“网络举报监督专区”，举报监督专区的推出在技术上实现了每个网民都可以通过相关链接直接进入中央纪委国家监委、最高检、最高法、中央组织部等部门对应的举报网点进行如实举报。网络监督的有效、便捷、迅速等优势，在推动政府廉政建设过程中实现了网民作为信息时代公众监督政府权力和行为的主体倒逼政府对网络舆论做出积极回应。2020年1月，中共中央办公厅发布的《纪检监察机关处理检举控告工作规则》要求认真处理检举控告，回应群众关切，建设覆盖纪检监察系统的检举举报平台，鼓励实名举报，建立检查督办机制。二十届中央纪委三次全会强调，推动数字技术深度融入纪检监察各项业务。① 数字技术的快速发展派生了各种各样的新型腐败和隐性腐败，网络监督是破解新型腐败的有效手段之一。

作为互联网时代的新兴事物，网络监督的功能和效果已经成为不可忽视的社会现实。网络监督是网络技术在权力监督中应用的有效手段，是公民权利监督权力的有效实现方式。网络监督为党和国家的反腐倡廉不断凝聚强大而广泛的民意支撑，网络监督使手握权力的贪腐者时时感到有所敬畏。网络监督这一全新的手段和方式，不仅搭建了民众参与权力监督的新平台，也开拓了一条全新的权力监督渠道，并且逐渐成为群众监督、舆论监督、媒体监督的主流方式。

3. 网络监督的成效与问题

“在其他许多国家特别是在亚洲、非洲和中欧等变革中的社会里，腐败问题长期以来是由于强国家弱公民社会的非均衡造成的。”②网络技术在权力监督过程中的广泛应用，打破了自上而下的传统监督模式，以自下而上方式出现的应用网络技术的权力监督是当代中国前所未有的新生事物。这种公众通过信息网络技术以政治参与的形式对权力进行监督的方式，增强了公众的话语权、提升了公众参与反腐败行动的积极性，被证明是针对目前中国国情的行之有效的权力监督新形式。近些年来，网民

---

① 中央纪委国家监委网站［EB/OL］.（2024-07-25）［2024-10-07］.https：//www.ccdi.gov.cn/toutiaon/202407/t20240725_363777_m.html#：~：text.

② 约翰斯顿．论作为一种反腐败战略的社会发展［J］．经济社会体制比较，1995（6）：25-30.

应用网络技术在权力监督过程中有效地举报各类腐败案件多起，有效地推动了腐败案件的举报、查处、惩治过程，从徐州市泉山区“一夫二妻”原区委书记董锋、涉嫌猥亵女童的深圳市海事局原党组书记林嘉祥，到南京“天价香烟局长”周久耕、广西来宾市烟草局“日记局长”韩峰、陕西省安监局原局长“表哥”杨达才，再到云南省“孙小果案”、娱乐圈“仝卓”事件、微博“北极鲶鱼”事件等等，网络监督以其众多“战果”成功证明了其反腐倡廉的功能。我国公民积极参与网络反腐显示出政治参与意识的提高和反腐参与热情的高涨，显示出社会主义民主建设的不断进步。官方和民间都对日益火爆的网络监督的反腐倡廉功能持普遍的乐观态度，甚至对其反腐倡廉作用寄予厚望，说明当前网络监督已然成为新时代反腐倡廉建设的一个新亮点。

网络监督权力腐败以其快捷、有效的优势开辟了民众反腐新渠道，成绩斐然，但也引发诸多争议。可以说，网络技术在权力监督中的应用成绩与问题并存。《中国新媒体发展报告 No. 14(2023)》指出，互联网平台监管进入常态化阶段。自 2021 年国家出台一系列互联网监管政策以来，我国对互联网平台的监管政策不断更新、完善。2022 年 7 月，中共中央政治局召开会议，再次强调“常态化监管”，鼓励资本在公平竞争和高质量发展的基础上进入。2022 年 3 月，国家网信办等四部门联合发布的《互联网信息服务算法推荐管理规定》正式施行，我国积极布局人工智能领域法律体系与制度建设。[①] 2024 年国家网信办联合多部门出台《生成式人工智能服务管理暂行办法》，明确生成式人工智能服务的合规要求，包括数据标注、内容安全评估等，推动人工智能领域治理与技术创新同步发展。网络技术在监督权力腐败的过程中，在成功打击了一批腐败官员的同时，也出现了一些失范行为，例如扭曲真相、匿名诽谤、民意审判、未审先判，个人隐私权遭受侵犯、网民集体非理性引发网络暴力等，目前缺乏规范性已经成为网络监督权力腐败的最大硬伤。

---

① 胡正荣，黄楚新．中国新媒体发展报告 No. 14(2023)［M］．北京：社会科学文献出版社，2023.

(1)扭曲真相与匿名诽谤

网络具有开放性，加之广大网民的个体素质参差不齐，有些网民肆意使用网络言论自由权，或为引起网络关注，或为窥探他人隐私，或为发泄一己私愤，扭曲真相发表虚假消息，进行不实举报。比如天水市公共资源交易中心原党组书记徐忠民诬告陷害问题。2020 年 3 月，在天水市选拔任用市直部门领导干部过程中，徐忠民因自身岗位调整未能如愿，对市委干部选拔任用决定心生不满，遂捏造拟提拔任用人选存在失职渎职、受贿等问题，指使他人通过匿名信多次向省、市纪委监委及天水市委主要领导进行举报，意图干扰市委干部选拔任用工作。同时，徐忠民还存在其他严重违纪违法问题，最终被开除党籍、开除公职，涉嫌职务犯罪问题被移送检察机关依法审查起诉。还有 2019 年济南农商银行高管被虚假举报事件。举报者彭博是济南润丰农村合作银行原监事长，他通过网络平台发布多篇文章，实名举报济南农商银行领导涉嫌生活淫乱、造成银行资产损失近 30 亿元等一系列不实信息。调查证实，彭博为谋求职级和职务上的不正当利益，编造虚假信息并在网络上肆意散布，引发公共秩序混乱，其行为已构成犯罪。济南历下区人民法院于 2020 年 1 月 6 日一审认定彭博犯寻衅滋事罪，判处有期徒刑 4 年。还有举报者出于个人目的，为了个人利益，在网上歪曲事实、意图打击报复、泄一时私愤进行人身攻击，对被举报人加以诽谤和诋毁，混淆视听，使事实模糊不清。这些造谣、诽谤行为会催生网络监督权力腐败的“牺牲品”，使一些无辜的被举报者受到打击和伤害，同时给社会稳定和反腐败工作的推进带来极大的干扰和阻碍。网络的虚拟性导致监督权力腐败相关信息“泥沙俱下”，其真实性、准确性堪忧。

(2)人肉搜索与网络暴力

网络的海量信息和超文本链接以及匿名等特点使得人们在网上发表言论时可能淡化责任、情绪泛滥，甚至信谣传谣，形成“网络舆论暴力”，影响社会稳定。个人隐私权遭到侵犯以及人肉搜索等过度行为突破了法律道德底线，常常引发监督权力腐败的“网络暴力”。2010 年江西防总一名官员在接受央视采访介绍汛情时，未能妥善回答记者关于“下游群众安危”的提问，面对媒体时一再提及各级领导对汛情的重要指示。采访播出后，在网上引起广泛关注，该官员被很多网友批评“打官腔”。于是不少网民对其进行人肉搜索，更有甚者将其本人和家人的信息全部曝光，弄得其家人都无辜受扰。这样的人肉搜索突破道德底线，偏离了反腐惩戒的初衷和目标。网民们形成的“网上审判”，公然用监督权力腐败的名义任意践踏私权力。“网络围观”“网络起哄”“网络通缉”“网上审判”乃至“网络围殴”这些失范的监督权力腐败行为陷入“有罪推定”的泥潭，已经构成了网络暴力。

(3) 形式的娱乐性、低俗性，带来结果的偶然性和戏剧性

广大网民追逐的是吸引眼球的新闻和标题，可能导致网络监督权力腐败形式的娱乐化、低俗化，同时带来反腐结果的偶然性和戏剧性。网络监督权力腐败日趋娱乐化、低俗化的表现主要有：①以曝光官员的情色事件博取点击率、吸引网民眼球。从近几年的网络反腐案例来看，无论是经查证属实的，还是虚假的网络曝光，大多与“情妇”“二奶”“一夫多妻”等字眼联系在一起。当前，网络曝光官员“艳照”事件此起彼伏，愈演愈烈，这与网络娱乐性消费密切相关。为了提升新闻点击率，一些网络媒体往往对官员们这样的“桃色新闻”更感兴趣。部分网友出于猎奇心理和窥探欲，一旦发现所谓的情色事件，便立即在网络上曝光，造成当前网络舆论监督中存在一种吸引眼球大于揭露事实的不良风气。②“标签式”爆料。如“天价烟局长”周久耕、“微笑门表叔”杨达才、“房姐”龚爱爱、美女“大老虎”钟阳、“帅哥官员”肖发君、“东北胭脂虎”刘光明等，“标签式”爆料使严肃的权力腐败监督行为演变为“八卦”官员抽什么烟、戴什么表、开什么车、有几套房等在官员身上的“鉴宝”“寻宝”的娱乐行为。晒艳照、亮房产、小三曝光、情妇举报这些暗合网民猎奇心理的事件，在造成网民反腐情绪狂欢的同时，似乎成了网络监督权力腐败的构成要素。

(4) 网络监督权力腐败的失范催生网络黑色产业链

网络监督权力腐败的失范还催生了从另一个侧面干扰反腐败斗争的网络黑色产业链，如“网络水军”“网络推手”“删帖公司”等日益形成的信

息和产业链条。一些人为了实现影响舆论走势的目的，利用网络资源和操作机制来操控舆论，从而改变舆论导向。网络舆情更容易被亲情、权力、利益进行人为操控，受到干扰，网络监督权力腐败的难度由此增加。典型的以亲情操控舆论的案例就是湖南省邵阳市吴艺珍渎职受贿案。吴艺珍的贪腐行为经过公安机关和纪检部门的调查和取证后，已经定罪，但其女儿利用“网络推手团队”在网络上“为父喊冤”，企图对当地党政机关造成舆论压力，以此来影响公诉机关和法院办案人员正常办案。事实上，吴艺珍之女“网络救父”的行为也的确成功地把网络舆情引向了有利于吴艺珍的方向，在一定程度上干预了司法审判公正。曾经臭名昭著的“删帖公司”雅歌时代通过向网络编辑及政府官员行贿等方式帮助当事人删除负面新闻，非法删除网帖成为该公司的生财之道，还美其名曰“网络危机公关”。据雅歌时代内部员工爆料，公司客户大部分为二三线城市官员。

尽管之前罗列了诸多网络技术为权力监督带来的好处，我们也应该清醒地认识到，网络技术只是服务于权力监督目标体系的一种手段，技术本身并不能发挥反腐倡廉的决定性作用，只有把网络技术应用于权力监督中，嵌入反腐制度体系中才能使两者结合实现监督权力、遏制腐败的目标。“制度创新为体，技术创新为用”才是实现网络技术在权力监督中有效应用的基本理念。

（二）新技术为反腐倡廉带来的新挑战

新技术往往既带来机遇，也伴随着挑战，网络技术在权力监督中的应用也不例外。目前，我国正处于百年不遇的大变局时期，各种问题迎面而来，中国共产党作为中国的执政党，面临着方方面面的考验。权力的滥用将严重危害党、国家和人民的利益，必须加强对权力运行的监督和问责。史蒂芬·E. 弗兰泽奇指出：“未来的挑战在于，在寻求一些方法来保证政党的政策动议基于广泛的支持的同时，要维持住政党在技术上的优越性。”[①]英国赫尔大学教授戴修殿指出，随着旧媒体时代公众与政

① 弗兰泽奇. 技术年代的政党[M]. 北京：商务印书馆，2010：421.

府间信息不对称关系向新媒体时代信息的日益对称逐渐过渡，传统权力的使用将面临即时、多维和民主通信环境的严峻挑战。[①] 美国学者迈克尔·约翰斯顿有言："在一个先进的社会里，这些使腐败受到制约的力量并不一定就是那些首先就把腐败置于控制之下的社会力量。有效的法律、惩戒和反腐败态度既是民主和经济发展的原因，也是结果。因此，改革具有重要的社会特性：法律和程序必须与文化价值、公平观念及合法权威相提并论。公民中可能出现的种种反应也必须受到重视。"[②]新技术的蓬勃发展，也为反腐倡廉带来了新挑战。

倍增效应，削弱政府公信力。应用网络技术对腐败事件的曝光率和点击率使腐败现象具有倍增效应，呈现在公众面前的是夸大的腐败事实，会对政府公信力造成影响。国家每一次经济发展转型时期，民众的政治信任度都比较低，其中一个最重要的因素是政府官员的贪污腐败行为。网络的倍增效应使得网络舆论迅速发酵，舆论信息易发生质的变化，从而使其内生机理发生反向的演化。程同顺、张文君指出："在一定的'时间区间'和'成本区间'约束下，网络反腐产生的结果可能是削弱政治信任。"[③]

蝴蝶效应，影响政府公共决策。当网络舆论演变为背离社会主流价值导向时，与之对应的社会舆论事件自然就会爆发，一些腐败线索就会成为社会公共舆论的焦点，引起整个社会的广泛关注。如果政府回应不当或处置不力，容易侵蚀政治严肃性，进而可能导致社会核心价值认同的偏离，对社会公职人员勤政善政廉政产生消极的影响。互联网"围观"以参与者的身份审视公共决策、公共事件及政府官员的在场性形成了中国特色的民间力量，网民微弱的力量通过网络汇聚产生的"蝴蝶效应"，以多元化的价值和声音表达公共话题，影响着整个社会治理系统和社会公共管理的决策。[④]

---

① 中央纪委研究室，中央纪委监察部廉政理论研究中心. 反腐败：权力制约和监督：权力制约和监督理论研讨会暨第三届西湖·廉政论坛综述[J]. 中国监察，2011(5)：34-36.

② 约翰斯顿. 腐败征候群：财富、权力和民主[M]. 上海：上海人民出版社，2009：205.

③ 程同顺，张文君. 网络反腐提升政治信任的逻辑批判[J]. 理论与改革，2013(4)：50-54.

④ 江胜尧. 论网络揭腐与党的执政能力建设[J]. 电子政务，2013(6)：87-92.

信息鸿沟，造成新的不平等。“信息鸿沟”（亦称“数字鸿沟”）意指信息富有者与信息贫困者之间的巨大差距。信息鸿沟带来的差别是继城乡差别、工农差别、脑体差别后，造成社会不公平的新问题。信息鸿沟不仅仅是技术问题，还是严重的社会问题。就国内现状而言，信息鸿沟在东部地区和西部地区、中心城市与中小城市、城市与乡村，以及网民性别、年龄、受教育程度、职业等方面，在网络基础设施、网络知识与技能教育、网络用户数量等方面都存在着巨大差距。可以说，信息鸿沟的拉大意味着更多信息贫困者的出现。因信息鸿沟的存在而产生的一种新的贫困，即“信息贫困”。经济欠发达地区、农村居民、女性群体、中老年群体等由于面临“信息贫困”，可能会被排除在网络监督主体之外，从而导致这类群体的利益无法得到保障，从长远来看，不利于社会民主和社会稳定。

（三）新技术为反腐倡廉带来的新机遇

“互联网+”带来技术革命的狂飙猛进，改变、创新和进步成为时代主旋律。2012 年易观公司 CEO 于扬首次提出“互联网+”的概念，于扬认为“互联网+”是互联网对传统行业的渗透和改变，与“互联网化”概念一脉相承。2015“互联网+中国”峰会上，马化腾表示，互联网本身是一个技术工具、是一种传输管道，“互联网+”则是一种能力，而产生这种能力的能源是什么？是因为“+”而激活的“信息能源”。2015 年“两会”，马化腾在人大提案中提出，“互联网+”是以互联网平台为基础，利用信息通信技术与各行业的跨界融合，推动产业转型升级，构建连接一切的新生态。“互联网+”作为全面深化改革的技术引领，被纳入国家经济社会发展战略的顶层设计，将深刻变革经济社会结构和社会生活方式。

“互联网+”是一个极具想象力和创造性的新理念和新模式。“互联网+”（Internet Plus）“+”不是加法加号，而是“化”（Plus）。2015 年 3 月 5 日李克强在政府工作报告中首次提出“互联网+”行动计划。第十二届和第十三届全国人大代表马化腾解释说，“互联网+”战略就是利用互联网的平台，利用信息通信技术，把互联网和包括传统行业在内的各行各业结合起来，在新的领域创造一种新的生态。我们需要持续以“互联网+”为驱动，积极引导和健全相关监管体系，推动持续深入的互联网跨界融合，从而促进我国经济社会的发展与升级。阿里研究院提出“互联网+”是以互联网为主的一整套新一代信息技术（移动互联网、云计算、大数据技术等）在经济、社会生活各方面的扩散、应用和深度融合，并不断释放出数据流动性的过程。北京大学政府管理学院教授黄璜从演化的角度指出，如果说物理性的互联网为人类世界提供了一种新的基础设施，那么无论是市场、社会还是政府的组织模式都需要出现各种新的“变异”来适应这个环境。所谓“变异”的根本便是创新，不是互联网与各种行业（也包括政府）的“物理性”的叠加，而是一种“化学性”的融合，从而产生新的“物质”或“能量”。简言之，“互联网+”就是利用以互联网为主的新一代信息技术（包括移动互联网、云计算、大数据技术、区块链技术等）对现有行业进行改造、升级、创新、发展，产生新的行业模式。而创新是一个社会中实现效率的根源，也只有创新才可以让“+”不是加法的加，而是系统论中的整体大于部分之“加”。

“互联网+”不仅是技术上的变革，还是思想上的创新，是一种价值观和方法论。在互联网阶段，网络是互联网发展的载体，强调的是互联网的工具性；在“互联网+”阶段，O2O（线上与线下结合）才是载体，强调的是以互联网为基础或平台，“互联网+”是加强版的互联网，是互联网化的新阶段。“互联网+”思维要求组织结构及管理层级扁平化；“互联网+”思维追求以客户为中心的理念；“互联网+”思维追求用户的信任度；“互联网+”思维秉持个人价值与组织价值的有机统一。“互联网+”时代具有明显的“自反性”，去中心、去权威、碎片化已然成为大众生活的平常体验。“互联网+”将创新思维和前沿技术深度融合于经济社会各领域之中，变革人们思想中的固化体系，鼓励多平台和跨界，体现了社会化生产和公共生活中的平等、开放和共享的精神。

互联网的日益发展带来信息（数据）的指数级增长，应用大数据技术对海量数据进行分析、处理、价值挖掘，成为“互联网+”发展的驱动力。随着互联网的高速发展与日趋成熟，数据成为新的生产要素，利用大数据技术、云计算技术对新中国成立70余年来积累的反腐数据资源进行分析，能够充分释放这些数据资源在反腐倡廉工作中的效能，挖掘反腐倡廉建设中数据资源的潜力。数据化的世界让"互联网+"产生革命性的影响，背后的动因主要是数据的开发和利用，量化一切、用数据进行预测、用数据帮助决策、打破信息孤岛成为趋势。

在数字时代，以"互联网+"跨界融合、创新驱动、重塑结构、尊重人性、开放生态、连接一切的特性思考反腐倡廉，可以为反腐倡廉模式创新提供引入新思维、构建新模式、运用新工具的全新机遇。探索切实有效的反腐手段一直是我国在反腐倡廉工作中的努力方向，借势"互联网+"实现反腐倡廉与"互联网+"技术、思维、数据三大要素的联动，能够助力反腐倡廉模式的创新发展。

三、技术反腐与制度反腐协同的必要性与必然性

由互联网衍生的影响已经悄然潜入并渗透到人们生活的各个方面。特别是2015年中国政府提出的"互联网+"行动计划，更是掀起了一场又一场"互联网+"浪潮。目前互联网与各种信息技术已经广泛地应用于反腐倡廉建设过程之中，但大多未突破"反腐+互联网"阶段，"+互联网"强调的是互联网在反腐过程中的工具性，而"互联网+"强调的是以互联网为平台的基础性。反腐技术手段创新应该实现从"+互联网"到"互联网+"的转变，"互联网+反腐"体现的是"制度创新为体，技术创新为用"的新架构。

（一）技术反腐与制度反腐协同的必要性

中国政府宣布的"互联网+"行动计划引发了人们对互联网在社会发展和国家治理过程中作用的激烈讨论，"互联网+反腐倡廉"也得到专家学者和反腐一线工作者的高度关注。我国一直致力于构建一个"不敢腐、不能

腐、不想腐”的腐败治理协同机制，但是从日益严峻的反腐败斗争形势来看，结果却不尽如人意。反腐倡廉工作的现实需求呼唤新的理念、新的模式、新的技术、新的手段来应对不断变化的腐败形势；人民群众对反腐倡廉建设的新要求，倒逼反腐倡廉模式转型。“互联网+”等信息技术手段融入反腐倡廉建设成为必然。传统的反腐倡廉模式必须顺应信息（IT）时代和数据（DT）时代的挑战，以不断创新的姿态迎接“互联网+”时代的反腐倡廉模式的创新。

目前我国的反腐模式主要还局限于运动反腐、权力反腐、不完善的制度反腐和网络反腐、大数据反腐的初级阶段。我们必须在我国现行的政治体制下进行反腐模式创新，寻求一种预防和治理腐败的新模式。“互联网+”的出现，为反腐倡廉“杀毒软件”的升级提供了重要的契机。当前中国正处在深刻的社会转型期，虽然党和政府一直十分重视反腐倡廉建设，但权力滥用与腐败现象并没有从根本上得到遏制，其中既有体制机制上的原因，也有技术手段上的原因。从体制机制来说，决策权、执行权和监督权三权集于一身，又缺乏严格有效的制约监督，因而容易导致权力滥用与腐败。这个问题近年来已得到政界和学界广泛的重视，正在逐步按照党中央提出的“建立健全决策权、执行权、监督权相互制约又相互协调的权力结构和运行机制”“坚持一体推进不敢腐、不能腐、不想腐战略目标，不断提高治理腐败效能”，对现有的反腐倡廉体制机制进行改革和创新，一旦新的权力结构与运行机制建立健全起来，将在很大程度上遏制住权力腐败与滥用不断蔓延的趋势。但任何体制机制不论多么健全完善，也难免百密一疏，总有漏洞和缝隙可钻。正如习近平同志在分析我国腐败易发多发的缘由时所指出的：“没有健全的制度，权力没有关进制度的笼子里，腐败现象就控制不住……牛栏关猫是关不住的，空隙太大，猫可以来去自如。”[①]“互联网+”的出现与应用，不仅为填补体制机制中的漏洞提供了可能，还为反腐倡廉机制的变革升级提供了契机。

---

① 中共中央纪律检查委员会，中共中央文献研究室．习近平关于严明党的纪律和规矩论述摘编［M］．北京：中国方正出版社，2016：125.

创新技术反腐与制度反腐协同机制，提高反腐的严密性、精准性、有效性，是实现从治标到治本的转变，从人治到法治的升华，从权力反腐到权利反腐回归的必然要求和路径。反腐遇上“互联网+”，为反腐模式创新提供了一个对接的新平台、新渠道。技术反腐的有效性需要制度反腐提供支撑，只有在制度反腐的总体框架下，通过顶层设计的深入分析与规划，进行技术反腐与制度反腐协同模式创新研究，才能充分发掘技术反腐的特殊作用，切实发挥和提高制度反腐的廉政效能。整合技术反腐与制度反腐协同创新，才是从源头上预防和控制腐败、遏制腐败现象“社会化”趋势的必由之路。

（二）技术反腐与制度反腐协同的必然性

1. 互联网技术的飞速发展

在当今互联网时代，科学技术的发展日新月异，深刻影响着人们的衣食住行等方方面面。全球信息化和经济一体化成为 21 世纪的主旋律。在这个背景下，信息产业发展作为新的经济增长点，对国民经济的持续发展发挥着重要的作用。而“互联网+”融入反腐倡廉建设的必要条件则离不开网络信息技术的发展。网络信息技术正以前所未有的速度向前发展，改变了信息的产生与传递，同时也改变了人们的交流方式与互动平台。从最开始的电子邮件发送、QQ 聊天、网络新闻的评论到各种论坛、贴吧、博客的兴起，再到现在如日中天的微博、微信、电子在线交易、播客、短视频，还有方兴未艾的直播交流方式……随着网络平台与移动平台技术的结合，移动互联网的发展已经改变了我们的工作和生活形态。而智能硬件，包括智能手机、智能可穿戴设备（如 AR 眼镜、智能手表）等，结合第五代移动通信技术（5G）的应用，让人们能够通过文字、语音、图片、小视频等方式即时记录或播报发生在自己身上的新鲜有趣见闻，及时地与家人、朋友、网友交流互动。互联网技术的狂飙猛进改变了人们的生活方式与生产活动，同时也倒逼反腐倡廉建设过程与信息技术的融合、协同创新。

2. 我国信息化建设的飞速发展

20 世纪 80 年代伊始，我国的信息化建设及信息化网络发展收获了巨大的进步。电信及互联网用户世界排名第一，广播电视网已经覆盖至国家的各个行政村。1994 年是中国正式接入国际互联网元年，1995 年中国面向社会全面开放网络接入。2018 年习近平总书记在全国网络安全和信息化工作会议上的讲话强调了互联网新技术的应用以及信息化基础设施建设的重要性："当今世界，信息化发展很快，不进则退，慢进亦退。我们要加强信息基础设施建设、强化信息资源深度整合、打通经济社会发展的信息'大动脉'。"党的十九大也提出：推动互联网、大数据、人工智能和实体经济深度融合，以及加快数字中国、网络强国和智慧社会的建设等任务要求。中国互联网的蓬勃发展态势对国民经济及其他领域的影响日渐显著，信息技术以其广泛的渗透性和先进性与传统行业相结合，信息化建设已成为国民经济发展的助推器，信息化基础建设也成为国家与社会的重要发展举措。"十一五"规划重点推进"村村通电话、乡乡能上网"的农村信息化目标。"十二五"规划"推进农村信息基础设施建设"，这为信息化建设普及、缩小城乡差距奠定了基础。"十三五"规划提出建设泛在先进的信息基础设施体系、完善网络空间治理体系。"十四五"规划明确提出要构建产业数字化转型发展体系，构筑共建共治共享的数字社会治理体系、打造协同高效的数字政府服务体系、建立健全规范有序的数字化发展治理体系等。截至 2023 年底，我国互联网宽带接入端口数达到 11.36 亿个，其中，光纤接入(FTTH/O)端口达到 10.94 亿个；全国移动通信基站总数达 1162 万个，其中 5G 基站为 337.7 万个，覆盖所有地级市城区、县城城区；移动互联网用户达 15.17 亿户，全年净增 6316 万户。[①]

近几年，我国推行"互联网+智慧城市"建设，并加强覆盖公共区域无线网络，同时智能手机、平板电脑、智能电视的普及也带动了家庭无线网络的使用。中国互联网络信息中心(CNNIC)发布的第 54 次《中国互联网络发展状况统计报告》中的数据显示，截至 2024 年 6 月，我国网民规模近 11 亿人(10.9967 亿人)，较 2023 年 12 月增长 742 万人，互联网普

① 2023 年通信业统计公报[EB/OL].(2024-01-24)[2024-07-20].https://www.miit.gov.cn/jgsj/yxj/xxfb/art/2024/art_7f101ab7d4b54297b4a18710ae16ff83.html.

及率达 78.0%，其中，微短剧用户占网民整体的 52.4%；短视频用户占网民整体的 95.5%；长视频用户占网民整体的 65.2%，网络视频行业延续蓬勃发展态势。我们从信息化建设发展进入到全面数字化转型的高质量发展阶段，反腐倡廉建设融入网络技术的趋向已然势不可当。

3. **网络媒体多样化发展**

随着网络技术在中国的快速发展，越来越多的网络媒体如雨后春笋般涌现出来，其中，不可忽视的是传统媒体和网络的融合，以“电子版”的新形态展现在人们眼前。比如《神州学人》杂志在 1995 年 1 月就开创了内地刊物上网的先例（www. chisa. edu. cn），《中国贸易报》在 1995 年 10 月开创了内地报纸上网之先例（www. chinatradenews. com. cn）。这类企业将传统媒体与互联网合称为跨平台网络新媒体公司，它们的出现开启了“全媒体”时代，这意味着媒体单位通过业务融合的方式，整合出版、网站、社会化媒体、移动应用等传播产品，实现全网多屏跨终端渠道上的高覆盖率。现如今，以人民网、新华网、凤凰网、学习强国等为代表的跨平台网络新媒体，覆盖人群已远远超过了传统媒体。

除了传统媒体和互联网“联姻”外，一些互联网公司应运而生，极大地推动了多元化网络平台的发展，这些平台推动了网络舆论的蓬勃兴盛，比如在即时通信方面有 QQ、微信等，直播平台有抖音、快手等，在 BBS 论坛、社区网站方面有水木社区、强国论坛、小红书等，还有微博、播客等新的多样化的网络监督载体。这些非政府主导的网络舆论监督平台，拥有强大网民做基础，依托多元形式，达到了广泛快速传播的效果，对权力监督产生了巨大影响。

4. **数字政府建设正当其时**

数字政府是一种新型的政府运行模式，在全球各发达国家已经得到快速的发展和普及。加强数字政府建设是适应新兴技术快速发展、加快全面数字化转型的必然要求，是建设网络强国、创新政府治理理念和方式、推进国家治理体系和治理能力现代化的重要举措。《国务院关于加强数字政府建设的指导意见》指出到 2025 年，与政府治理能力现代化相适应的数字政府顶层设计更加完善、统筹协调机制更加健全，政府数字化履职能力、安全保障、制度规则、数据资源、平台支撑等数字政府体系框架基本形成，政府履职数字化、智能化水平显著提升，政府决策科学化、社会治理精准化；到2035年，与国家治理体系和治理能力现代化相适应的数字政府体系框架更加成熟完备，整体协同、敏捷高效、智能精准、开放透明、公平普惠的数字政府基本建成，为基本实现社会主义现代化提供有力支撑。①

数字政府可以实现纵向贯通、横向链接，打破层级间的流通限制、纠正电子政务建设过程不规范的现象，提高行政效率、降低运营成本，有效提升了政府服务机构的透明度和工作效能。目前，随着电子政务在各部门、各地区的普遍推广，各级政府都将数字政府建设与政务服务作为重要议题。比如广东省提出深化政务服务“一网通办 2. 0”建设，让服务“零距离”、便利不“打烊”；广西壮族自治区全面建设高水平数字政府，形成“高效办成一件事”常态化推进机制，推进“12345 热线+一网慧管”；海南省突出“数智赋能”加快数字政府建设，以数字化驱动政务服务模式创新；贵州省持续深化“五个通办”，打造便捷高效的政务服务环境，“云上贵州”平台是第一个整合、开放政府数据资源的数字化系统，它不仅打破了各层级之间的数据“孤岛”实现共建共享、互联互通，还极大地提高了行政工作效率，将“10 天办的事情一天就办好了”；福建省全面深化政务服务模式创新，全力推动“高效办成一件事”；北京市完善规划管控、平台支撑、数据治理三大工作体系，拓展“一网通办”应用，深化“一网统管”建设，提升“一网慧治”能力；上海市坚持改革创新、强化数据精准高效赋能，加快消除“数字鸿沟”等。

政务服务是数字政府的核心组成部分，也是评估数字政府治理能力的关键指标。政务服务按技术能力水平经历了信息化政务、电子化政务、数字化政务。数字政务的渗透随着数字政府的建设越来越深入，目前广为人知的是电子政务，即应用信息与电子通信技术为民众提供政府业务服务。Bertot 等认为，信息与通信技术（ICT，information and communi-

---

① 国务院关于加强数字政府建设的指导意见[EB/OL].（2022-06-06）[2022-10-15]. https://www.gov.cn/zhengce/zhengceku/2022-06/23/content_5697299.htm.

cations technology）能够为一个国家提供反腐败的新方式，能够提高政府的电子治理能力，使公众能够清楚了解政府活动和监督政府官员的行为。[①] 政府电子政务首先体现在政府的官方网站、App、小程序，不仅可以通过网络政务服务大厅办理相关业务、获得政府部门公告的一些法律法规、相关事项的办理程序、注意事项等内容，还可以通过市长信箱、12345 政务服务便民热线、网站留言等方式加强政府与民众的交流互动，在客观上也促使政府行政过程更加透明，使行政权力行使受到监督、政府与社会矛盾减少。

此外，政府部门利用电子科技手段建立了综合电子监察系统。这是可以在服务者与被服务者、管理者与被管理者、监督者与被监督者之间实现信息互动与开放的公权力运行系统，能够降低信息传递错误概率，防止信息瞒报、误报、垄断等低效率行为；可以切实有效地对行政处罚、项目资金利用、基础设施建设、大型政府工程审批等政府行政行为进行电子监督和管理，不仅提升行政审批速度，更极大程度减少和纠正了违法违规操作。同时，政府部门也借助各种新媒体平台开通和打造信息发布和提供政务服务的新渠道，其中政务微博、微信公众号和小程序在近些年作用愈发突出。

政务微博是指代表政府机构的、因公共事务而设立的微博，是用于收集、倾听民意、发布信息、服务民众的官方网络互动平台。湖南省桃源县政府在 2009 年开通的“桃源网”官方微博成为中国政府部门最早的政务微博。之后，以“平安”为开头的“平安北京”“平安南粤”“平安成都”“平安哈尔滨”等全国各地的公安微博，以及各级政府部门机关的官方微博逐一开通。据人民网舆情数据中心发布的“2020 年政务微博影响力报告”，截至 2020 年 12 月 31 日，经过微博平台认证的政务微博已达到 177437 个，其中政务机构官方微博 140837 个，公务人员微博 36600 个。2011 年以后随着微信的广泛普及，政府部门也陆续开通微信公众号，通过渠道的移动化，开启内涵更为丰富的“移动政务”时代，而公众在指尖

① BERTOT J C，JAEGER P T，GRIMES J M. Using ICTs to create a culture of transparency：e-government and social media as openness and anti-corruption tools for societies［J］. Information quarterly，2010，27（3）：264-271.

的滑动中，感受着政务的便民与亲民。和门户网站相比，政务微博和微信公众号不仅形式多样，时效性强、服务办事功能齐全、实用和易用，同时和群众互动参与度高，接受群众反馈更为直接便捷。

四、技术反腐与制度反腐协同创新趋势：从技术赋能到技术赋权

历史上任何一种新技术的出现与蓬勃发展都会对政治系统产生深远的影响，信息技术也不例外。日新月异的信息技术正在改变着人们传统的政治观，为传统意义的政治参与和政治控制模式叠加新的技术性变量和制约性因素。网络、大数据、区块链、云计算、人工智能等信息技术为公众参与政治生活提供了新的技术条件，依托于“互联网+”条件下的各种信息技术为公民行使监督权提供了新工具、新手段、新途径，新技术从赋能公众参政议政渠道多样化，到赋权公众监督权利的实现。

（一）技术赋能：完善反腐工具箱

依托信息技术的互联网成为公众传递信息、表达意见、评论时政、释放情绪的一个主要渠道，网络舆论对公众议程设置的影响越来越显著，公众对网络政治监督的政治效能感逐步增强，网络政治监督也随着时代的发展越来越得到公众青睐，越来越成为公众对政府公共权力进行约束和监督的利剑。[①] 面临新形势新挑战，新技术能够丰富完善反腐工具箱，有效应对腐败手段隐形变异、翻新升级等新型腐败、隐形腐败，有效治理“影子公司”、“影子股东”、虚假交易、期权腐败、政商“旋转门”、“逃逸式辞职”等问题。

传统社会，报纸、电视、杂志、广播是党做好宣传工作的主要载体，但由于传统媒体的单向传播和版面、发行时间的限制和形式的单一，党的宣传思想工作往往收不到应有的效果，公众对党和政府信息的关注度

---

① 郭小安. 网络民主的可能及限度[M]. 北京：中国社会科学出版社，2011：221.

不高。与传统媒体相比，依托于互联网平台的各种自媒体有很多优势，其开放、互动、即时、便捷和多媒体传播特性，为党在新时期做好信息发布、宣传思想和意识形态工作创造了良好的条件。特别是在我国网民已经超过10亿、网络已经成为信息的集散地和舆论的发源地的背景之下，互联网更是成为党在意识形态领域的主战场和舆论引导的主阵地。传统的沟通渠道数量有限、效率低下、环节繁多，不能满足人民群众日益高涨的参政议政需求。如今，互联网强大的功能满足了人们行使知情权、表达权和监督权的需求，党和政府更是积极拓展网络平台，实现广大群众参政议政的愿望。比如，各级党委、党员干部通过开设网站、客户端、小程序等及时发布信息和进行政策的解读，让群众通过留言或者电子邮件来表达意见和提出诉求，可以最大限度地满足人民群众的现实需要，并及时获取百姓心声。互联网成为新时期连接党政部门与广大群众的桥梁，是构建新型党群关系的重要纽带。

新技术的应用有效提升反腐效能，丰富反腐工具箱。网络技术在权力监督中的应用为公民行使批评建议、举报、申诉、控告等多种权利提供了新的形式，不仅监督的主体、监督的手段方式、监督的效能和效率得到极大提高，同时监督的内容也更为广泛、深刻，并且极大地提高了公民的话语权。大数据技术是指从各种各样的海量数据资料中，快速获得有价值信息的能力。通过计算设备的运算、挖掘、解析得出客观结果和趋势预判，其高速的分析处理能力在反腐倡廉领域的合理运用能够发生化学反应，在“监督监督者”反腐难题上也能够提供多维度的有效的解决方案。区块链技术并不是新生技术，而是分布式数据存储、智能合约、点对点传输、共识机制、加密算法等多种计算机技术的组合创新应用模式。区块链的分布式账本技术能够实现数据的一致性、可追溯、防篡改。区块链技术的特点为政务透明化和流程监督提供了技术支撑和实现路径。云原生计算基金会(CNCF)将云原生(Cloud Native)的概念定义为“让应用更有弹性、容错性、观测性的基础技术，让应用更容易部署、管理的基础软件，让应用更容易编写、编排的运行框架等”，能够让开发者更好地利用云的资源、产品和交付能力。人工智能技术由计算机视觉、机器学习、自然语言处理、机器人技术和生物识别技术五大核心技术组成，它能够生产出一种颠覆性的、能以与人类智能相似的方式做出反应的智能机器，并通过模拟和扩展人的智能来推动科技进步和社会发展。其中具有代表性的是生成式人工智能(Generative AI)，狭义的概念是指利用AI技术自动生成内容的生产方式，亦称为人工智能生成内容；广义的概念是指像人类一样具备生成创造能力的AI技术，基于训练数据和生成算法模型，自主生成创造新的文本、图像、音乐、视频、3D交互等内容和数据。[①] 人工智能强大的挖掘、分析、理解、计算能力可以弥补人力的不足与局限，基于环境条件以及海量的信息数据提供科学合理的反腐倡廉决策建议和官员腐败的线索、预警等。

(二)技术赋权：公民监督权的实现

传统的党的组织结构呈现金字塔式的层级结构，由于信息保密制度和管理的权限很容易造成严格的层级制度壁垒，下级党员干部和人民群众很难有效监督上级党员干部的言行和纪律执行情况。网络实现了信息和权力运作、组织结构的扁平化，使得各级党员和组织活动都暴露在人们的视线中，各种自媒体的出现使信息披露变得极为容易，人们能及时发现不良现象、违纪违法行为并通过网络平台进行曝光，从而有效监督各种腐败现象。目前，网络监督凸显出巨大的作用，是各级党组织和政府部门加强廉政建设、作风建设的重要途径之一。

从权力来源看，除了古代封建帝王宣扬的“君权神授”外，到了近现代，无论是资产阶级思想家还是马克思主义者，几乎都认为一切权力来自人民，因而一切权力都必须服务于人民。毛泽东曾经说过：“我们一切工作干部，不论职位高低，都是人民的勤务员，我们所做的一切，都是为人民服务，我们有些什么不好的东西舍不得丢掉呢?”[②]马克思基于历史唯物主义的世界观和方法论，始终认为世界是物质的，物质是人民群众创造的，人民群众才是历史的真正主人，而国家工作人员则是为人民群

---

① 腾讯研究院. AIGC发展趋势报告2023：迎接人工智能的下一个时代[EB/OL]. (2023-01-30)[2023-06-01].https://mp.weixin.qq.com/s/9AjTpyL4HmQ6BDhWIDbD0A.

② 毛泽东. 毛泽东文集：第3卷[M]. 北京：人民出版社，1996：243.

众服务的"公仆"。但受传统官本位思想影响，当前领导干部与人民群众的主仆关系出现了观念上的倒置。中国几千年封建传统的官本位思想影响巨大，权力至上的观念至今仍根深蒂固。权力至上的思想文化基础导致缺乏对权力进行制约和监督的传统，使得中国人对权力需要监督和制约的必要性认识不足。在有些官员看来，他们之所以能坐到某种权力位置上，完全是上级领导欣赏他，喜欢他，才提拔了他。所以，在他得到这个位置后就必然只听命于上级领导，尽力为领导办好事。他们只要对上级负责，不必对人民群众负责。正是因为这样一种权力授受观念才促使他们为了进一步往上爬，不择手段去跟领导搞好关系，因而就出现了跑官买官现象。反之，如果官员明白了他的权力是人民所授，他就会诚诚恳恳地忠于人民，服务于人民，并自觉接受党组织和人民的监督。少数领导干部不能自觉接受监督，排斥监督，认为监督是挑毛病。

相关数据显示，互联网在加快推进新型工业化、发展新质生产力、助力经济社会发展等方面发挥着重要作用。[①] 习近平多次强调群众监督的重要性。他指出："只有织密群众监督之网，开启全天候探照灯，才能让'隐身人'无处藏身。"[②]党中央一直在积极地创造有利于群众对政府和官员进行监督的软硬件环境，并形成了一套行之有效的民间网络反馈机制：网民将腐败信息在网络平台曝光后，通过网友的转载评论或相关媒体的报道引起广泛关注和热议，形成舆论压力和扩大影响力后，纪委与司法部门介入调查并核实网民披露的腐败信息真实性以及是否涉及违法犯罪，最后根据事实进行处置并将处理结果进行公开反馈(如图 1)。在这个过程中，中央纪委国家监委也会关注通过网络等渠道反馈的贪污腐败、违法犯罪的问题和线索，适时要求各级政府部门及时介入调查，积极反馈结果。

在"互联网+"条件下，公民实现参与反腐监督的权利体现在三个方

---

① 第 53 次《中国互联网络发展状况统计报告》[EB/OL].(2024-03-22)[2024-07-20].https://www.cnnic.net.cn/n4/2024/0322/c88-10964.html.

② 习近平.在十八届中共中央政治局第一次集体学习时的讲话[EB/OL].(2012-11-18)[2016-07-02].http://news.xinhuanet.con/2012-11/19/c_123967017_3.htm.

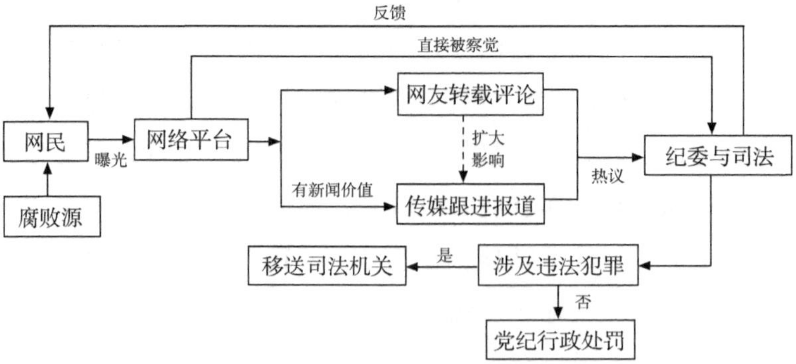

图 1[①]

面。首先是网络表达权。网络技术带来的参政议政渠道多样化，使公民的言论更加自由。网络上的言论自由决定了每个人拥有发表自己观点的权利。与传统媒体相比互联网的独特之处在于，人人可表达、人人可参与、民意多样化。传统媒体时代，人们的声音一般只能通过“代表”传递，民众对于两会的了解也只局限于新闻报道。如今的互联网就是一个民众聚集的议政通道，两会期间各个门户网站都开设了两会专题，论坛、微博、公众号、视频号、微信朋友圈都讨论着民生大计。越来越多的网民将自己以及身边的人最关心的大事发布到网络上，如果引发了公众的共鸣，则会增加其进入政府议题的可能性。其次是网络参与权。网络空间逐渐成为公民参与政治生活的重要场所，政府角色也正在发生转变，政府职能由管理向治理与服务转型。公民通过网络空间参与政治事务的模式在互联网发展的 20 多年里不断地改变、迭代，从领导信箱、在线留言板、信息公开专栏到网上政务大厅，从领导博客、政务微博、政务微信公众号、政务 App 再到“一网统管”的数字政务。目前政府网站仅仅围绕政务服务建设与布局已经无法匹配互联网的生态与节奏，由于互联网效应的推动，网民的主体意识增强，他们不再仅仅满足于做一个“被服务者”，而是更愿意成为“参与者”。再次是网络监督权。网络监督权的主要实现方式是网络舆论监督。网民具有话语表达权，同时也对网络言论形

① 于水，王占龙．网络反腐的现实困境与发展对策：基于 2012—2015 年 10 个典型网络反腐案件的分析[J]．廉政文化研究，2015(6)：54-61.

成监督，因此也具有网络监督权。互联网时代，网络为公民行使监督权提供了一个广阔的平台，加上互联网技术的不断迭代更新，搜索引擎技术的日益发展，使得网络监督的影响力度和深度不断提升。近几年因网民监督而落马的政府官员不在少数，如南京抽名烟戴名表的房管局长，“我爸是李刚”的撞车案、存在税收黑洞的公务员工资条、“北极鲶鱼”事件、“仝卓高考”等事件涉案人员。

互联网时代，公民监督权并不一定需要通过行政或司法的渠道实现，网民通过电脑或智能手机就可以在网络空间上发布、搜索和传递信息，实现网络监督。由亿万网民所汇聚而成的监督合力具备极大的影响力，它的力量足以让涉案官员无处可逃、接受司法调查，甚至使其政治生涯或生命终结。因此，网络监督权可以说是公民行使监督权的最佳工具。

（三）全域监督：新的监督体系形成

目前我国网络监督权力腐败行为的流行从侧面反映出体制反腐渠道的不够畅通，这是不正常的。根据“透明国际”建立的清廉指数排行榜，在全球廉洁指数位居前列的国家例如丹麦、芬兰、新西兰、瑞典，网络监督权力腐败这种“全民运动”都是不太流行的，国家反腐主要是依靠健全的权力监督制度。因此，网络监督权力腐败的行为只能是制度监督权力腐败的有益补充，而监督和制约权力腐败是一项十分复杂的系统工程，不能仅仅靠网络，还需要加强制度化、规范化、法治化建设，建立技术反腐与制度反腐协同的新的监督体系，实现全域监督。

网络监督权力腐败真正的意义不在于查处多少贪官，而在于倒逼监督权力腐败的法律、法规、制度的完善和公权力部门政务党务的公开。如果没有制度对权力的监督和制约、没有科学的权力结构和机制，网络对权力腐败的监督的成效也将大打折扣。“透明国际”创始人彼得·艾根指出，在反腐败斗争中，“因特网是起决定性作用的工具”[①]。但是监督权力腐败不能仅仅是依靠网络技术，习近平总书记强调，要完善反腐败体

① 艾根. 全球反腐网：世界反贿赂斗争[M]. 吴勉，译. 成都：四川天地出版社，2006：59.

制机制，增强权力制约和监督效果，保证各级纪委监督权的相对独立性和权威性。要强化制约，科学配置权力，形成科学的权力结构和运行机制。

移动互联网时代，有效实现群众的监督权和舆论权已经不是纸上谈兵的课题，信息技术能够从整体架构上支撑反腐制度的真正落地。知情权是现代社会公民的一项基本权利，政府信息公开，是公民知情权的体现。参照西方政治惯例，政府官员作为公职人员，其个人部分隐私权理应让位于社会监督。党务政务公开透明，可以有效降低腐败程度，对于监督权力腐败有着重要意义。完善党政部门的门户网站、客户端、公众号，推进党务、政务进一步公开，使网民可以通过正常途径了解政府的信息，随时随地查到需要监督问题的相关信息，能够避免网民在网络上对事件的猜疑、议论甚至人肉搜索，让利用网络扰乱民意的不法分子无处立足，进而避免政府官员的隐私权和名誉权被损害。实行党务、政务公开，扩大民众的知情权已成为网络监督权力腐败规范化发展中一项刻不容缓的任务。“要加强对权力运行的制约和监督，让人民监督权力，让权力在阳光下运行”，官员腐败问题在群众的监督下才能得到最大限度的遏制。例如，推行官员财产公开制度，是利用信息网络技术实现公民对官员的有效监督。尽管党内早有财产申报制度，但执行过程中存在着严重的官员利益群体阻碍，缺乏对财产申报制度的认同，使其在具体的操作层面流于形式。推行官员财产公开制度，能够使有贪腐欲望的官员不敢贪、不能贪，可以从源头上杜绝腐败。推进党务、政务以及官员财产公开的完善，能够为网络监督权力腐败的有序化、规范化发展打下坚实的基础。

新的监督体系应该实现党内监督、国家机关监督、民主监督、司法监督等传统监督和技术推动实现的群众监督、舆论监督联动贯通，形成“党统一指挥、全面覆盖、权威高效”的监督体系。在网络监督中，技术的优势打通了群众参政议政的通道，规范管理了网络举报信息收集、处置、反馈的流程，极大程度提高了反腐工作效率和正向影响力。“从某些方面看，因特网从根本上瓦解了民主国家的区域性，网络空间中的音讯不容易被牛顿式的空间所限制，这使边界变得无效。”[①]网络空间里，政府官员在一个“全民监督”的环境里，稍不注意就会成为众矢之的，庞大的网民数量无疑也是巨大的威慑，因此政府官员必须对自己的言行举止格外注意。融合传统监督和技术监督形成新的监督体系的过程应是掌权部门、网民和民间组织共同合作的过程。传统监督与技术监督各有其各自的作用、特点与地位。网络监督权是信息网络技术条件下举报、查处贪污腐败行为的一柄利剑，而要用好这柄利剑就必须规范网络对权力腐败的监督。

从技术赋能到技术赋权是技术反腐与制度反腐协同创新的必然趋势。一方面，政府需要继续加大对技术反腐的法制法规、基础设施、资金等资源的投入；另一方面，要充分发挥技术-制度协同创新对反腐败工作的有效促进作用，消除信息孤岛，建立跨部门信息资源共享互联的领导机构。在制约权力运行的过程中发挥技术赋权的力量，坚持制度的主体地位与技术的辅助地位相结合，利用技术-制度协同创新机制的倍增效能破解“监督一把手”“监督监督者”等反腐败斗争中的历史难题。

① 阿特休尔. 权力的媒介[M]. 北京：华夏出版社，1989：28.

第三章 “互联网+”条件下技术反腐与制度反腐协同创新的内在机理

随着"互联网+"的出现和反腐败斗争的深入，反腐败研究呈现出如下两种趋势：一是"互联网+"条件下的技术反腐创新日渐增多，较成熟的有网络反腐、大数据反腐、电子政务反腐，方兴未艾的有区块链反腐、人工智能反腐等等，不一而足。在利用网络、大数据、电子政务、区块链、人工智能反腐的过程中，我国当前更多的是单纯利用技术手段，还没有完善的法律和健全的配套制度体系，因而治理腐败的效果不甚理想。二是反腐败的制度共识已然形成。世界各国的反腐败经验表明，制度反腐是从源头上遏制腐败产生的更有效的方法，具有根本性、全局性、稳定性和长期性的特点。技术与制度作为反腐败的两种有效手段与工具，单纯从技术创新角度研究反腐败问题具有局限性，单纯从制度创新角度研究反腐败问题也有局限性，双轮驱动技术-制度协同创新将是实现技术反腐与制度反腐优势互补、模式创新、效率提高的必然选择。

一、基本理念：制度为体，技术为用

制度反腐虽然是治本之策，但制度反腐不是万能的，更不是一劳永逸的，任何制度也难免百密一疏。只有在"制度为体"的基础上辅之以"技术为用"，才能有效发挥技术反腐的热炉效应（hot stove rule），有效弥补制度反腐的局限。

（一）制度为体：制度反腐是反腐治权的根本举措

习近平总书记强调："只有建好制度、立好规矩，把法规制度建设贯穿到反腐倡廉各个领域、落实到制约和监督权力各个方面，发挥法规制度的激励约束作用，才能筑起遏制腐败现象滋生蔓延的'堤坝'，才能推动形成不敢腐、不能腐、不想腐的有效机制。"[①]制度因素是反腐败成功的

① 中共中央纪律检查委员会，中共中央文献研究室. 习近平关于严明党的纪律和规矩论述摘编［M］. 北京：中央文献出版社，2016：61.

关键因素。在反腐制度设置科学、完善，制度执行有力、严格的情况下，掌权者想问题办事情都有据可循、有法可依，就不敢肆意妄为，更不敢贪污受贿。

1. 制度反腐是治本之策

（1）制度的刚性框架

纵观人类与腐败不断斗争的历史进程，好的反腐败模式无一不是以一整套稳定成熟、运行有效的制度体系为基础。新中国成立 70 多年来，我国反腐败工作历经并形成了三种反腐模式：运动反腐、权力反腐、制度反腐。运动反腐依靠发动群众来遏制腐败，尽管有效遏制了腐败的蔓延，却常常破坏正常的社会秩序；权力反腐人治色彩强烈，常常受掌权者个人反腐意愿和能力的左右；只有制度反腐才是遏制腐败的终极方案。国内对反腐败的研究也是经由运动反腐、权力反腐逐步转向制度反腐，近年来对制度反腐的研究成果越来越多。如杨鸿台在《制度反腐实证探析》中提出“三制反腐”（体制、机制、法制创新）是根治腐败的必由之路；邓超、任中平指出“制度反腐”之所以能够保证反腐败斗争的常态化和持续性，是由“制度反腐”的根本性、法理性和稳定性所决定的。以上对制度反腐的理论和实证研究表明，制度才是从源头上遏制腐败产生的刚性框架和最佳方法。因此，不论是执政党长期以来的反腐经验，还是众多反腐专家学者们的研究成果，都表明制度反腐才是治本之策。构建出一体推进不敢腐、不必腐、不能腐、不想腐的体制机制，将是未来廉政建设努力的正确方向。

（2）制度的顶层设计

清廉政治是各国人民的共同愿望，反腐败是公认的世界难题。中国共产党始终坚定不移地反对腐败，一百年波澜壮阔的救国建国富国强国奋斗史，也是一部自我革命的反腐倡廉斗争史。① 反腐败斗争和廉政建设伴随着国家的建立而存在，只有正在进行时，没有完成时。从党的十三大开始，制度建设作为顶层设计被纳入国家廉政治理的重要手段。党的

---

① 江金权. 学好党史必修课反腐倡廉的中国答案[EB/OL].（2021-05-20）[2021-05-27]. https://www.ccdi.gov.cn/toutiao/202105/t20210520_242249.html.

十三大将制定制度和严格遵守制度作为纠正党内不正之风的两大重要举措，中纪委的工作报告中首次出现“制度”二字。十六大提出了“标本兼治、综合治理、惩防并举、注重预防”的方略，治理方向从事后惩戒转向“注重预防”，治理手段从查处要案、正风肃纪到制度建设、标本兼治。十六届三中全会首次提出“建立健全教育、制度、监督并重的惩治和预防腐败体系”，这表明在反腐败顶层设计上，我国形成了多维度、系统化局面，并增强了其基础性、科学性。十七大进一步强调“建立健全决策权、执行权、监督权既相互制约又相互协调的权力结构，形成结构合理、配置科学、程序严密、制约有效的权力运行机制”，指出了更为具体明晰的反腐败方略，反腐倡廉制度建设的重要作用进一步凸显。党的十八大以后，反腐败上升到关乎党的生死存亡的新高度。十八大提出了有史以来最为严厉的警告：反腐败“这个问题解决不好，就会对党造成致命伤害，甚至亡党亡国”。十八大以后，制度反腐也进入到新的阶段，以习近平同志为核心的党中央从“全面从严治党”的高度对反腐倡廉制度的结构、体系、机制进行顶层设计，提出了要“形成不敢腐的惩戒机制、不能腐的防范机制、不易腐的保障机制”。党的十九大进一步明确指出：“强化不敢腐的震慑，扎牢不能腐的笼子，增强不想腐的自觉。”习近平总书记在二十届中央纪委三次全会上全面总结新时代以来反腐败斗争取得的重大成就，强调“对反腐败斗争的新情况新动向要有清醒认识，对腐败问题产生的土壤和条件要有清醒认识，以永远在路上的坚韧和执着，精准发力、持续发力，坚决打赢反腐败斗争攻坚战持久战”“坚持一体推进不敢腐、不能腐、不想腐，深化标本兼治、系统施治”“突出铲除土壤条件深化反腐败斗争”，要求“强化完善反腐败工具箱，继续加大审计等移送问题线索查处力度，持续推进反腐败国家立法”。“制度”从提出到如今一直贯穿于反腐倡廉的顶层设计中。从设立独立权威的监督机构国家监察委员会，到制定第一部国家监察法，中国国家监察体制改革蹄疾步稳，制度反腐正走向正轨。实践证明制度反腐是中国特色社会主义反腐倡廉的基本方略。要扎紧防治腐败的制度笼子，坚持依规治党和依法治国，从内部强化对权力运行的制约和监督，完善反腐败的党内法规体系和国家法律体系、监督体系。

(3)制度的发展进路

中国共产党建党百年来一直高度重视反腐倡廉法规制度建设，制度反腐建设一直在路上，1921年党的一大通过的中国共产党纲领，15条规定中有6条涉及纪律。1922年党的二大通过的第一部党章，设纪律专章，对党组织和党员的纪律作出了明确规范。1927年党发布了20余个法规性文件，其中第一个反腐肃贪的法规性文件是《关于坚决清洗贪污腐化分子的通告》。1928年中央颁布《巡视条例》，这是巡视制度的起源。1931年中央苏区第一次党代表大会通过《党的建设问题决议案》，第一次将严肃党的纪律、反对官僚腐化现象作为党的建设工作的中心任务之一。1933年中央苏区颁布《关于惩治贪污浪费行为》的训令，第一次明确规定了贪污浪费行为的量刑标准。1938年六届六中全会首次提出"党规党法"的概念。1945年党出台了《陕甘宁边区惩治贪污条例(草案)》等一批党纪、政纪、军纪综合一体的惩治腐败法规。1949年新中国成立前夕，毛泽东同志在党的七届二中全会上要求全体党员干部做到"两个务必"；新中国成立之初，毛泽东同志指出对于贪污、浪费和官僚主义现象，如果不加以肃清，就有亡党、亡国、亡身的危险。1952年中央人民政府颁布《中华人民共和国惩治贪污条例》。1961年1月，中央下发了《党政干部三大纪律、八项注意(草案第二次修正稿)》。改革开放初期，1980年颁布党的第一部准则《关于党内政治生活的若干准则》。1985年中央印发了《关于禁止领导干部的子女、配偶经商的决定》。1992年1月，邓小平同志指出，"在整个改革开放过程中都要反对腐败……廉政建设要作为大事来抓。还是要靠法制，搞法制靠得住些。"[①]1993年中央纪委、监察部开始合署办公。1997年党的十五大提出"标本兼治"的思路，逐步加大制度反腐的力度。

进入21世纪以来，中国反腐败制度建设速度加快，签署《联合国反腐败公约》实现了我国的反腐败工作从关起门来反腐败到打开大门反腐败的重要转变，明确提出反腐倡廉十六字战略方针"标本兼治、综合治理，

① 邓小平. 邓小平文选：第3卷[M]. 北京：人民出版社，1993：379.

惩防并举、注重预防”，标志着党的反腐倡廉建设开始进入体系反腐新阶段的《建立健全教育、制度、监督并重的惩治和预防腐败体系实施纲要》颁布。2008年起开始实施每五年为一个周期的建立惩防腐败体系工作规划制度，已经完成《建立健全惩治和预防腐败体系2008—2012工作规划》《建立健全惩治和预防腐败体系2013—2017年工作规划》。2014年在中央纪委三次全会上，明确了“形成科学的权力结构”的政改目标；党的十八届四中全会通过的《中共中央关于全面推进依法治国若干重大问题的决定》，还对加强和改进制度反腐做了系统部署。推进制度反腐，是将中国的反腐工作从治标推向治本的重要举措。[①] 2015年中央纪委五次全会作出了“制度治党”“重构政治生态”，由权力反腐转向制度反腐的战略规划，并指明了由赢得时间到赢得空间的方向。2016年以“全面从严治党”为主题的中共十八届六中全会是中共十八大后开展的反腐转向制度式、治本式反腐的重要标志。会议修订的《中国共产党党内监督条例》首次提出了“建立党内监督体系”的概念，并在理论上首次对“党内监督体系”进行系统阐述，指出建立健全党中央统一领导，党委（党组）全面监督，纪律检查机关专责监督，党的工作部门职能监督，党的基层组织日常监督，党员民主监督的党内监督体系。2019年中国国家监委与联合国签署反腐败合作谅解备忘录，进一步推动与联合国在预防和惩治腐败等方面的合作。十九届中央纪委五次全会再一次强调指出，要深入推进反腐败国际合作和国际追逃追赃。中国所倡导的反腐败国际合作始终以《联合国反腐败公约》精神为依据，在此基础上深化拓展双边、多边以及区域性反腐败合作，逐步消除全球反腐败治理中的不合理因素，从而推动构建更加公正合理的反腐败国际合作框架。2020年中共中央政治局就加强反腐倡廉法规制度建设进行第二十四次集体学习，会议上习近平总书记强调，我们党长期执政，既具有巨大政治优势，也面临严峻挑战，必须依靠党的各级组织和人民的力量，不断加强和改进党的建设、管理、监督。2021年中共中央发布了《中共中央关于加强对“一把手”和领导班子监督的意见》；十三届全国人大常委会第三十次会议表决通过了《中华人民共和国监察官

① 王明高. 构建中国特色的科学反腐制度[J]. 湘潭大学学报，2015(1)：40-43.

法》，这是继监察法、政务处分法之后，又一部关于深化国家监察体制改革的立法。2023 年中共中央印发了《中央党内法规制定工作规划纲要（2023—2027 年）》，健全党的纪律建设制度；修订了《中国共产党纪律处分条例》，进一步严明党的纪律，增强党的纪律建设的政治性、时代性、针对性；修订了《国有企业领导人员廉洁从业若干规定》，完善国有企业领导人员廉洁从业纪律要求。截至 2024 年 3 月，全党现行有效党内法规共 3890 部。其中，党中央制定的中央党内法规 221 部，中央纪律检查委员会以及党中央工作机关制定的部委党内法规 202 部，省、自治区、直辖市党委制定的地方党内法规 3467 部。党的十八大以来，新制定修订的党内法规占比超过 70%。铲除不良作风和腐败现象滋生蔓延的土壤，根本上要靠法规制度。要加强反腐倡廉法规制度建设，把法规制度建设贯穿到反腐倡廉各个领域、落实到制约和监督权力各个方面，发挥法规制度的激励约束作用，推动形成不敢腐、不能腐、不想腐的有效机制。回顾建党百年特别是新中国成立以来的反腐历程，可以深切体会到，制度反腐才是遏制腐败实现“中国之治”的成功密码。

党的十八大以来制度反腐呼之欲出，制度反腐共识已然形成。制度反腐的根本性、稳定性、法理性在三种反腐模式中具有不可替代的核心优势，制度反腐在约束、防范、惩治腐败上也更加科学有效，因此制度反腐是廉政建设的治本之策。尽管如此，如何有效依靠制度反腐败，仍然是新时代党和国家面临的一个重大课题。

2. 制度反腐不是万能的

制度反腐虽然是治本之策，但制度反腐不是万能的，更不是一劳永逸的，任何制度也难免百密一疏。习近平指出：“在认识世界和改造世界的过程中，旧的问题解决了，新的问题又会产生，制度总是需要不断完善。”[①]近年来，党和国家不断出台各种反腐制度，但反腐败的效果却不甚理想，制度反腐陷入困境。一些学者讨论了制度反腐现状及困境，如李松的《中国隐性权力调查》从隐性腐败的角度研究单纯制度性反腐局限；曹雪松指出制度反腐模式具有阶段性困境（反腐制度供给困境、反腐机构

① 中共中央文献研究室. 习近平关于全面深化改革论述摘编[M]. 北京：中央文献出版社，2014：8.

职权困境、反腐主体参与困境、反腐力量整合困境）；殷亚天提出当前制度反腐出现了“四种转变”：从制度供给短缺向制度藩篱转变、从制度性制衡向制度性失衡转变、从制度性均势向制度性垄断转变、从制度性权益向制度性特权转变。美国腐败领域研究的权威学者迈克尔·约翰斯顿在《腐败征候群：财富、权力和民主》一书中指出：“软弱的制度不仅放任公民和官员寻求非法利益、逍遥法外，而且当人们在一个不确定的环境中寻求保护时，这种制度刺激了更多的腐败。”①特别是随着互联网的发展，尤其是“互联网+”条件下新技术的不断介入，腐败分子利用互联网和“互联网+”新技术进行腐败，其花样之多，手法之隐秘，使得单一的制度反腐也难以招架和防范。孔繁玲也提出，互联网背景下影响中国制度反腐体系形成的主要因素包括权力反腐失衡、法制反腐失控、防腐体制失调。

当前中国正处在深刻的社会转型期，各项体制机制尚不完善，反腐倡廉工作陷入“边反边腐”的困境。“一个制度出了问题，就再制定另外一个制度来进行弥补和解决，‘头痛医头、脚痛医脚’，结果制度越来越多，往往造成前后矛盾、执行困难，反而失去效率与效力。”②如何突破我国的反腐困境，关键在于寻求一个可操作的、有效针对我国腐败现状的反腐败新模式。推进技术反腐创新实践，用“互联网+”条件下的新技术堵住反腐败工作中的制度漏洞，协同技术与制度创新，扫清体制机制建设障碍，才是完善制度反腐的必由之路。特别是党的十八届六中全会以后，党中央反腐败工作着力扎牢制度的笼子，完善制度反腐，实现反腐工作从治标向治本转变。《中央反腐败协调小组工作规划（2023—2027 年）》指出，要健全防治腐败滋生蔓延的体制机制，抓住政策制定、决策程序、审批监管、执法司法等关键权力，健全监督制度体系，减少权力对微观经济活动的不当干预；要健全反腐败法规制度，健全惩治行贿的法律法规，完善惩治商业腐败法律法规；要完善对行贿人的联合惩戒机制，建立行贿人“黑名单”制度，综合运用纪律、法律、行政、经济等手段，形成不

① 约翰斯顿. 腐败征候群：财富、权力和民主[M]. 袁建华，译. 上海：上海人民出版社，2009：39.

② 陈家喜，黄慧丹. 制度治党的概念缘起与实施路径[J]. 特区实践与理论，2015(3)：34-37.

敢行贿“围猎”的震慑。世界各国一直都在探讨怎样有效推进反腐倡廉建设，影响反腐倡廉建设成效的因素很多，除了反腐倡廉体制机制的完善与创新外，反腐倡廉技术和手段的创新与应用，也是提高反腐倡廉建设效果的重要举措之一。

（二）技术为用：移云数物链赋能反腐新技术创新

中国政府宣布的“互联网+”行动计划引发了人们对互联网在社会发展和国家治理过程中作用的激烈讨论，“互联网+反腐倡廉”也得到专家学者和反腐一线工作者的广泛关注。目前我国的反腐倡廉模式从技术手段来说主要还局限于简单运用互联网作为工具的层级。反腐倡廉模式实现从运用互联网作为工具向反腐倡廉建设与互联网深度融合转变，需要新的理念、新的技术、新的平台。面对“互联网+”这个社会转型期的“最大变量”，善用“互联网+”新技术手段，在“互联网+”行动计划中为反腐倡廉创新注入新的活力，是我们当前的重要任务。传统的反腐倡廉模式必须顺应信息(IT)时代和数据(DT)时代的挑战，以不断创新的姿态迎接“互联网+”时代的反腐倡廉模式的升级。“互联网+”条件下的新技术融入反腐倡廉建设成为必然。

1. “互联网+”条件下的新技术：移云数物链

“互联网+”带来技术革命的狂飙猛进，变革、创新成为时代主旋律。“互联网+”条件下的新技术主要包括互联网-移动互联网-价值互联网、云计算-云原生、大数据、物联网和区块链-主权区块链等。“互联网+”条件下的网络经历了1.0时期的PC互联网阶段，当前正处于2.0阶段的移动互联网向未来3.0时期的价值互联网迈进。移动互联网是智能终端硬件不断迭代后，移动通信和互联网融合的产物，可以实现在移动状态下不受时间、地点、设备的限制，随时随地高速访问网络，寻求各种各样的线上服务。传统互联网(PC互联网、移动互联网)传递信息提高效率，区块链技术诞生以后重构了信任机制，有望实现传统互联网从信息互联网向价值互联网的转变。

云计算的分布式处理、分布式数据库、虚拟化技术和云存储，带来了存储方式和计算方式的大变革，实现了资源的便捷保存、互融互通和数据赋能，为大规模的数据处理提供了技术可能。云原生是云计算的升级迭代，是云计算发展的新阶段，云原生计算基金会(CNCF)把云原生的概念定义为“让应用更有弹性、容错性、观测性的基础技术，让应用更容易部署、管理的基础软件，让应用更容易编写、编排的运行框架等”，希望能够让开发者更好地利用云的资源、产品和交付能力。随着互联网的高速发展与日趋成熟，信息(数据)成为独立的生产要素，特别是进入大数据时代以来，数据成为新的生产要素。数据化的世界让“互联网+”产生革命性的影响，“互联网+”火爆背后的动因主要是数据的开发和利用，量化一切、用数据进行预测、用数据帮助决策，用数据赋能，打破信息孤岛成为趋势。

物联网也称泛互联，Internet of Things(IoT)指的是物物相连的互联网。例如“互联网+督查”网络监督平台就充分利用了物联网技术，5G 全景摄像头、物联网信息采集器等新技术把传感器、控制器、人、机器连在一起，在远程调阅、电子取证中发挥了极大技术优势。雅虎首席科学家沃茨博士指出：“得益于计算机技术和海量数据库的发展，个人在真实世界的活动得到了前所未有的记录，这种记录为社会科学的定量分析提供了极为丰富的数据。由于能够测得更准、计算得更加精确，社会科学将脱下‘准科学’的外衣，在 21 世纪真正全面走进科学的殿堂。”[①]互联网和物联网的日益发展带来信息(数据)的指数级增长，这些数据的累积和价值开发推动了大数据技术的形成和发展，应用大数据技术对庞大数据进行分析、处理、价值挖掘，成为“互联网+”发展的内在驱动力。大数据技术的独特优势在于海量数据的处理，包括大数据的采集、预处理、存储及管理、分析及挖掘、隐私计算技术还有大数据的展现和应用等等。

区块链技术简单来说是一种新型记账方式的数据库。通过数据透明、不易篡改、可追溯的特点，有望解决网络空间的信任和安全问题，推动互联网从传递信息向传递价值变革，重构信息产业体系。[②] 区块链技术的

---

① 涂子沛. 正在到来的数据革命：大数据[M]. 桂林：广西师范大学出版社，2015：57-58.

② 工业和信息化部，中央网信办印发. 关于加快推动区块链技术应用和产业发展的指导意见[EB/OL]. (2021-06-07)[2021-06-17]. http://www.cac.gov.cn/2021-06/07/c_1624629407537785.htm.

分布式记账、去中心化、非对称加密等特征构建了一种全新的信任机制，以技术方式重构信任机制，进而实现从对“人”的信任转变为对机器、对算法的信任。主权区块链(Sovereignty Blockchain)是贵阳市首先提出的，以分布式账本为基础，以规则和共识为核心，以国家主权为前提，除了具备区块链的技术优势外，强调国家主权、政府监管、技术+制度干预。不同于强调算法即法律的一般区块链，主权区块链坚持算法+法律(制度)，从以数据为中心的技术转向以人为中心的技术。主权区块链有望将区块链技术颠覆性的创新和反腐制度融为一体，实现法律、制度下的技术之治。

“互联网+”条件下迅速普及的互联网-移动互联网-价值互联网、云计算-云原生、大数据、物联网和区块链-主权区块链等新技术，快速推动人类从IT时代到DT时代的转变，这将直接影响社会经济和人们日常生活领域的深刻变革，也将影响包括反腐败斗争在内的政治领域重大变革。目前各种“互联网+”条件下移云数物链的新技术已经广泛地应用于反腐倡廉建设之中，但还处于“反腐倡廉+互联网”阶段，“反腐倡廉+互联网”中的“互联网”是一种工具和信息传输管道，强调的是新技术在反腐倡廉建设中的工具性；而“互联网+”则是一种能力或者是一种外在资源和平台，强调的是以互联网为基础或平台，“互联网+”中的“+”讲的是融合与转型。“互联网+反腐倡廉”是互联网与传统反腐倡廉的深度融合，强调的是以互联网为基础或平台的价值性。反腐倡廉模式创新应该实现从“+互联网”到“互联网+”的转变，用“互联网+”思维思考反腐倡廉，从反腐倡廉模式的顶层设计阶段就融入“互联网+”，为反腐倡廉建设提供更加有效的反腐手段、更加广阔的资源平台。

2. “互联网+”条件下的新思维、新方法

“互联网+”不仅是技术上的变革，还是思想上的创新，是一种价值观和方法论。“互联网+”思维要求组织结构与管理层级去多层中介，实现扁平化。

(1)“互联网+”带来的思维转变

追求以客户为中心的服务理念，强调用户思维；追求用户的黏性与信任度，推崇极致思维；秉持个人价值与组织价值的有机统一。“互联网+”将互联网的创新精神和先进成果深度融合于经济社会各领域之中，变革人们思想中的固化体系，鼓励多平台和跨界，体现了社会化生产和公共生活中的平等、开放和共享的精神。“互联网+”是一个极具想象力和创造性的新理念和新模式。有美国学者表示，电子治理工具是唯一能够有效快速解决腐败问题的方法，因为它不仅能巩固和增加公务员工作的透明度，还可以提高办事效率，从而杜绝了不公平事件的发生。[①] “互联网+”思维为反腐败模式创新带来了新契机。

(2)“互联网+”带来的反腐模式转变

以人为本、用户至上，推进“互联网+”益民服务；立体设计、跨界融合，实现反腐模式互联网化；权力透明、开放共享，助力数字廉洁政府建设，实现权力在阳光下运行，有效防治腐败；全民互动、线上与线下联动，统筹顶层设计与基层参与，新技术与群众路线结合开展O2O举报、监督服务，实现反腐倡廉建设中的群众路线；注重平台化发展，强化顶层设计，建立基于云原生生态的数字廉洁政府；去中心化、扁平化、多元化，推动政府与公众共同参与反腐倡廉工作。

(3)“互联网+”条件下的技术反腐优势

①从纸质政务到电子政务再到数字政府，政府数字化转型带来信息公开模式的变化。“互联网+”开放共享的功能，可助力数字廉洁政府建设，实现权力在阳光下运行。“互联网+政务”，能够实现权力的去层级化，能够对公权力结构进行优化调整。②移动互联网的出现以及智能手机的普及，有效消解了(数字)技术鸿沟。过去在网络时代，不论是政治的公民参与还是网络监督都需要电脑以及网络，随着智能手机的普及，移动互联网的发展带来了人人都是网民的时代，约10亿的手机网民规模有效化解了过去互联网时代的信息鸿沟、技术鸿沟，扩大了网络政治参与的普及面。新技术反腐能够调动权力客体参与监督的主动性和积极性，凸显异体监督优势。面对腐败手段愈来愈技术化、隐蔽化的新情况，新

① PRASAD K. E-governance policy for modernizing government through digital democracy in India[J]. Journal of information policy, 2012(2): 183-203.

技术反腐凭借其公开透明、安全快捷等技术优势，能够有效弥补制度反腐的短板。③大数据技术带来巡视模式的变化。运用大数据技术，通过全息的、整体的反腐数据呈现，是制度设计从经验主义的模糊制定走向数据驱动的精准治理，以技术手段保证制度制定的精细化、严密性和执行制度的严肃性。④物联网带来的监控模式的变化。以松原市纪委对公务用车的监控为例。松原市纪委监委把全市公务用车的信息全部输入松原市公安局视频监控系统和省高速交警支队松原分局视频监控系统中。如 2024 年清明节期间，他们就将 4 月 2、3、4 日三天作为筛选区间，将公务车信息输入系统，如果在此时间段内，公务车上路行驶，那么监控系统就会自动筛查出它的行驶轨迹，这辆车经过的带有监控设备的路口、路段被自动拍下的图片信息就会被系统筛选出来，让公车私用直接曝光，被工作人员形象地称为难以脱逃的“天罗地网”。[①] 除了吉林松原，目前一些一线城市也已经开始试水物联网监督、物联网反腐的实践，例如应用 RFID 身份识别系统对公职人员进行执行公务期间的有效监控，把公务车使用轨迹联入交通系统的卫星定位系统，通过比对侦查是否公车私用等，都是实践中很好的一些技术应用雏形。随着技术反腐工作的不断发展，众多的视频监控和网络监控辅助设备只需加上物联网模块即可投入使用。

“互联网+”为反腐模式创新提供了一个对接的新平台、新渠道。在权力结构与运行机制改革未取得根本性突破的情况下，运用科技手段作为当前反腐败的切入口和突破点不失为明智之举。[②] 创新技术手段提高反腐的严密性、有效性，从技术层面提升反腐效能，是突破当前反腐瓶颈的现实选择。但技术反腐的有效性需要制度反腐的支撑，党中央需要围绕技术-制度反腐的协同创新加强顶层设计与规划，在既有的反腐败方略和路径之内，充分利用“互联网+”新技术建立健全反腐制度，构筑新技术赋能的制度反腐体系，实现制度与技术的协同融合，创新反腐机制。

只有在“制度为体”的基础上辅之以“技术为用”，才能有效发挥技术反腐的热炉效应(hot stove rule)，从而有效弥补制度反腐的局限。“互联

① 何琳娣. 松原：正风反腐走进大数据时代[N]. 吉林日报，2016-09-07(012).

② 骆成明. 大数据时代科技反腐的作用与发展建议[J]. 廉政文化研究，2016(4)：49-53.

网+”条件下技术反腐与制度反腐协同创新，才是从源头上预防和惩治腐败，遏制腐败现象“社会化”趋势的必由之路。将“互联网+”引入反腐倡廉建设，不仅能使反腐倡廉“杀毒软件”从“1.0版”升级到“2.0版”，而且将更进一步激发反腐倡廉体制机制的创新与完善，在“把权力关进制度的笼子里”的基础上再添加一把牢不可破的技术钢锁，将极大提高反腐倡廉建设的实际效果。

二、共同目标：构建“不敢腐、不能腐、不想腐”体制机制

共同目标是协同形成的前提。面对目前严峻复杂的反腐败形势，一体推进不敢腐、不能腐、不想腐的战略目标是技术反腐与制度反腐协同创新机制形成的前提。在全方位、立体式的反腐制度体系中融入“互联网+”条件下移云数物链等新技术，能够实现制度与技术在反腐倡廉工作中的协同作用，两者优势互补、相互促进、共同发力，能够使效能倍增。

（一）复杂的反腐败形势是技术反腐与制度反腐协同创新的现实需求

一直以来，反腐败斗争从治标到治本，从胶着状态到压倒性胜利，反腐败斗争和廉政建设已经取得了历史性成就，但是中国共产党人始终清醒认识到形势依然严峻复杂，反对腐败是关系党和国家生死存亡的严重政治斗争。[①] 必须一刻不停推进党风廉政建设和反腐败斗争。自20世纪90年代初我们党首次提出反腐败斗争形势是严峻的，要坚决“制止”腐败现象蔓延的势头开始，共产党人的反腐败斗争就一直在路上。但十八大之前，反腐成效不明显，这与制度反腐科学性不足、对反腐败斗争艰巨程度的认识不够密切相关。党的十八大以来，党中央对反腐败斗争的认识不断深化，面对严峻复杂的形势，必须“要充分认识这个斗争的紧迫

① 中共中央文献研究室. 十五大以来重要文献选编(上)[M]. 北京：人民出版社，2000：49.

性、长期性和艰巨性”[①]。从治标入手，标本兼治，一体推进不敢腐、不能腐、不想腐，让党员干部因敬畏而“不敢”、因制度而“不能”、因觉悟而“不想”。

1. **存量还未清底，增量仍有发生**

从党的十九大至二十大的5年间，有8.1万人向纪检监察机关主动投案，2020年以来21.6万人主动交代问题。[②] 违纪违法官员干部选择主动找党组织投案，这彰显了强高压态势下的震慑作用和一体推进“三不腐”理念机制形成的叠加效应。尽管我们在“减存量、遏增量”上已取得决定性胜利，但还要清醒地看到腐败的存量还未清底，增量仍有发生，“消除存量、遏制增量任务依然艰巨繁重”，腐败这个党执政的最大风险仍然存在。

《最高人民法院工作报告》指出，2018年至2022年，全国各级人民法院共审结贪污贿赂等职务犯罪案件11.9万件13.9万人。依法从严惩处孙政才等92名原中管干部，对赵正永、孙力军、王立科、傅政华、刘彦平等依法适用终身监禁，对赖小民依法判处并执行死刑。中央纪委国家监委通报的数据显示，2023年，全国纪检监察机关共接收信访举报345.2万件次，其中检举控告类信访举报105.7万件次。处置问题线索173.3万件，其中谈话函询36.3万件。立案62.6万件，其中立案中管干部董云虎、孙志刚、韩勇等87人，厅局级干部3456人，县处级干部2.7万人，乡科级干部8.9万人；立案现任或原任村党支部书记、村委会主任6.1万人。处分61万人，其中党纪处分49.8万人、政务处分16.2万人；处分省部级干部49人，厅局级干部3144人，县处级干部2.4万人，乡科级干部8.2万人，一般干部8.5万人，农村、企业等其他人员41.7万人。坚持受贿行贿一起查，立案行贿人员1.7万人，移送检察机关3389人。[③] 从

① 中共中央文献研究室. 十四大以来重要文献选编(上)[M]. 北京：人民出版社，1996：42.

② 崔丽. 近一个月以来多人主动投案　彰显反腐败标本兼治综合效应[EB/OL]. (2022-12-10)[2024-08-11]. https://news.cyol.com/gb/articles/2022-12/10/content_VYyqzMfvBV.html.

③ 中央纪委国家监委网站. 中央纪委国家监委通报2023年全国纪检监察机关监督检查、审查调查情况[EB/OL]. (2024-01-25)[2024-08-11]. https://www.ccdi.gov.cn/toutiaon/202401/t20240125_324375.html.

最新数据和查处的腐败案件情况可看出，纪委监委持续保持零容忍、强震慑的反腐败高压态势，表明了我们党坚决推进反腐败斗争和党风廉政建设的鲜明态度。但同时，存量尚未见底、增量仍在发生，暴露出的问题形形色色。

党的十八大以来我们的反腐败斗争和廉政建设显现出两个特征：一是坚持“严”的主基调，腐败惩治力度持续增强。2024 年第一季度，全国纪检监察机关共接收信访举报 80.8 万件次，其中检举控告类信访举报 21.2 万件次，处置问题线索 40.3 万件，立案 14.9 万件，其中立案省部级干部 16 人、厅局级干部 983 人、县处级干部 6695 人、乡科级干部 2.1 万人；立案现任或原任村党支部书记、村委会主任 1.3 万人，处分 12.1 万人，其中党纪处分 9.9 万人、政务处分 3.4 万人；处分省部级干部 12 人，厅局级干部 948 人，县处级干部 6241 人，乡科级干部 1.7 万人，一般干部 1.6 万人，农村、企业等其他人员 8.1 万人。[①] 处置问题线索数、立案数、处分人数保持在高位，这充分说明了党中央对反腐倡廉始终坚持“严”的主基调、反腐败形势严峻复杂、惩治力度不断加强、腐败存量未清、增量仍有发生的客观现实。二是民众在反腐败中的获得感增强，但廉洁观感变化不大。从 2024 年半年报受处分人员的构成来看，随着反腐力度的不断加强，侵害人民群众的切身利益的小贪小腐不断落网，人民群众越来越感受到“拍蝇”反腐的实际效果，获得感也在不断增强。据“透明国际”发布的腐败印象指数，我国清廉指数 2006 年为 3.3，2016 年为 4.0，全球排名 2017 年排第 77 位，2018 年排第 87 位，2019 年排第 80 位，2020 年排第 78 位，2023 年度清廉指数为 42 分，排名第 76 位。同时，自 2007 年开始，我们每年在广东省开展了大样本抽样调查，结果表明，公众对政府廉洁满意度 2006 年为 4.93（十分制，下同），2016 年为 5.51，简言之，十几年间不断强化的反腐败努力与政府廉洁观感及廉政指数存在落差。[②]

① 中央纪委国家监委网站. 中央纪委国家监委通报 2024 年第一季度全国纪检监察机关监督检查、审查调查情况［EB/OL］.（2024-04-24）［2024-08-11］. https://www.ccdi.gov.cn/toutiaon/202404/t20240424_343448.html.

② 郑方辉，李莹. 反腐败绩效：腐败治理的目标与逻辑［J］. 行政论坛，2020(6)：26-33.

2. 新型腐败花样百出，贪腐行为更加隐蔽复杂

传统的腐败方式主要是收受交易贿赂、合办公司或收受干股、以委托理财或赌博的名义收受贿赂、通过特定关系人收受贿赂等。党的十八大以来，在中央高压反腐态势下，常见的腐败手段得到了有效的控制。但新型腐败花样百出，层出不穷，与传统腐败相比，新型腐败的典型特征在于手段多样、隐蔽性强、受贿期货化、间接化、不易查处。例如“影子公司”作为政商勾结的腐败形式，成为2020年反腐热词；帮忙办事不着急收钱的期权腐败，不求当下利益变现，延迟腐败收益；公权力在新业态中“探索”出了新型腐败模式“一手批扶持资金、一手购买原始股”等。以袁仁国(原贵州茅台酒厂有限责任公司党委副书记、董事长)为例，其掌权期间长期把持茅台酒销售大权，靠着茅台酒的稀缺性，一边通过“批酒”大肆获取非法利益，一边把茅台经营权作为权权交易的有力资源大搞政治攀附、捞取政治资本。腐败分子采取权力的“期权化”“假借”和“转让”，赃款“漂白”和资本增值等隐蔽手段，通过大批量、多层次的土地批租，利用权力大量违规放贷，违规减免税收，股市“圈钱”，走私放私，利用国家重点工程建设转包“分肥”，在有些地方还出现了送子女、配偶出国，亲属海外定居、把腐败赃款转移出境、自己外逃等腐败新动向。[①]新型腐败花样翻新、“与时俱进”，不断加入新方法、新技术。但无论手段如何高超、形式如何多样，还是万变不离其宗地利用手中公权力及职务之便，为个人谋私利。尤其是“互联网+”条件下新技术的介入，使一些腐败手段搭上了“互联网+”的快车，形成更加隐蔽、更加难以查处的新变异。

随着科技的不断发展和查处腐败力度的不断加大，腐败行为的“技术含量”也在提高，各种高智商、高智能的腐败手段频频出现。[②]“影子公司”、“影子股东”、虚假交易、期权腐败、政商“旋转门”、“逃逸式辞职”等新型腐败、隐性腐败花样百出，腐败分子利用互联网和“互联网+”

---

① 李燕凌，吴松江，胡扬名. 我国近年来反腐败问题研究综述[J]. 中国行政管理，2011(11)：115-119.

② 杜治洲，任建明. 贪官“潜伏期”为何越来越长[J]. 人民论坛，2010(10)：38-39.

条件下的移云数物链等新技术进行腐败，其手法之隐秘、手段之“高明”，使得单一的制度反腐也难以招架和防范。同时随着移动互联网的快速发展，新型支付手段日益流行，新型的腐败手段伴随着互联网支付手段的流行逐渐产生，例如微信红包、无卡存款、支付宝转账、虚拟货币等。贿赂方式也在不断推陈出新。

(1)“互联网+”条件下变异的送礼新神器

电子卡+券。中央八项规定的强力执行，使传统的请客送礼情况得到了有效的遏制。但新型送礼手段、送礼方式与快速发展的电商平台相伴而来，各种电商平台的电子卡、券使用方便，兑现能力强，只要有卡号和密码，就能轻松支付。贪腐者通过手机短信、微信、QQ 等方式获取卡号、密码，就能简便完成受贿过程，隐蔽性极好，且难以查处。加之当前对电子商务平台监督机制的不完善，使得“互联网+”条件下的送礼方式备受青睐。

(2)“互联网+”条件下变异的送礼新模式

网购+快递。随着电子商务的发展，通过“网购+快递”的形式，受贿者和行贿者根本不需见面就能完成行贿全过程，无疑让送礼变得更加方便和隐蔽。

(3)“互联网+”条件下变异的行贿新手段

电子支付。通过电子支付进行贿赂，把钱存到受贿者的假名账户中，或转到其国外银行账户里。

(4)“互联网+”条件下变异的送礼新渠道

虚拟货币。网络游戏快速发展，参与网络游戏的人越来越多。不少行贿者会投很多掌权者所好，在网游的虚拟世界中，通过虚拟身份进行虚拟现金、游戏装备等的行贿。由于虚拟现金、游戏装备等具有很好的变现能力，而且难以追踪，受到很多贪腐者的欢迎。

（二）“强化一体、立足三不”是新时代坚持和完善有效治理腐败的战略举措

“不敢腐、不能腐、不想腐”机制是反腐败斗争中的重大理论和实践

创新，“三不腐”机制突破了传统反腐的“运动式治理”，推动制度反腐从“单向维度”到“系统性治理”、从“遏制腐败增量”到“铲除腐败土壤”、从“工具理性”到“治理能力现代化”的多维创新。腐败的本质是权力滥用，许多腐败问题都与权力配置不科学、使用不规范、监督不到位有关。习近平总书记在党的二十届三中全会第二次全体会议上强调，完善一体推进不敢腐、不能腐、不想腐工作机制，完善权力配置和运行制约机制，着力铲除腐败滋生的土壤和条件。“三不腐”体制机制不是单一制度，而是一个有机整体的制度体系，通过“不敢腐”的惩戒机制、“不能腐”的预警机制、“不想腐”的教育机制形成环环相扣的震慑链条，具有规范性、强制性和稳定性，有效地从源头上“铲除腐败土壤”。

党的十八大以来，深刻把握党风廉政建设规律，我国开启了反腐败与廉政建设的新征程。“三不腐”体制机制是习近平总书记一以贯之的反腐思想，习近平在地方主政时期就提出构建一个“让人不想腐败”“让人不敢腐败”“让人不能腐败”的三让惩防并举体系。主政中央以后在2013年1月十八届中央纪委二次全会上，习近平总书记就强调，要加强对权力运行的制约和监督，把权力关进制度的笼子里，形成不敢腐的惩戒机制、不能腐的防范机制、不易腐的保障机制。[①] 2014年在党的十八届四中全会通过的《中共中央关于全面推进依法治国若干重大问题的决定》中指出：“形成不敢腐、不能腐、不想腐的有效机制，坚决遏制和预防腐败现象。”[②]十八届中央纪委五次全会指出“反腐败斗争形势依然严峻复杂，主要是在实现不敢腐、不能腐、不想腐上还没有取得压倒性胜利”，要求“着力营造不敢腐、不能腐、不想腐的政治氛围”。十八届中央纪委六次全会明确提出“着力构建不敢腐、不能腐、不想腐的体制机制”。党的十九届四中全会第一次提出“构建一体推进不敢腐、不能腐、不想腐体制机制”的基本方针和新时代全面从严治党的重要方略。[③] 一体推进“三不”反

① 中共中央纪律委员会，中共中央文献研究室. 习近平关于党风廉政建设和反腐败斗争论述摘编[M]. 北京：中央文献出版社，2015：121.

② 中共中央文献研究室. 十八大以来重要文献选编（中）[M]. 北京：中央文献出版社，2016：163.

③ 中共中央文献研究室. 中共中央关于坚持和完善中国特色社会主义制度、推进国家治理体系和治理能力现代化若干重大问题的决定辅导读本[M]. 北京：人民出版社，2019：375.

腐机制也是中国共产党深化标本兼治，夺取反腐败斗争压倒性胜利的战略举措。习近平总书记在二十届中央纪委二次全会上发表重要讲话时指出，“反腐败斗争形势依然严峻复杂，遏制增量、清除存量的任务依然艰巨。必须深化标本兼治、系统治理，一体推进不敢腐、不能腐、不想腐”，“要把不敢腐、不能腐、不想腐有效贯通起来，三者同时发力、同向发力、综合发力，把不敢腐的震慑力、不能腐的约束力、不想腐的感召力结合起来”。这一重要论述，为全面打赢反腐败斗争攻坚战持久战、持之以恒推进全面从严治党，指明了前进方向、提供了根本遵循。

习近平总书记指出：“强化不敢腐的震慑，扎牢不能腐的笼子，增强不想腐的自觉，通过不懈努力换来海晏河清、朗朗乾坤。”[①]这是以习近平同志为核心的党中央从党和国家安全的高度，对构建“三不腐”机制作出的明确要求。“三不一体”反腐机制不是简单的三者相加，而是环环相扣、协同发力。“三不腐”机制充分发挥权力运行过程中的制约和监督作用，推动各种监督上下贯通、相互协调、全面覆盖，推动各个环节及时发现问题、精准纠正问题，推动反腐防范机制、监督机制、惩罚机制的完善和变革。反腐是一项系统工程。不敢腐是前提，关注的是“法”和“纪”，侧重于严打、严惩和严慑；不能腐是关键，关注的是“规”和“制”，侧重于对公共权力的严密制约和监督；不想腐是根本，关注的是“育”和“导”，侧重于教育引导人内心从善。[②] 新时代的反腐形势严峻复杂，大老虎小苍蝇“前腐后继”，要“强化一体、立足三不”，必须深刻把握不敢腐、不能腐、不想腐的内在逻辑，深刻把握腐败问题的政治本质和政治危害。尤其是“一把手”，除了提高完善自我监督的政治觉悟，还应自觉接受党内监督、外部监督、技术监督，用实际行动以身作则，将“三不腐”一体推进的反腐倡廉理念融入工作的方方面面，营造风清气正、海晏河清的政治生态。要充分发挥一体推进不敢腐、不能腐、不想腐机制的战略引领性作用、保障性作用、根本性作用，强化顶层设计，确保落地有声，将

---

① 决胜全面建成小康社会　夺取新时代中国特色社会主义伟大胜利：在中国共产党第十九次全国代表大会上的报告(单行本)[M]. 北京：人民出版社，2017：67.

② 吴丽萍，王蔚. 构建一体推进不敢腐不能腐不想腐体制机制研究[J]. 湖湘论坛，2020(6)：97-105.

"三不腐"机制融入权力运行的各个环节，实现有效监督遏制腐败，坚持反腐无禁区、全覆盖、零容忍、强高压、长震慑。

三、理论支撑：从技术治理理论到数字治理理论

马克思主义关于生产力与生产关系理论，制度主义的技术理论，经济学的协同演化理论，政治系统论构成技术反腐与制度反腐协同创新的理论资源。但对于"互联网+"条件下的技术反腐与数字化转型时代的制度反腐，从技术治理理论发展到21世纪刚刚兴起的数字治理理论，为本课题研究提供了坚实的理论支撑。

（一）技术治理理论

发端于技术治理运动的技术治理理论，由于技治主义者的推动得以广泛传播和实践，世界范围内的政治运动不断朝着科学化方向发展，技术治理逐渐成为当代全球社会治理的一个重要趋势。

19世纪下半叶，随着科学技术的大发展，社会科学家开始寻求把科学技术应用于社会治理之中，技术治理观念应运而生。技术治理思想往前可追溯至弗朗西斯·培根和圣西门，之后它传播甚广，19世纪下半叶从欧洲传到美国，经代表性理论家诸如贝拉米、凡勃伦、纽拉特、费雷德里克·泰勒等人的努力，逐渐成为系统的技术治理理论，之后得到罗斯托、加尔布雷斯、布尔斯廷、布尔津斯基、丹尼尔·贝尔、奈斯比特、托夫勒和D. K. 普赖斯等人的发展，并于20世纪三四十年代引发了美国著名的技术治理运动（Technocracy Movement），形成了连绵不绝的美国技治主义理论传统。

1. 技术治理的内涵及特点

什么是技术治理？在黄仁宇看来，技术治理主要表现为数字管理，[①]

① 黄仁宇. 资本主义与二十一世纪[M]. 上海：生活·读书·新知三联书店，1997：25.

传统中国实行的是以伦理和哲思为基础的行政艺术，而非韦伯所言的“可计算的法治系统”和“基于规则的行政管理”；[①] 在斯科特看来，技术治理被理解为人们可以理性设计社会秩序的意识形态，这种意识形态是产生于西方的，是前所未有的科学和工业进步的副产品。[②] 刘永谋将技术治理总结为“科学管理+专家政治”[③]。彭亚平认为在治理成为国家对社会的专属名词后，技术治理则可被视为国家对社会的复杂性化简。[④] 刘永谋、宋辰熙等人认为“技术治理”模式的主旨在于将自然科学技术运用于社会公共治理领域，尽可能地提高社会运行效率，最终改善人类生活。[⑤⑥⑦] 新时期，技术治理侧重于物联网、大数据等手段，体现为智能化的技术形态，倡导智能合作的公共治理方式，并构建了一个开放、包容、合作的智能治理体系。[⑧] 学界对技术治理的理解基于学者的不同而有所差异，但最终的落脚点都是管理，运用技术手段进行管理，从而推动社会运行理性化。

技术治理有两个层面的含义：一是现代国家通过引入新技术，尤其是现代信息技术，来更好地提升自己在公共管理和公共服务中的效能；二是国家在实现自身管理目标时，其管理技术、治理手段正在变得越来越技术化。[⑨]

技术治理的特点。技治主义是以技术治理为核心的系统的社会治理理论，其坚持两条基本原则：“(1)科学管理，即用科学原理和技术方法来治理社会；(2)专家政治，即由接受了系统的现代自然科学技术教育的专家来掌握政治权力。从根本上说，技治主义要求社会运行的理性化，

---

① 韦伯. 经济与社会(上卷)[M]. 上海：商务印书馆，1997：47.

② 斯科特. 国家的视角：那些试图改善人类状况的项目是如何失败的[M]. 王晓毅，译. 北京：社会科学文献出版社，2004：2.

③ 刘永谋. 技术治理的逻辑[J]. 中国人民大学学报，2016，30(6)：118-127.

④ 彭亚平. 技术治理的悖论：一项民意调查的政治过程及其结果[J]. 社会，2018，38(3)：46-78.

⑤ 刘永谋. 智能社会与技术治理[J]. 金融博览，2020(6)：24-25.

⑥ 宋辰熙，刘铮. 从“治理技术”到“技术治理”：社会治理的范式转换与路径选择[J]. 宁夏社会科学，2019(6)：125-130.

⑦ 解胜利，吴理财. 从“嵌入-吸纳”到“界权-治理”：中国技术治理的逻辑嬗变：以项目制和清单制为例的总体考察[J]. 电子政务，2019(12)：95-107.

⑧ MEIJER A, BOLIVAR M. Governing the smart city [J]. International review of administrative sciences, 2016, 82(2): 392-408.

⑨ 渠敬东，周飞舟，应星. 从总体支配到技术治理：基于中国30年改革经验的社会学分析[J]. 中国社会科学，2009(6)：104-127+207.

尤其是政治活动的科学化。”[①]

2. **技术治理是政府创新社会治理的关键手段**

随着信息技术的大规模快速应用，技术治理成为政府创新社会治理的关键手段。在中国，随着“互联网+”条件下移云数物链等新兴技术的兴起，技术治理逐渐成为当代国家治理的主导逻辑和显著特征。渠敬东认为，进入新世纪后，行政科层化的治理改革得以实行，并成为推动社会建设的根本机制，由此，改革前的总体性支配权力为一种技术化的治理权力所替代。[②]

在数字化时代的信息社会，技术治理理论为治理的科学化、精细化、网格化、精确化，特别是为数据治理等治理理念提供了方法论基础。随着“互联网+”条件下的新技术发展，移云数物链为提升政府技术治理水平提供了丰富的全新工具箱。如大数据技术在社会治理上的成功应用，很好地推动了以科学理论、技术工具为依托的技术治理的发展。[③] 人工智能驱动政府治理变革遵循着“数据驱动”“算法主导”和“智能融合”三重技术逻辑。[④] 国家治理技术演进的内在逻辑，主要表现为治理技术随着社会变迁而出现存废和扬弃，治理技术的精密化程度越来越高，治理技术嵌入了更多福利化的内容，治理技术本身及其应用情境更趋复杂化。[⑤]

随着当代信息技术和智能技术的广泛应用，技术治理通过技术进行社会治理开始从理论走向现实。黄晓春从信息技术与组织结构之间互动机制的角度，对中国政府改革进程中信息技术促进基层公共部门革新的方式和路径做了较为深刻的分析，以研究技术治理的运行机制。[⑥]

---

① 刘永谋. 技术治理主义：批评与辩护[N]. 光明日报，2017-02-20(15).

② 渠敬东，周飞舟，应星. 从总体支配到技术治理：基于中国30年改革经验的社会学分析[J]. 中国社会科学，2009(6)：104-127+207.

③ 刘永谋，兰立山. 大数据技术与技治主义[J]. 晋阳学刊，2018(2)：75-80.

④ 王张华，颜佳华. 人工智能驱动政府治理变革：技术逻辑、价值准则和目标指向[J]. 天津行政学院学报，2020，22(6)：3-11.

⑤ 韩志明. 国家治理技术的演进逻辑：以流动人口管控实践为例[J]. 武汉大学学报(哲学社会科学版)，2017(5)：106-116.

⑥ 黄晓春. 技术治理的运作机制研究：以上海市L街道一门式电子政务中心为案例[J]. 社会，2010，30(4)：1-31.

3. 技术治理的“第二副面孔”

技术治理存在两副面孔，技术广泛应用于社会治理领域，在提升政府治理效率、增进社会福祉的同时，也潜藏着巨大的治理风险，[①] 揭示了技术治理的悖论。正如渠敬东等人发现，行政的规范化也很容易转化成为工具化的经营技术，用“事本”逻辑来表面地替代利益逻辑。[②] 彭亚平认为，国家通过技术之眼观察社会时，看到的可能是自己的影子。[③] 付建军指出，在社区治理中旨在增效的信息技术在实践中不同程度地增加了社区居委会的工作负担，形成了信息技术的效率悖论。[④] 应小丽等人认为，“项目进村”中的技术治理，在如何有效平衡“整体与碎片”“权威主导与参与表象”“公益与效益”和“发动与自动”方面构成了技术治理的悖论性难题。[⑤] 单勇认为，“数据巨机器”的运行引发技术治理的透明度悖论、隐私保护悖论和科学性悖论，悖论现象根源于数据主义对人文主义的剧烈冲击。[⑥] 谭九生等人指出，智能技术治理带来了安全(秩序维护与隐私侵犯)、民主(公众参与与社会极化)、自主(决策优化与技术依赖)、责任(清晰治理与责任迷离)、公正(公正增量与公正减损)方面的价值悖论。[⑦]

技术治理是一个辩证过程。但技术治理在社会治理与政治实践中并没有转化为更有效的治理技术，反而与实用主义的治理传统形成鲜明对比。[⑧] 尤为关键的是，现代国家的技术装置并未摆脱其作为政治实体的实质，这意味着治理技术始终要处理合法性问题。那么，技术治理如何适配国家机器[⑨]成为一项重要的议题。未来的技术治理首先应该是人本主义

---

① 张丙宣. 技术治理的两副面孔[J]. 自然辩证法研究, 2017, 33(9): 27-32.

② 渠敬东, 周飞舟, 应星. 从总体支配到技术治理: 基于中国 30 年改革经验的社会学分析[J]. 中国社会科学, 2009(6): 104-127+207.

③ 彭亚平. 技术治理的悖论: 一项民意调查的政治过程及其结果[J]. 社会, 2018, 38(3): 46-78.

④ 付建军. 社区治理中的信息技术效率悖论及其形成逻辑: 基于上海市 J 街道的实证分析[J]. 探索, 2019(6): 54-63.

⑤ 应小丽, 钱凌燕. “项目进村”中的技术治理逻辑及困境分析[J]. 行政论坛, 2015, 22(3): 93-97.

⑥ 单勇. 数据主义对犯罪治理体系的重塑及其反思[J]. 南京社会科学, 2021(1): 84-90.

⑦ 谭九生, 杨建武. 智能时代技术治理的价值悖论及其消解[J]. 电子政务, 2020(9): 29-38.

⑧ 张现洪. 技术治理与治理技术的悖论与迷思[J]. 浙江学刊, 2019(1): 160-165.

⑨ 吕德文. 治理技术如何适配国家机器: 技术治理的运用场景及其限度[J]. 探索与争鸣, 2019(6): 59-67+158.

的、开放包容的，建立动态的多元合作的技术治理框架，从社会内部自发预防和消除技术治理的外部性。[①] 全球化和互联网时代，技术治理的效果短暂且有限，技术进步无法取代体制的革新，最优的技术治理体制应该通过体制与技术同步的持续革新来实现。[②] 代佳欣在《从割裂到弥合：政府技术治理何以可能与何以可为》中指出，赋能数字经济发展、驱动社会应急管理智慧化和推进公共服务高质量供给是政府技术治理的可为路径，突出治理中"人"的主体作用。[③]

（二）数字治理理论

21 世纪初，英国政治学家帕特里克·敦利威（Patrick Dunleavy）提出"数字时代治理理论"。"数字治理是指在政府与市民社会、政府与以企业为代表的经济社会的互动和政府内部的运行中运用信息技术，简化政府行政，简化公共事务的处理程序，并提高民主化程度的治理模式。"[④]

1. 数字治理的提出及演进

数字治理理论产生于 20 世纪 90 年代末期，经过帕特里克·敦利威等学者的大力推动，数字治理理论于 2006 年逐渐进入国内学者的视野，代表学者主要有复旦大学竺乾威教授以及台湾学者彭锦鹏。国内学者在探索数字治理理论的进程中分为两条主线：一是 2000 年初借助于信息技术支撑的电子政务、数字政府等（一般意义上的数字治理）的发展；二是竺乾威和彭锦鹏等学者系统译介的帕特里克·敦利威的数字时代治理的思想观点（数字治理理论）。竺乾威在其著作《公共行政理论》中概括，帕特里克·敦利威的数字治理理论指的是数字时代的治理，强调信息技术及与之相关的运用在各种变化中占据主导地位。[⑤]

作为比较新的治理理论，迄今为止，数字治理发展大体经历了两个阶段：1.0 时期的电子治理和 2.0 时期的数字治理。电子治理是政务发展

① 张丙宣．技术治理的两副面孔[J]．自然辩证法研究，2017，33(9)：27-32.

② 张丙宣．政府的技术治理逻辑[J]．自然辩证法通讯，2018，40(5)：95-102.

③ 代佳欣．从割裂到弥合：政府技术治理何以可能与何以可为[J]．学习与实践，2020(11)：76-84.

④ 韩兆柱，马文娟．数字治理理论及其应用的探索[J]．公共管理评论，2016(1)：92-109.

⑤ 马文娟．数字治理理论及其应用研究[D]．秦皇岛：燕山大学，2016.

的数字化初始阶段，电子商务解决了 B to B 和 B to C 以及 C to C 等商务电子化问题，电子政务解决的是 G to B 和 G to C 以及 G to G 的政务电子化问题，是纸质政务转型电子政务发展的深化、扩展和延伸。电子治理运行机制如同一只看不见的手，主导和操纵着电子治理主体与其客体按照一定规则相互作用，从而产生持续的电子治理效应，吸引和凝聚多种社会力量参与解决社会共性问题尤其是重大疑难问题。[①] 电子治理强调，在进行政务电子化的过程中，利用电子化手段改变公民和政府的关系，重塑政府、社会、公民间的治理网络，实现共治共享的治理网络格局。同时，在服务层面，从电子管理向电子治理转型，强调对公民诉求的回应机制，致力于提升公共治理服务效能。随着数字化、信息化、网络化、智能化的发展及“互联网+”条件下移云数物链新技术的不断升级，电子治理的称谓渐渐不合时宜，但其对治理理论的发展促进作用，仍在发生持续的影响。随着数字技术的高速发展与政府治理模式的演进变迁，从电子政务到数字政府，电子治理已经迭代进化为数字治理，突出表现为 1.0 时期的治理模式强调政府治理对新技术方法、手段的移植与嫁接，升级为治理模式基于需求的整体主义数字技术资源的重新整合，强调技术与政府治理体系的深层次融合。简言之，2.0 时期，“信息技术（尤其是数字技术）已经不再只作为工具而出现，甚至也不再只作为传统理论视野下的背景或前提而出现”。[②] 数字政府将实现从纸质政务到电子政务再到数字化转型的华丽转身，政府治理效能显著提升，公民参与度、满意度提升，数据治理协同政务流程整体再造不断重塑政府治理体制、机制，不断拓宽公民参与路径，不断加强制度的执行力与有效性，实现数字治理向善。

以复旦大学竺乾威教授为代表的一批研究公共管理、行政管理的学者，从不同视角探讨了数字治理理论的基本观点与实践探索。彭锦鹏认为，随着信息社会的不断发展，数字治理理论有效回应了整体性治理理论的制度化途径的构建，即通过建立线上治理基础建设、建立整合型的

① 孔繁玲. 构建电子治理运行机制探析[J]. 学习与探索，2006(6)：70-72.

② 鲍静，贾开. 数字治理体系和治理能力现代化研究：原则、框架与要素[J]. 政治学研究，2019(3)：23-32.

组织机构和主动型的文官体系实现良好的治理效果。[①] 数字治理理论包含三大主题：重新整合、以需求为基础的整体主义、数字化变革。重新整合是在反思新公共管理理论在实践中暴露的碎片化、重复化的问题上提出的，从这一角度看，这是对新公共管理理论的超越；以需求为基础的整体主义和数字化变革与新公共管理理论有本质联系，不同的价值导向性是数字治理理论与新公共管理理论的区别。[②] 作为后新公共管理时期的一种理论诉求，数字治理理论民主与公平的价值理性与技术导向的工具理性的结合能够有效回应新公共管理运动带来的碎片化挑战，丰富整体性治理理论的治理手段，奠定网络化治理理论的前期基础。[③] 受佩里·希克斯整体性治理理论的影响，在某种程度上，整体性治理理论提出的互动信息搜索和提供、数据库、灵活的政府流程以及“一站式”服务等观点已经使数字化治理理论具备了初步的框架。[④] 重新整合与以需求为基础的整体主义的理论主要来源于整体性治理理论，数字治理在整体性治理基础上结合信息技术、网络时代而进行了创新，所以信息技术论为其输送了数字化的思想。[⑤] 从以上的文献观点可以看出，数字治理理论与整体性治理理论有很多相似的地方，数字治理理论是整体性治理理论在信息技术和网络技术发达的基础上不断丰富和发展的。

2. 从电子政务到数字治理

从时代背景来看，数字时代治理理论的生成主要源于数字技术的发展与公共部门改革进程的推进，推动世界主要国家由电子政务时代进入数字治理时代，也推动电子政务理论演进为数字时代治理理论。[⑥] 黄建伟等人认为欧美数字治理的发展从关注点和价值内涵上来看，经历了电子政府、数字政府和电子治理三个阶段。在这三个阶段的进程中，数字治

① 彭锦鹏. 全观型治理：理论与制度化策略[J]. 政治科学论丛(台湾)，2015(3)：23+61-62+75.

② 韩兆柱，单婷婷. 网络化治理、整体性治理和数字治理理论的比较研究[J]. 学习论坛，2015(7)：44-49.

③ 马文娟. 数字治理理论及其应用研究[D]. 秦皇岛：燕山大学，2016.

④ 韩兆柱，李亚鹏. 数字化治理、网络化治理与网格化管理理论的比较研究[J]. 学习论坛，2017，33(3)：41-46.

⑤ 韩兆柱，翟文康. 西方公共治理前沿理论的比较研究[J]. 教学与研究，2018(2)：86-96.

⑥ 王少泉. 数字时代治理理论：背景、内容与简评[J]. 国外社会科学，2019(2)：96-104.

理通过技术手段实现了从传统公共行政向现代公共治理的转变。[①] 王少泉从内容演进角度提出数字时代治理理论的演进历经"第一波"和"第二波"，均包含诸多要素。从主题方面来看，这些要素分别属于重新整合、整体主义和数字化三大领域；从政府内外维度来看，这些要素分属"权力结构重塑"和"实现形式设计"两大层面。[②]

随着"互联网+"条件下移云数物链等新兴技术的兴起，人们的生活发生了巨大的变化，技术变革也引起了人们对社会治理模式的思考。自党的十八届三中全会以来，党中央提出国家治理体系和治理能力的现代化，数字治理开始发轫。数字治理在全球范围是一个新的领域，其建设发展还在起步阶段。我国数字治理研究经历了从概念体系的引进到现在数字治理实践应用的演进，随着国家政治经济的不断发展，公民参政意识的不断觉醒，以公民参与为中心的数字治理应运而生，在数字政府、数字监管、网络治理、智慧党建方面取得了较为成功的实践应用成果。

数字时代数字政府作为广大人民群众参与网络公共事务的基础平台，有利于社会的稳定，能够有效推动国家治理现代化进程。党的十九届四中全会明确提出"建立健全运用互联网、大数据、人工智能等技术手段进行行政管理的制度规则，推进数字政府建设，加强数据有序共享，依法保护个人信息"[③]，为政府的数字化转型规定了方向。数字治理实现了政府治理的数字化转型。政府治理数字化转型的价值与目标在于充分将新兴信息技术运用到社会变革与改造上，实现政府运行的理性与科学性，打通政府与社会的关系，提升整体治理效能。黄建伟等认为数字治理的目标是信息资源的开放共享以及公共服务的智能化提供，也提出在数字治理目标达成的过程中应该如何平衡"数字"与"治理"、如何定位人工智能时代数字治理中政府角色等问题。[④]

从20世纪末开始，欧美发达国家就开始了电子政府的建设。如美国克林顿政府的"信息高速公路"计划（National Information Infrastructure）、

---

① 黄建伟，刘军．欧美数字治理的发展及其对中国的启示[J]．中国行政管理，2019(6)：36-41.

② 王少泉．数字时代治理理论：背景、内容与简评[J]．国外社会科学，2019(2)：96-104.

③ 优化政府治理：打造"重要窗口"的着力点[N]．浙江日报，2020-12-08(03).

④ 黄建伟，陈玲玲．国内数字治理研究进展与未来展望[J]．理论与改革，2019(1)：86-95.

加拿大的国家电子政府战略计划——“政府在线”(Government Online)、德国的“联邦在线2005”(Bund Online 2005)和韩国的“面向21世纪的网络韩国”计划(Cyber Korea 21)等，[①] 致力于降低行政成本、提高治理效率、改善公共服务的政府数字化转型。西方国家近30年的数字治理经验表明：(1)技术发展创新可以驱动治理实践创新；(2)数字治理通过新技术手段可以更有效地处理公众质疑并解决问题。《中华人民共和国国民经济和社会发展第十四个五年规划和2035年远景目标纲要》中明确提出建设数字中国的要求：“加快建设数字经济、数字社会、数字政府，以数字化转型整体驱动生产方式、生活方式和治理方式变革”“将数字技术广泛应用于政府管理服务，推动政府治理流程再造和模式优化，不断提高决策科学性和服务效率”。

当今世界恰逢百年未有之大变局，国内政治、经济和社会环境复杂多变，随着信息技术的发展、服务型政府的推进，数字政府的建设已初具雏形，数字治理理论也已经从政务治理扩展到城市治理。《2022联合国电子政务调查报告(中文版)》显示，我国电子政务排名在193个联合国会员国中从2012年的第78位上升到了2022年的第43位，成为全球增幅最高的国家之一。通过人工智能应用嵌入减少信息不对称，实现管理服务数字化、行政流程的精简化，进而推动实现资源配置智能化、社会协同便捷化和公众互动实时化，形成了一套智能治理的机制。[②] 上海市“一网通办”是上海市政府建设数字政府的重要举措，从数字政府建设的理论逻辑出发，立足于“一网通办”实践的开展，从全链条服务平台、双引擎并驾齐驱、全媒体沟通反馈、多主体协同合作四个角度分析数字政府建设的结构要素，为我国其他地区数字政府建设提供参考。[③] 基层政府数字治理实践如福建厦门“农事通”、上海宝山“社区通”、浙江衢州“龙游通”主要以“治理平台+制度规范”的形式呈现，体现了框架建构层面的“技术+

① 杜治洲. 科技反腐的理论模型与风险防范[J]. 安徽师范大学学报(人文社会科学版), 2011(6): 630-634.

② 本清松, 彭小兵. 人工智能应用嵌入政府治理：实践、机制与风险架构：以杭州城市大脑为例[J]. 甘肃行政学院学报, 2020(3): 29-42+125.

③ 谭必勇, 刘芮. 数字政府建设的理论逻辑与结构要素：基于上海市“一网通办”的实践与探索[J]. 电子政务, 2020(8): 60-70.

制度”、应用范围层面的“线上+线下”、实践执行层面的“网络+网格”、行政方式层面的“共性+个性”和主体结构层面的“主导+主体”的运作逻辑。① 除此之外，还有北京的“营商环境优化”、广东的“数字政府改革”及“一网统管”、浙江的“政府数字化转型”、江苏的“不见面审批”、安徽的“皖事通办”、福建的“数字福建”、贵州的“全省通办”等政府数字化转型举措，公众对数字政务服务的满意度也在不断提升。截至 2022 年底，国家电子政务外网基础能力不断提升，已实现县级以上行政区域 100%覆盖，乡镇覆盖率达到 96.1%。全国一体化政务数据共享枢纽已接入各级政务部门 5951 个，发布 53 个国务院部门的各类数据资源 1.35 万个，累计支撑全国共享调用超过 4000 亿次。国家公共数据开放体系加快构建，21 个省(自治区、直辖市)建成了省级数据开放平台，提供统一规范的数据开放服务。② 住房和城乡建设部等部门出台了多份指导文件支持智慧城市建设，如《关于开展城市信息模型(CIM)基础平台建设的指导意见》《关于加快推进新型城市基础设施建设的指导意见》《关于推动物业服务企业加快发展线上线下生活服务的意见》等，有效提升城市建设水平和运行效率，赋能城市治理的数字孪生技术也在部分城市开展探索建设。随着新技术的迭代发展和中央政府的高度支持，数字技术与治理的融合将会应用到更多、更广的领域，实现我们所追求的“善治”的目标。

2020 年 3 月，中共中央、国务院印发《关于构建更加完善的要素市场化配置体制机制的意见》，把数据作为新的生产要素单独列出，对数字经济发展起到基础性和支撑性的关键作用。王洛忠等人认为数字治理时代的政府职责体系建设、数据权与数据主权、媒介素养与治理能力提升、公民参与、数字治理效果的实证分析与评估体系建设等，是未来数字治理研究的重要方向。③ 未来需要实现从信息化普及到智能化应用的理念创新、从数据孤岛到数据流通共享的数据创新、从职能驱动到社会需求驱

① 沈费伟，叶温馨. 基层政府数字治理的运作逻辑、现实困境与优化策略：基于“农事通”“社区通”“龙游通”数字治理平台的考察[J]. 管理学刊，2020，33(6)：26-35.

② 中国网信网. 国家互联网信息办公室发布《数字中国发展报告(2022 年)》[EB/OL]. (2024-01-05)[2024-08-11]. https://www.cac.gov.cn/2023-05/22/c_1686402318492248.htm.

③ 王洛忠，闫倩倩，陈宇. 数字治理研究十五年：从概念体系到治理实践：基于 CiteSpace 的可视化分析[J]. 电子政务，2018(4)：67-77.

动的服务创新，以及从单向决策到共商共建共享的决策创新，最终提升数字政府的治理绩效。[①] 未来需要推动政府职能的转变，加快构建各机构各层级数据共享协调机制和新技术辅助数字政府决策机制，全面推进数字政府、数字社会、数字中国的数字化转型建设。

四、协同演化：技术反腐与制度反腐创新双轮驱动反腐模式升级

随着“互联网+”计划的不断推进，数字化、智能化、智慧化已经是时代的标志，技术不断升级迭代，面对新形势新问题，必须对新趋势新动向灵敏感应、高度重视、有效破题。2016 年 5 月，习近平在哲学社会科学工作座谈会上的讲话中指出：“坚持问题导向是马克思主义的鲜明特点。问题是创新的起点，也是创新的动力源。”

（一）实践基础上的技术反腐创新推动反腐制度重塑

本文旨在研究“互联网+”条件下技术反腐与制度反腐协同创新机制，因此文中所有技术反腐的概念特指“互联网+”条件下的技术在反腐倡廉中的应用。党中央首次提出科学技术尤其是信息技术在反腐中的作用，是在第十七届中央纪委第五次全会上提出的：“高度重视现代科学技术尤其是信息技术在反腐倡廉建设中的作用，把科技手段融入制度设计之中，不断提高反腐倡廉工作的科技含量。”此后，党中央提出要运用科技手段提高反腐倡廉科学化水平。多次强调信息网络时代“科技反腐”“技术反腐”的重要价值，并在反腐过程中多次实践。

① 沈费伟，诸靖文．数据赋能：数字政府治理的运作机理与创新路径［J］．政治学研究，2021（1）：104-115+158.

1. 实践中较成熟的技术反腐：网络反腐、网络监督和大数据反腐

(1)网络反腐

2009年"网络反腐"被收入《党的建设辞典》，获得了官方的认可。辞典给出了权威定义：网络反腐，即各种监督主体通过网络技术及所引起的社会舆论效应对政府行为、权力的监督和约束，从而达到有效预防、遏制、惩戒腐败行为的一种全新方式，是反腐败事业的新形式。[①] 本文对网络反腐概念的界定，采纳了党建辞典的权威定义。在中国，不管是新创的还是从国外引进再造的政治术语，官方对其认可以及明确使用总是持非常慎重的态度。"网络反腐"能得到官方的认可并被收入党建辞典，对于网络反腐的理论研究和实践都是极大的肯定。

"网络反腐"是一个非常中国化的概念。广义而言，网络反腐包含所有借助于网络途径推动的反腐败行为；狭义而言，网络反腐指网民通过网络曝光和举报等形式，引发公共舆论，形成具有一定规模、一定影响的反腐败行为。[②] 网络反腐作为网络技术时代一种权力监督的新形式和反腐倡廉的新手段，获得了大部分专家和学者的认同。杨金卫指出："网络反腐，是指通过网络信息技术及所引起的社会舆论效应对执政行为的监督和对权力的约束，从而达到有效预防、遏制、惩戒腐败行为的一种全新方式。"[③]谢金林指出，"网络反腐是网民通过网络披露腐败线索，制造舆论，借助网络监督公共权力运行的行动"[④]。

从哲学层面看，网络反腐是新时期民众参与社会政治生活的有效形式，是民众当家作主的具体体现；从政治学层面看，网络反腐是我党反腐倡廉、实践党的根本宗旨、提高执政能力、巩固执政地位的有力手段，有利于调动和保护广大群众参与反腐倡廉的积极性，有利于推动网络廉政文化建设，有利于提升党的执政能力和水平；从社会学层面看，网络

---

① 叶笃初. 党的建设辞典[M]. 北京：中共中央党校出版社，2009.

② 钟伟军，郭剑鸣. 双向吸纳：网络反腐中的国家-社会关系及其转型：基于"严书记"反腐案例的分析[J]. 社会科学战线，2020(10)：190-203.

③ 杨金卫. 网络：一种新的反腐利器：网络反腐的制度规范与机制创新研究[M]. 济南：山东人民出版社，2012：3.

④ 谢金林. 网络反腐发展趋势、特点及对策研究：基于2004—2013年大数据的分析[J]. 北京行政学院学报，2014(2)：39-44.

反腐是化解群众不满情绪、维护社会稳定的有效渠道；从经济学层面看，网络反腐是一种低成本、高效率、方便、快捷的反腐方式。① 网络反腐不仅弥补了体制内监督的缺位与软弱，而且有利于形成民间反腐合力。②

（2）网络监督

2010 年 12 月国务院新闻办公室发布的《中国的反腐败和廉政建设》白皮书指出，网络监督日益成为一种反应快、影响大、参与面广的新兴监督方式。网络监督权力腐败的逐渐兴起，使互联网日益成为公民参与反腐败斗争的新场域，重视信息网络技术在反腐败斗争中的应用已经成为世界各国的普遍共识。网络监督在中国的作用，远超出许多西方国家。③ 外国的学者和政治家普遍认为，网络监督是舆论监督的新形态，是科技进步与政治民主有机融合的结晶，能够为社会变革和公众权益保障提供"正能量"。④ 国内学者普遍认为，网络监督是"网络化的监督体系、方式或理念""网络媒介的舆论监督"。陶富林认为在基层腐败治理场域中，基层政府借助"互联网+监督"的技术优势，可以实现为群众直接监督赋权、为政府透明行政赋能的治理目标。这一过程不仅是技术对组织的塑造，也是组织对技术的吸纳，更是人民群众对组织的认可与支持，三者的高效互动共同推动着基层腐败治理变革。⑤ 网络监督根据采用平台的不同，在模式上分为官方网站举报与民间网络曝光两种。前者是指政府相关部门在其电子政务网站开辟举报专栏，借助网络平台受理单位或个人的举报监督；后者是指普通民众利用互联网对自身周边的腐败行为进行曝光，借助网络无阻碍传播营造社会舆论，从而引发官方注意与回应。⑥

作为近年来新兴的监督方式，网络监督具备其他传统反腐方式不可比拟的优势，并且在实践中发挥了越来越重要的作用和影响力，协助了部分腐败案件的曝光与研判，维护了法律法规的权威性，促进了反腐倡

---

① 彭晓薇. 论网络反腐[J]. 求实，2013(3)：65-66.

② 尚建宝. "网络反腐热"的冷思考[J]. 领导科学，2010(8)：27-28.

③ 高新民. 网络监督是人民的监督[J]. 理论视野，2010(9)：1.

④ 王达，王彬彬. 网络监督行为的导正及他国的经验[J]. 中共中央党校学报，2013(4)：56-60.

⑤ 陶富林. 基层腐败治理场域中技术与组织的互嵌逻辑：以"互联网+监督"为例[J]. 西南石油大学学报(社会科学版)，2023，25(1)：20-27.

⑥ 王瑞娟. 网络廉政监督存在的主要问题探讨[J]. 科学社会主义，2014(3)：54-57.

廉建设的良性发展。

(3)大数据反腐

随着数字中国的高质量发展，应用大数据技术进行反腐败斗争已经是常态。不同于网络反腐和网络监督，大数据技术在反腐倡廉中的应用，一开始就是由执政党和反腐败职能部门推进。大数据反腐模式以大数据技术为核心，在信息源、信息处置流程、相关性分析与预测等方面实现了信息流建构的根本性变革，是对以互联网技术为基础的网络反腐模式的创新与超越。[①] 大数据反腐是以反腐败职能机构为主体，利用大数据技术与手段，通过建立信息多元互通的渠道，实现对公职人员贪腐行为进行监督和预测的一种反腐运行模式，其实质是国家机关、社会公众、反腐败职能机构三者之间的多向联动，是以反腐败职能机构为主导的联动式反腐模式。[②] 大数据反腐的本质是执行大数据技术，提升权力监督的制度绩效。优化大数据反腐技术执行，需要推进标准化设计，提升大数据反腐技术的制度嵌入性；兼顾区域和系统，打破反腐数据资源共享的技术壁垒；规范使用范围，防控大数据反腐技术应用的风险。[③]

大数据反腐通过对海量数据进行相关性分析，利用大数据的完整信息链条，实现对权力运行的全过程监督。大数据反腐的基本目标是通过大数据技术，服务纪检监察的主责主业，实现反腐绩效的最大化。[④] 二十届中央纪委三次全会明确提出，深化数据资源开发利用，建设纪检监察工作一体化平台，推动数字技术深度融入纪检监察各项业务，促进全要素覆盖、全流程贯通、全领域标准、全系统共享。

2. 反腐工作实践中方兴未艾的技术：区块链反腐、人工智能反腐

(1)区块链反腐

区块链非对称加密技术能够实现去中心化、助力信息溯源、提升透明性、保护数据安全及隐私，区块链技术的这些特性可以提高权力运行

---

① 彭文龙，李珍珍. 从网络反腐到大数据反腐：基于信息流建构的反腐模式创新[J]. 廉政文化研究，2017(5)：17-23.

② 杜晓燕. 应用大数据提升腐败治理的能力与成效[N]. 检察日报，2020-07-07(08).

③ 董石桃. 技术执行视域中的大数据反腐：情境、结构与绩效[J]. 行政论坛，2019(6)：14-22.

④ 董石桃. 技术执行的组织整合：整体性治理视域下的大数据反腐[J]. 电子政务，2020(11)：24-36.

过程的透明度、提高腐败案件查处效率、防止腐败数据信息被篡改或撤销、提升隐性腐败和新型腐败的治理效果。唐衍军、肖长春提出：区块链拥有分布式账本、共识机制、数字签名等核心技术，能够促进廉政信息共享、保障信息真实、缓解信息不对称，实现以新技术手段治理腐败的目的。以区块链网络反腐平台建设为契机加强制度建设，对腐败行为进行事前预警、事中监控及事后惩处，可助力开创技术-制度协同反腐的新局面。①

区块链反腐在医疗健康领域进行了成功的探索与应用。医疗健康事关百姓福祉，医疗健康领域的腐败会严重侵害人民群众利益，破坏人民群众的获得感、幸福感、安全感，冲击人民群众的心理底线。2023 年 7 月，国家卫生健康委等部门开展了全国医药领域腐败问题的集中整治，纪检监察机关在全国医药领域腐败问题集中整治工作动员部署视频会议中指出，要以监督的外部推力激发履行主体责任的内生动力，深入开展医药行业全领域、全链条、全覆盖的系统治理。习近平总书记在中央政治局第十八次集体学习时强调：要探索“区块链+”在民生领域的运用，积极推动区块链技术在医疗健康领域的应用，为人民群众提供更加智能、更加便捷、更加优质的公共服务。区块链技术作为医疗数据管理中的一大利器，能够实现所有节点共享全量数据，解决信息共享模式存在的缺陷。换言之，通过区块链的分布式数据存储系统，可以实现医疗信息去中心化与多中心化，避免医疗数据只被少数人所掌握。

在为期一年的全国医药领域腐败问题的集中整治工作中，根据中国新闻网的不完全统计，截至 2024 年 8 月 17 日，至少已有 184 位医院院长、书记被查，所在医院涉及全国 24 个省区，其中包括广东省 44 人、四川省 34 人、云南省 12 人。被查处的贪污腐败党政领导人数之众、涉及范围之广，触目惊心。医疗反腐是一个系统工程，涉及诸多环节，而与数据相关的腐败行为大多源于信息的不透明、不公开。区块链技术的分布式记账、去中心化、非对称加密等特征构建了一种全新的以技术方式重

① 唐衍军，肖长春. 区块链助力网络反腐：技术-制度协同视角［J］. 理论导刊，2020（10）：73-78.

构的信任机制，进而实现从对“人”的信任转变为对机器、对算法的信任。区块链技术在医疗领域的应用可以有效遏制医疗腐败，重塑岌岌可危的医患信任关系。区块链的核心机制就是在不可信的环境中，利用数学原理来低成本创造信用的新型计算范式和协作模式。区块链技术中的智能合约是一种旨在以信息化方式传播、验证或执行合同的计算机协议。智能合约技术以数字化的形式写入区块链，保障其存储、读取、执行过程透明可追踪、不可篡改，通过定期自动状态检查自动运行可执行代码的逻辑方式，可以自动管理与执行单位之间约定的数据规则，减少人为的干预。利用区块链技术全程记录、顺序时间戳、不可篡改、可追溯等特性，将医疗卫生场景中的看病、开方、管理、监督、政策等各个环节纳入区块链智能管理系统，并且有条件地进行透明公开公示，不仅能够解决医疗管理中存在的诸多问题，还能提高医疗管理的科学化、规范化水平，更方便人民群众的监督。

(2)人工智能反腐

人工智能技术是模拟、延伸和扩展人类智能的一种应用系统，通过模拟人类的学习、推理和决策能力，自动识别文字、图形、图像、声音等的智能行为。人工智能作为一项新兴的通用型技术，正在加速变革我们的政治、经济、社会和工作生活等，在反腐工作中也有广阔的应用前景。人工智能的大数据分析和挖掘技术，一方面能够在海量数据中识别出异常信息，助力监管部门及时发现腐败线索，并且可以通过监控系统平台，实时监测权力运行的各个环节与动作，分析并发现异常情况后发出警报，让违规和腐败行为无所遁形；另一方面人工智能大模型能够辅助制定科学有效的反腐政策、构建全流程智能化业务处理平台，助力提高纪检监察工作的精准性和有效性。

习近平总书记指出，要加强人工智能发展的潜在风险研判和防范，维护人民利益和国家安全，确保人工智能安全、可靠、可控。[①] 2023 年 3 月 15 日 OpenAI 发布了 GPT-4 后，全球迈进了强人工智能新时代，对不

① 习近平在中共中央政治局第九次集体学习时强调 加强领导做好规划明确任务夯实基础 推动我国新一代人工智能健康发展[J]. 党建，2018(11)：1+19.

可预测的“黑盒模型”，准确识别、预判以ChatGPT为代表的人工智能技术各类潜在风险挑战，对预防全局性、系统性问题的发生具有重要的现实意义。

一是削弱政党权力，诱发智能失权风险。德国哲学家汉斯-格奥尔格·伽达默尔（Hans-Georg Gadamer）警言，技术“将以一种超越对它的控制的内部必然性继续自己的道路，它将创造出越来越多令人惊奇的知识和控制力量”[①]。政党权力面临在使用人工智能解决问题过程中“智能失权”风险。以类ChatGPT为代表的人工智能技术的发展必然在党建工作运行中占据越来越高的权重，其识别、分析、诊断能力也会让党员在行使权力时心存顾虑。大部分党员在面对需要灵活处理的工作决策时，宁可墨守成规、形式主义也不越雷池一步，导致部分行政权力让渡于技术。另外，人工智能以其强大的逻辑思维能力、深度学习能力能够越来越多地提供党务工作建议、安排、决策，工作人员在使用人工智能提升工作效率的同时，逐渐依赖于技术提供的一切指导，而技术有可能介入甚至主导大模型监督管理平台运作的各个环节，诱发“智能失权”的风险。

二是产生算法偏见，触发异质性意识形态风险。2022年我国出台了《互联网信息服务算法推荐管理规定》，明确要求算法应当传播正能量，坚持主流价值导向。人工智能大模型的数据来源于长期积累的各类文本和图片信息，如书籍、网络文本、维基百科、个人问答等，它具备人的理解推理能力，甚至能够“自主思维”，除了具有工具属性，还具有政治思维。其思维方式取决于“投喂”的算法与内容，其“政治立场”也取决于训练者的立场，存在一定的异质性意识形态风险。现有数据证明OpenAI公司的ChatGPT技术具有西方意识形态，并且政治立场旗帜鲜明。当问到“新冠病毒是否起源于美国?”，ChatGPT的回答相当美式——“不存在证据表明新冠病毒起源于美国”“科学家们认为它最初可能起源于中国武汉市的一个市场”；当建议它评价一下特朗普时，它表示“作为一个没有主观意见的人工智能，我不能评价任何特定人物或政治人物”，而当评价对象改为拜登时，ChatGPT的回答充满了溢美之词——“作为美国第46任

① 〔德〕汉斯-格奥尔格·加达默尔. 哲学解释学[M]. 夏镇平，等译. 上海译文出版社，1994：9.

总统，拜登是一位了不起的领导者"。由此可见 ChatGPT 无法做到中立与客观，它的天平倾向于哪一边，取决于它背后实际操控的机构或资本。理论上，党务工作者在使用类似 ChatGPT 的人工智能技术的过程中有可能被隐蔽渗透错误的意识形态。

三是加剧技术依赖，催生智能官僚主义风险。"智能官僚主义"是一种"以技术为本"的政府服务理念，即借着电子化政务、信息化管理、网上办理、台账管理等名义和形式，在提升行政效率的同时也造成"数字鸿沟"和"信息孤岛"等"电子衙门"现象的产生。[①] 人工智能大模型已经可以承担生活助手、法律顾问、家庭教师、财务经理、问诊医生等专家角色，假如党员在工作中迷信 ChatGPT 之类的人工智能大模型的正确性与权威性，它便可以影响并支配党务工作者的选择与决策，诱发懒政、庸政、怠政，加剧形式主义之风。另外，假如国家的权力运行依赖于人工智能技术，那么人的各项能力将在这种高度自动化的环境中逐渐降低，其主观能动性和判断力、鉴别能力可能会逐渐降低。

四是打开技术黑盒，释放不确定性风险。人工智能大模型的关键技术是情景学习、思维链和自然指令学习，存在的缺陷是其鲁棒性、透明度、可解释性欠缺。根据它的底层机制和算法逻辑，在大规模深度神经网络反复叠加与训练后产生生成式人工智能。人工智能掀起一场技术的结构性革命，并将技术本身的发展推向其自身逻辑演变的方向，当社会化技术权力失控便会形成"技术利维坦"。人工智能大模型在运行的过程中，其上传的数据、实时生成的数据、对话问答产出的数据等将全部上传至科技公司的数据库，理论上存在被随时调用、泄露的风险。同时，人工智能大模型具备强大的信息伪造能力，给监管和司法系统增加了空前的压力。不同于互联网构建的公开化内容生成场景，大模型以一对一问答的形式进行信息交互，这种基于大语言模型架构的新型交互及内容生成方式给现行的管理制度带来了冲击与挑战。目前的制度体系没有相应的规制与监管，需要加强反腐倡廉的技术力量和制度建设，持续监管、

---

① 胡卫卫，陈建平，赵晓峰. 技术赋能何以变成技术负能?："智能官僚主义"的生成及消解[J]. 电子政务，2021(4)：58-67.

防范人工智能技术走向不可控的境地。

3. **技术反腐创新推动反腐制度重塑**

2010年底国务院新闻办公室发布的《中国的反腐败和廉政建设》白皮书提到，我国不仅需要对网络信息采集、判断和处理等工作进行强化，同时还要努力完善互联网相关法规制度和举报受理机制等，从而为网络举报提供便利和保障，最终在实践中积极发挥出互联网的监督作用。2014年2月27日，中央网络安全和信息化领导小组成立。2016年4月19日，在网信工作座谈会上，习近平指出“要让互联网成为了解群众、贴近群众、为群众排忧解难的新途径，成为发扬人民民主、接受人民监督的新渠道”，要求领导干部要学会通过网络走群众路线。2017年12月8日，习近平在十九届中央政治局第二次集体学习时的讲话中指出，要加强政策、监管、法律的统筹协调，加快法规制度建设。2018年4月20日，习近平在全国网络安全和信息化工作会议上的讲话中指出，要提高网络综合治理能力，形成党委领导、政府管理、企业履责、社会监督、网民自律等多主体参与，经济、法律、技术等多种手段相结合的综合治网格局。2020年11月16日，习近平在中央全面依法治国工作会议上的讲话中指出，数字经济、互联网金融、人工智能、大数据、云计算等新技术新应用快速发展，催生一系列新业态新模式，但相关法律制度还存在时间差、空白区。2023年1月9日，习近平在二十届中央纪委二次全会上的讲话中指出，要持续深化纪检监察体制改革，做实专责监督，搭建监督平台，织密监督网络，协助党委推动监督体系高效运转。2024年6月27日，习近平在二十届中央政治局第十五次集体学习时的讲话中谈到，探索加强新经济组织、新社会组织、新就业群体党建工作，创新党组织设置和活动方式；善于运用互联网技术和信息化手段开展党建工作，努力实现党的组织和党的工作线下线上全覆盖。清华大学廉政与治理研究中心主任任建明认为，我国电子监督实践在权力设置、权力执行以及权力监督三个方面进行了实质性的创新，特别是在权力监督方面创造性地引入了人工智能技术，突破了我国现有监督体制的局限，显著地降低了公权力的垄断程度，提升了权力监督的专业化和科学化水平，从源头上减少了权力腐败的机会。[①] 高辉、程佳琪指出：区块链以其技术内生的透明可信、去中心化/多中心化、防篡改、可追溯的特性天然地契合预防和打击腐败的操作逻辑，成为国外反腐的技术利器。在区块链反腐的实践路径上，国外政府开始借力区块链赋能智慧政务，以此筑牢智慧反腐根基；优先落地重点应用场景，积极布局贪腐问题突出领域；协同区块链与制度反腐，从而切实发挥区块链反腐实效。以此为鉴，中国应立足制度反腐优势，做好技术监管，以制度反腐引领区块链反腐，以技术创新驱动反腐防腐创新。[②]

（二）“三不”融合的制度反腐提升技术反腐创新动力

制度反腐由李永忠教授在2003年首次提出，他认为制度反腐是指依靠科学有效的制度将防、治腐败的措施固定化、法律化，并在实践中不断检验其有效性，弥补漏洞，同时完善配套保障机制，从而完善反腐的监督效能。习近平总书记在十八届中央纪委二次全会上明确指出“把权力关进制度的笼子里，形成不敢腐的惩戒机制、不能腐的防范机制、不易腐的保障机制”“要善于用法治思维和法治方式反对腐败，加强反腐败国家立法，加强反腐倡廉党内法规制度建设，让法律制度刚性运行”。在十九届中央纪委五次全会上深刻指出：“必须清醒看到，腐败这个党执政的最大风险仍然存在，存量还未清底，增量仍有发生。政治问题和经济问题交织，威胁党和国家政治安全。传统腐败和新型腐败交织，贪腐行为更加隐蔽复杂。”在二十届中央纪委三次全会上进一步强调：“围绕一体推进不敢腐、不能腐、不想腐等完善基础性法规制度”。腐败和反腐败的较量还在激烈进行，并在不同的阶段呈现出不一样的特征，随着网络技术的迭代发展，腐败手段也在不断地翻新升级。因此，防范形形色色的利益集团成伙作势、“围猎”腐蚀，清理系统性腐败、化解风险隐患还需要持续提升反腐的技术水平。

---

① 中央纪委研究室，中央纪委监察部廉政理论研究中心. 反腐败：权力制约和监督：权力制约和监督理论研讨会暨第三届西湖·廉政论坛综述[J]. 中国监察，2011(5)：34-36.

② 高辉，程佳琪. 区块链反腐的制度逻辑、国际经验及政策启示[J]. 中国领导科学，2021(1)：117-123.

对于什么是制度反腐这个问题，业内学者们做了较多的论述与研究。吴振坤认为，制度反腐是用制度和法律的手段制约与监督权力的行使，以反对腐败的一种防治方法。[①] 田坤认为，制度反腐就是通过加强党和国家的制度体系建设，使得社会各阶层、组织、个人的权利和义务得到合理的调整与归位，解决因制度本身的矛盾、冲突、缺陷而导致的腐败行为的反腐策略。[②] 包玉秋认为，制度反腐的核心是法治，内容是控制权力，根本在于保障权利。在《法治与契约理论下制度反腐的立法构架》中包玉秋提出，制度反腐应是在法律确立起来的制度框架内，包括对权力的合理设置、对权力运行的监督，以及对违法或不正当的行权行为的法律规制。[③] 黄少平、蒋政区分了反腐制度与制度反腐两个相近的概念。他们认为，制度反腐是人们在长期的反腐实践和反腐学术研究中得出的总结性认识；反腐制度，则是指通过制定反腐败的法律法规来打击腐败和通过国家法治体系建设来控制腐败。制度反腐并非仅仅通过制定打击腐败的法律法规，而是通过加强整个国家的制度体系建设，使得社会各阶层、组织等在符合该政权性质和宗旨的前提下得到合理的调整与归位，由此解决因制度本身而导致腐败行为的治理方法。[④] 同时也需要注意到制度反腐中制度的稳定功能得以发挥，需要有稳定连续的制度安排。如果制度本身不稳定或是断裂的，制度的稳定功能就不能有效发挥，从而就会给腐败造成可乘之机。[⑤]

李永忠提出制度反腐应当具备五个要素：第一，设立地方性的政治体制改革特区，建立地方的权力制衡和监督机制，遏制腐败。第二，改革沿袭自苏联的不合理的权力结构，应对需要监督和制约的权力，进行有效的制度制衡。第三，进一步改革党的人才选用体制，改革当前用人体制中不合理的成分。第四，积极稳妥地解决“腐败呆账”，对此设立相

① 吴振坤. 20 世纪共产党执政的经验教训[M]. 北京：中央党校出版社，2002.

② 田坤. 党的十八大以来我国反腐败政策和措施调整及动因[J]. 马克思主义研究，2022(6)：44-54.

③ 包玉秋. 法治与契约理论下制度反腐的立法构架[J]. 社会科学辑刊，2011(3)：57-59.

④ 黄少平，蒋政. 反腐制度与制度反腐[J]. 中共郑州市委党校学报，2007(2)：77-78.

⑤ 蔡宝刚. 论制度功能与制度反腐[J]. 扬州大学学报(人文社会科学版)，2020，24(2)：92-102.

应的改善模式。第五，应当动员和组织民众广泛、积极、有序地参与反腐。符合这五个要素的反腐，就是制度反腐。[①] 李旭辉在《关于我国制度反腐的思考》中表示：制度反腐的依据在于健全的制度体系；制度反腐的保障在于制度的真正落实；制度反腐的关键在于实现权力制衡。他认为，反腐倡廉取得实效的根本在于制度的建立及不断的完善。制度反腐的核心是对权力结构进行制约，依靠健全的制度体系建设有望实现制度落实与权力制衡的双目标。[②] 纪程认为，实现制度反腐的主要途径是：限制政府权力，压缩寻租空间；转变政府职能，规范政府权力运行。[③] 黄少平与蒋政共著的《制度反腐与反腐制度》中指出，真正意义上的制度反腐是在符合国家政权性质和执政党宗旨的前提下通过加强自上而下的制度体系建设来解决由于制度本身的缺陷与冲突而导致的腐败行为。[④] 从权力的结构与监督角度看，制度反腐的实质是对不合理权力结构的改革。如学者辛宇在《制度反腐的核心是什么》一文中将制度反腐定义为新一届中央领导集体以新的权力结构为载体组织开展的反腐败斗争。[⑤]

制度反腐就是以制度为基础的反腐安排，习近平总书记强调："最根本的是严格遵循执政党建设规律进行制度建设，不断增强党内生活和党的建设制度的严密性和科学性，既要有实体性制度，又要有程序性制度，既要明确规定应该怎么办，又要明确规定违反规定怎么处理，减少制度执行的自由裁量空间，推进党的建设的科学化、制度化、规范化。"[⑥]所谓制度反腐，就是需要通盘考虑、全局规划、科学设定，通过制定和实施一系列的法律、法规、规章、政策和具体管理条例来抑制腐败并惩治腐败，就是通过制度和法律手段，实现党、国家、社会各项事务治理制度化、规范化、程序化，制约和监督权力异化。世界各国的反腐经验表明，制度反腐是从源头上遏制腐败产生的最佳方法。

---

① 张源，陈氚，陈明珠，等. 制度反腐与国家治理现代化："中国社会发展高端论坛·2015"会议综述[J]. 科学社会主义，2015(1)：151-157.

② 李旭辉. 关于我国制度反腐的思考[J]. 人民论坛，2012(10)：52-53.

③ 纪程. "权力寻租"与"制度反腐"[J]. 社会科学论坛，2004(7)：28-31.

④ 黄少平，蒋政. 制度反腐与反腐制度[J]. 唯实，2007(5)：36-38.

⑤ 辛宇. 制度反腐的核心是什么[J]. 领导科学，2010(7)：18.

⑥ 创新发展管党治党规律[N]. 南京日报，2017-06-28(11).

（三）技术-制度反腐协同演进双轮驱动反腐机制创新

创新是经济学概念，创新之父熊彼特指出创新就是生产要素的重新组合。协同创新（Cooperation/Synergy Innovation）具有系统性、多样性和复杂性的特征，它由诸多要素和各种机制在有机合作和相互作用下产生，以实现协同效应的最大化。中国共产党反腐败，不能仅仅依靠某一种方法或手段，需要构建技术-制度协同创新反腐败治理机制。

关于技术与制度的关系，历来众说纷纭。学者们提出了技术决定论、制度决定论、技术-制度协同演化理论。技术决定论认为技术能倒逼制度改革；制度决定论认为制度比技术更为根本；Pelikan 对技术与制度的协同演化进行了研究，探讨了技术和制度之间的双向作用关系。他认为，技术变迁对制度的影响表现在技术创新引发制度需求和技术创新促进制度实施两个方面。当一种新技术出现时，需要一个新制度来保证新技术的应用和推广；而新技术也可能会降低制度的实施成本，使原先难以实施的制度得以实施。制度变迁对技术的影响则表现为：组织的自由程度对技术创新有潜在影响，制度对技术创新有激励作用，制度会影响技术的创新及扩散速度，制度会影响技术选择的正确性。[①] 黄红平、赵佳鑫指出网络反腐作为当下中国反腐败的新范式，具有运动反腐、权力反腐、制度反腐、体系反腐等传统反腐败范式所不具有的优势，呈现出鲜明地强调“权利制约权力”的特点，对体制内的已有监督手段和官方反腐起到重要的补充作用。网络反腐要走上健康发展的正确轨道，根本之道在于要将其纳入中国特色廉政体系与机制建构无缝对接，与现有的体系反腐深度融合。[②] 靳思昌研究了制度反腐与科学技术的关联性。他认为，制度与科技是有效监督公共权力运行的两个重要因素，先进的科技和完善的制度如同车之两轮，缺少任何一项均可能影响腐败治理效果。制度反腐与科技反腐相互联系、相互依存、相互补充，二者有机结合形成监督合

① 郑春勇. 西方学术界关于协同演化理论的研究进展及其评价［J］. 河北经贸大学学报，2011（5）：14-19.

② 黄红平，赵佳鑫. 从喧闹到理性：当代中国网络反腐的价值旨归［J］. 信息技术与管理应用，2023，2（1）：159-168.

力，提高权力监督的有效性，达到事半功倍的效果。通过“制度+科技”协同实现对腐败行为的事前预防、事中揭示和事后抵御，有效预防腐败。[①] 互联网技术的发展促使公民监督权得以更加自由地行使，网民不仅可以在官方网络平台进行举报，也可以通过社交网络平台更新腐败案件的最新消息，让反腐部门获得更多的腐败信息，形成较为完整的证据链。网民通过在网络上发帖、跟帖、转发等方式公开涉腐官员的腐败问题，使得新闻媒体关注报道，造成强大的舆论压力，引起有关部门的重视。[②]

工业革命以来，研究技术与制度关系的学者，大多强调了技术进步对制度变革的推动作用。恩格斯指出：“机器的应用是从 18 世纪中叶起工业用来摇撼旧世界基础的杠杆。”[③]技术改变人类的生产方式和生活方式。技术是社会发展的内在驱动力，每一次技术革新都会带来深刻的社会变革。马克思、恩格斯认为技术对人类进步产生的巨大作用、新技术在生产力层面的促进作用，极大推动了制度层面的创新。马克思主义认为生产力决定生产关系，马克思说科学技术是生产力，邓小平提出科学技术是第一生产力，也就是说技术决定制度。特定历史时期内，这一观点得到了技术-制度研究者们的认同。然而，随着时代的变迁，人们也渐渐发现技术进步与制度变革之间的矛盾，例如，拥有先进的科学技术并不一定带来国家的社会发展，发展的过程中会有各种各样的非技术限制。马克思认为，制度创新与制度变迁源于技术创新。

制度反腐与技术反腐协同创新的关系，可以分两个角度来理解：一是制度反腐创新落后于技术创新手段，技术反腐手段、方法的灵活性、创新优势均高于制度体系创新，技术手段总是在前，而制度反腐可以相随其后；二是制度反腐创新快于当下的技术手段，例如改革开放后，我们制定了很多制度反腐的规章制度，但常常在执行上有难度，缺乏技术手段的支撑。从实践的角度来看，技术反腐创新比较容易，而制度体系创新比较复杂，长久以来技术反腐没有取得理论上论证的成功，一个重要原因就是技术反腐缺乏制度创新的协同，导致技术创新缺乏全面性、

① 靳思昌. 国家审计基于“制度+科技”治理腐败研究[J]. 财会通讯，2024(9)：121-126.
② 徐秦法，张睿. 网络反腐：越南共产党腐败治理的新动向[J]. 理论视野，2022(7)：80-86.
③ 马克思，恩格斯. 马克思恩格斯全集：第 2 卷[M]. 北京：人民出版社，1957：300.

系统性，技术反腐唯有通过制度创新才能顺利推行。以中国科学院和纪检部门联合开发的零信任(Zero Trust)反腐AI系统为例，从技术反腐创新来讲，通过新技术手段，特别是信息化时代的数据资源，通过AI进行算法前置设计，监督、评估公职人员的信息，实现大数据交叉引用，可以对近200个国家保护数据库进行访问，通过技术分析能够绘制出精准的多层人物关系图，能够对贪腐人员进行精准画像，能够精确追踪贪腐轨迹和资金流向。新闻报道指出系统对检测可疑的财产转移、基础设施建设、土地征用和房屋拆迁"特别有用"。零信任系统创新应用，为避免掌权者抵制，先从30个远离中心的贫困县市展开，从2012年实验开始，该系统总计抓住了8721名腐败人员。如果单纯从技术角度来考量，零信任反腐AI系统是一个非常好的技术反腐创新，遗憾的是反腐系统的高效率让实验地区纪检官员面临巨大压力，部分地区不敢继续应用令掌权者感到不舒服的新技术而导致该系统被关闭。从零信任反腐AI系统的成果来看，人工智能已经具备挖掘腐败信息、揪出贪腐人员的技术能力，由于国情、大环境、缺乏配套制度等原因暂时无法真正投入使用和实现其价值。

"互联网+"条件下的新技术，正在改变着反腐格局，但简·芳汀(Jane E. Fountain)在其著作《构建虚拟政府：信息技术与制度创新》中提到，真正的挑战不在于构建虚拟政府的技术能力，而在于如何克服政府内部根深蒂固的组织性分歧和政治性分歧。[①] 从技术维度突破反腐瓶颈、提升反腐效果，需要在制度反腐的顶层设计时充分考虑技术反腐的科技元素、特殊作用，在制度反腐的方略和路径内，整合技术资源，推动协同创新。新技术促使新政府机构的成立，大数据管理局的成立，就是为了解决部门之间长期存在的"数据孤岛"问题。技术只是赋能，赋能只是提供了一种新方法新手段，提供了一种解决腐败问题的途径，但并不一定遏制腐败，解决难题。技术反腐常常会遭遇各种非技术障碍，包括传统的思维理念、落后的体制机制、技术手段执行的人的因素等等，不一而足；制度才是遏制腐败的治本之策。技术和制度的协同创新将是实现

① 芳汀. 构建虚拟政府：信息技术与制度创新[M]. 邵国松，译. 北京：中国人民大学出版社，2004.

技术反腐与制度反腐优势互补、模式创新、效率提高的必然选择。

制度反腐是技术反腐的先决条件，只有以制度反腐引领技术反腐，以技术反腐助推反腐制度建设，将二者协同创新，创新反腐模式才能发挥实效。数字化时代意味着一切皆可编程，万物均可互联。要坚持以实践基础上的技术反腐创新推动制度反腐创新，坚持和完善现有反腐制度，从实际出发，与时俱进地制定一些新的反腐制度，构建系统完备、科学规范、运行有效的技术-制度系统反腐体系，使各方面反腐制度更加成熟、更加定型，各方面技术反腐更加有效。制度反腐构成技术反腐过程中的选择力量，对技术反腐起着重要作用；技术反腐反过来又成为制度反腐的选择压力，对制度反腐产生重要影响。世界经济论坛项目负责人阿什利·兰奎斯特(Ashley Lannquist)指出，包括区块链在内的任何技术都无法消除电子平台以外发生的某些人类活动(例如贿赂或串通)的腐败风险，制度变革和持续的政治支持对于切实减少腐败至关重要。[①] 协同“互联网+”条件下的新技术反腐与制度反腐，才能切实发挥系统创新反腐模式的实效。例如，网络监督的经典案例“孙志刚案”、“躲猫猫”事件等在推动政府制度改革方面都作出了较大的贡献。“孙志刚案”终止了实行多年的政府收容遣送条例；“躲猫猫”事件推动了监狱管理制度的审查。“互联网+”条件下的新技术正日益渗透到制度反腐中，制度反腐体系组织结构、运行机制不断得到改进与革新，从而不断产生新效能。“互联网+”条件下的新技术不断被制度反腐选择吸收和采纳应用，将为解决一些制度反腐难题提供攻关性服务，为填充一些制度反腐操作空白提供补缺性手段。只有以变应变，在体制创新的同时融合新技术，才能丰富治理手段，积极应对挑战。

制度反腐创新与技术反腐创新孰重孰轻是辩证的，是相互促进的关系，制度反腐创新在获得初步成功后能给予技术反腐创新驱动力，在技术反腐实践创新获得成功后又能促使制度反腐体系进一步完善。在反腐体制机制没有改变的前提下，技术反腐的新手段新模式对腐败问题的破

---

① How governments can leverage policy and blockchain technology to stunt public corruption[EB/OL]. (2020-06-15)[2020-08-07]. https://www.weforum.org/agenda/2020/06/governments-leverage-blockchain-public-procurement-corruption.

题非常关键，同时，在技术创新相对不变的时候，制度的推动与阻碍作用也非常明显。解决腐败顽疾，必须双轮驱动技术-制度协同创新，在“互联网+”条件下，必须加强基于新技术协同治理的制度顶层设计，建立健全运用移云数物链新技术反腐的制度规则，构筑技术反腐参与的全新制度反腐顶层设计，实现协同治理创新机制。技术-制度反腐协同演进双轮驱动反腐机制创新的目标就是坚持以实践基础上的技术反腐创新推动制度反腐创新，坚持优化和完善现有反腐制度，从新情况、新问题出发，与时俱进制定新的反腐制度，构建技术-制度协同创新的完备、科学、规范、有效的反腐制度体系，使制度反腐更加成熟、更加定型。

第四章 “互联网 +”条件下技术反腐与制度反腐协同创新典型案例

通过系统梳理技术反腐和制度反腐典型案例，研究剖析其中的规律性特征和内在成因，探索技术-制度反腐双轮驱动协同创新的有效路径，对于实现一体推进不敢腐、不能腐、不想腐的共同目标有着重要的研究价值和现实意义。

一、技术赋能：实践基础上的技术反腐典型案例

（一）技术赋能反腐典型案例呈现

1. 国内技术赋能反腐应用的典型案例呈现

（1）网络反腐经典案例："表哥"杨达才、"北极鲶鱼"的爷爷

网络反腐是大数据、区块链、人工智能等信息技术反腐模式里面应用最早、覆盖面最广泛的一种官方反腐工具。2003 年 10 月 1 日，随着最高人民检察院和被称为"中国舆论监督第一人"的李新德相继开通官方的网络举报平台和民间的"中国舆论监督网"，网络反腐便正式拉开了序幕。随后 2005 年 12 月 28 日，中央纪委、监察部也公布了中央纪委信访室、监察部举报中心的网址，2009 年"网络反腐"被收录进了中央党校出版社出版发行的《党的建设辞典》，同年中纪委开通了全国纪检监察举报网站，新华社通过新华网公布了中央和地方网络举报方式。网络反腐日益成为反腐倡廉的一把利剑，纵观国际国内反腐败成功案例，无论是在发达国家，还是在一些发展中国家，网络反腐以其快捷、有效的优势开辟了民众反腐新渠道，成绩斐然。

网络反腐的本质是借助高效、便捷的信息技术来打击腐败。[①] 陕西省安监局原局长杨达才最开始在网络上引发关注，是由于 2012 年 8 月 26 日其出现在一起特大车祸现场时面露微笑，不合时宜的微笑引发网友的愤怒与关注。然后细心的网友在各种网络报道中发现"微笑局长"有多块价

① 谢遥. 从虚拟走向现实：网络反腐的式微及其制度化出路[J]. 理论导刊，2018(2)：41-46.

值不菲的名表，戏称其为“表哥”。2012 年 8 月 27 日渤海论坛的新浪官方微博发布了杨达才在不同场合佩戴的 5 块不同款式手表的照片，其佩戴欧米伽、劳力士、江诗丹顿等价值不菲的名牌手表的照片也在网络上疯传，杨达才一跃成为网络“红人”。2012 年 8 月 30 日，针对“杨达才名表”事件，陕西省纪委回应，将本着实事求是的态度，对事件所涉及的问题进行认真深入调查，如确有违纪或腐败问题，将依照有关规定严肃处理。2012 年 9 月 1 日，有网民给陕西省财政厅递交政府信息公开申请表，申请公开杨达才的年度工资。2012 年 9 月 21 日陕西省纪委查实杨达才存在严重违法违纪问题，并报经省委研究决定撤销杨达才一切职务。2013 年杨达才受贿案在西安市中级人民法院公开审理。公诉机关认为被告人杨达才的财产超过了合法收入而且无法说明来源。最终，杨达才数罪并罚被判处有期徒刑 14 年并处罚金 5 万元。杨达才贪腐受贿案在轰轰烈烈的网络反腐运动中落下帷幕。（本案例来源于人民网报道：陕西省纪委对杨达才立案调查. http://www.people.com.cn/24hour/n/2013/0906/c25408-22823887.html.）

2023 年 3 月，一名网名为“北极鲶鱼”的女子在新浪微博上发布“我只知道我家里有 9 位数”“感觉(爷爷)贪了”等嚣张炫富言论，引起舆论高度关注。该女子 IP 地址在澳大利亚，多次晒出其爷爷钟庚赐公派出国的照片。钟庚赐是深圳市交通局货运管理分局原局长，于 2007 年 11 月退休。很快，网友查到钟庚赐在 2003 年 9 月注册了一家注册资本为 1200 万美元的公司，于 2007 年 4 月临近退休前予以注销。一时间，关于“北极鲶鱼”爷爷涉嫌违法乱纪、贪污腐败的质疑声铺天盖地。2023 年 10 月，深圳市纪委监委对钟庚赐严重违纪违法问题进行了立案审查调查。经查，钟庚赐对党不忠诚、不老实，多次串供对抗组织审查；借机敛财，违规从事营利活动；未经批准，违规兼职取酬；利用职务便利为他人谋取利益，非法收受他人财物。深圳市纪委监委发布通报：钟庚赐严重违反党的政治纪律、廉洁纪律，并构成严重职务违法，应予严肃处理。依据《中国共产党纪律处分条例》《中华人民共和国监察法》《中华人民共和国公职人员政务处分法》等有关规定，经深圳市纪委常委会会议审议，决定给予钟庚赐开除党籍处分，按二级科员确定其退休待遇；收缴其违纪违法所得。“北极鲶鱼”事件是人民群众通过网络进行反腐败斗争取得成功的又一经典案例，也充分说明只要腐败的现象依然存在，反腐败就永远在路上，也传递出反腐无禁区、退休也并非护身符的鲜明信号。（本案例来源于深圳市纪委监委通报：深圳市纪委监委关于钟庚赐严重违纪违法问题的处理决定. http://www.ljsz.gov.cn/scdc/djzwcf/content/post_1104809.html.）

其他广为人知的网络反腐案例还有南京市“天价香烟局长”周久耕、徐州市泉山区“一夫二妻”区委书记董锋、来宾市烟草局“日记局长”韩峰、深圳市海事局党组书记林嘉祥涉嫌猥亵儿童案等，也成功印证了网络技术反腐的有效性。

(2) 大数据监督管理系统平台：DT 时代反腐小能手

大数据(big data)是由 John R. Mashey 在 1998 年提出，随着互联网的蓬勃发展而快速增长、演进，如今已经发展成为一套覆盖面广且影响深远的技术体系，并在国家级政策中被定义为“生产要素”，与土地、劳动力、资本、市场并列。2015 年国务院发布的《促进大数据发展行动纲要》中明确指出，要完善大数据监督技术体系，促进政府简政放权、依法行政。大数据反腐是继网络反腐之后应用广泛的又一种高效、精准、震慑力强的反腐技术手段，在实际应用中发挥了极大的效能。

二十届中央纪委二次全会工作报告提出，构建基层公权力大数据监督平台，畅通群众监督渠道，健全基层监督网络。据不完全统计，目前全国已有 30 多个县市建立了大数据监督平台，应用大数据技术分析整合数据资源，实施精准监督，推动了纪委监委的工作高质量发展。如贵州利用大数据技术搭建的“贵州省扶贫民生领域监督系统”，通过采集分析各种民生相关基础信息和数据，打通民政、人社、住建等主管部门的数据信息壁垒，实现快速筛查锁定问题，不足一年的时间里发现问题线索 27.5 万余条，追缴资金 651.42 万元，线下核查落实违规问题 6934 个，立案 186 件 194 人。[①] 辽宁省沈阳市纪委监委 2019 年 7 月将大数据监督平台纳入监督和治理体系；9 月沈阳市纪委监委启动部署“全员建模”“全覆盖建模”，不足半年时间里，该大数据监督平台已发现疑似优亲厚友、滥用职权、虚报冒领等腐败问题数据超过 760 万条，挽回经济损失超过 17 亿元，节约资金或避免经济损失超过 205 亿元。[②] 中央纪委国家监委机关推动建设的基层小微权力“监督一点通”信息平台，截至 2022 年底已覆盖 16 个省份 836 个县(市、区)，累计办结群众投诉 68.7 万件。安徽省作为“监督一点通”平台建设试点省份，在全省全面推开平台建设，实现 104 个县(市、区)全覆盖，平台正式上线以来累计发布公示信息 2.9 亿条，涉及单位和组织 20319 家，涵盖惠民补贴资金发放、党务村务管理、集体“三资”管理、村级小微工程管理、村级集体经济组织运营管理等基层小微权力运行的各个方面，实现了“应公开尽公开”。[③] 哈尔滨的纪委调查人员通过大数据监督系统意外发现市人大预算工作委员会原主任朱海严重违反组织纪律和中央八项规定精神的违法违纪行为，这成了大数据反腐中广为流传的经典事件：朱海利用贪污受贿以及职务便利低价购买拥有的房产多达 11 套，为了不暴露自己的非法所得，他并未将这些房产都登记在自己名下，但 11 套房的水、电、燃气费、物业费却都是朱海自己缴纳，由此被大数据技术捕捉挖掘发现。浙江建德的大数据监督平台整合了来自 25 个部门的 1.5 亿条数据，通过系统分析比对发现 7000 多条问题线索，追缴资金 100 多万元，并在大数据监督平台基础上二次开发了名为“清廉乡村智慧管家”的大数据反腐监管系统，对村镇的事项实现了有效的监督管理，弥补了基层工作人力不足、效率低下的缺陷。(本案例来源于中央纪委国家监委网站：哈尔滨市人大预算工作委员会主任朱海严重违纪被“双开”. http://m.ccdi.gov.cn/content/b7/f9/10246.html.)

深圳市纪委监委也成功探索了大数据技术在监督检查、审查调查、

① 覃甫政. 贵州黔西南：借力大数据精准揪出扶贫“蛀虫”[J]. 中国纪检监察，2018(21)：38-39.

② 创新推动纪检监察工作高质量发展：写在市纪委十三届六次全会召开之际[EB/OL]. (2021-02-09)[2021-05-02]. http://www.sysjjjc.gov.cn/3002/3634/3635/content_179990.html.

③ 中央纪委国家监委网站. 学习贯彻中央纪委二次全会精神丨数字赋能提升监督质效[EB/OL]. (2023-06-14)[2024-08-11]. https://www.ccdi.gov.cn/toutiaon/202306/t20230614_269627.html.

综合管理方面的应用。2018 年 11 月，深圳市纪委监委组建信息技术保障室。2019 年 12 月，更名为信息数据监督室，利用大数据开展监督审查等工作。2021 年 12 月，深圳市纪委监委成立由市纪委书记、监委主任担任组长的网络安全和信息化工作领导小组，统筹推进深圳数字纪检监察体系建设。目前，利用大数据技术建立的数字监督检查平台包括日常监督、专项监督、协同监督等 23 个监督应用系统。其中“四风”监督信息系统是通过设定分析规则来筛查贪污腐败的疑点，在公车私用、公款娱乐、滥发福利、公款吃喝、公款旅游、大办婚丧喜庆事宜的 6 个模块里面就有 31 项分析指标、97 种算法、200 多个动态可调整的参数，发现问题的准确率高、穿透性强；数字审查调查平台搭建了电子数据取证、分析等数字化支撑板块，实现了从信访到审理全流程贯通的线上办案；数字综合管理平台则全面覆盖了综合办公、组织人事、培训学习、档案管理、后勤保障、机关党建等业务，全面实现综合业务数字化转型。随着数字监督办案力度持续加大，近三年助力追赃挽损 30.9 亿元。大数据技术称得上是数字时代的反腐小能手。

(3) 区块链+HIS 系统：医疗反腐正当时

反腐纪录片《国家监察》中《护航民生》第一个案例就披露了江苏省无锡市第二人民医院原党委副书记、院长易利华的违纪违法事实，展现了纪检监察机关如何坚持以人民为中心，聚焦群众痛点难点，在医药卫生领域整治群众关心的腐败和作风问题。易利华案中有一个细节提到了 HIS 系统和“统方”数据。HIS 系统是 Hospital Information System 的缩写，就是医院信息系统。杨长兴、李连捷在《医学计算机应用基础》中指出，医院信息系统是指利用计算机软硬件技术和网络通信技术等现代化手段，对医院及其所属各部门的人流、物流、财流进行综合管理，对医疗活动各阶段产生的数据进行采集、存储、处理、提取、传输、汇总，加工形成各种信息，从而为医院的整体运行提供全面的自动化管理及各种服务的信息系统。中央纪委国家监委网站《以案为鉴：贩卖医药数据，暗做药代》中的浙江省桐庐县第一人民医院原药剂科工作人员王晓俊案就涉及了 HIS 系统和“统方”数据。国内各大医院都有专门的信息部门，实现了数据化管理。信息化、数据化带来管理便捷的同时也带来了医疗数据的商用和异化。HIS是覆盖医院所有业务和业务全过程的信息管理系统，腐败案件中医院信息工作人员利用数据权属不清、责任不明、管理缺失的漏洞，对数据进行非法买卖、私自交易，王晓俊案就是伙同信息科工作人员共同作案。医疗数据之所以被盯上，一是可以成为医药企业精准营销的依据，通过有目的地腐蚀医务人员获取非法利益；二是可以成为黑心医院诱骗患者的信息来源。医疗数据非法应用带来的商用价值巨大，因此一直是高敏感度的数据类型。医疗数据高价值、易泄露的特点，让数据管理成为难题，医疗数据安全保障迫在眉睫。而区块链技术不仅能够极大地保证医疗数据的完整性、准确性和时效性，同时其数据可靠、容灾能力一流且具有防篡改机制的特点，能够有效保障数据安全、消解医疗数据腐败。

"统方"数据是医院对医生处方用药信息量的统计数据，属于医院内部保密信息。哪个医生给患者开了什么药、开了多少盒，在这个"统方"数据中都能够体现出来。近年来随着医疗反腐力度的不断加大，商用"统方"的黑幕逐渐揭开，易利华案中的买卖"统方"数据医疗腐败事件并非个案，无锡市妇幼保健院信息科原工作人员陈嘉，他按月将数十种药品的"统方"数据出售给多名医药代表，每种药品每个月的"统方"卖到200元到300元不等，几年来累计获利20多万元。无锡市人民医院信息处原工作人员王伟，多年来也直接向多名医药代表出售"统方"数据，获利达160多万元。王晓俊案中，王晓俊组团收集、盗取、售卖的"统方"数据涉及桐庐10余家公立医院(卫生院)，涵盖药品种类多达数百种，非法收受药品销售人员送予的"统方"好处费共计人民币231.02万元。党的十八大以来，随着党中央反腐力度的加大，国家卫生健康委、国家发展改革委、工业和信息化部等严格规范了医药购销行为、规范医疗服务行为，但是医疗数据带来的巨大商业价值依然让一些不法分子铤而走险。

区块链是一种由多方共同维护，使用密码学保证传输和访问安全，能够实现数据一致存储、难以篡改、防止抵赖的记账技术，也称为分布式账本技术。区块链技术并不是新生技术，而是分布式数据存储、智能合约、点对点传输、共识机制、加密算法等多种计算机技术的组合创新应用模式。区块链技术的加密算法、点对点传输可以有效保障HIS系统和“统方”数据的安全。随着HIS系统新技术迭代升级，可以对医疗服务全过程留痕、及时追溯并对不合理行为预警，能够有效保障数据的安全、透明、可监督。

医疗反腐作为民生问题涉及千家万户，是广大人民群众最关心最直接最现实的利益问题，受到人民群众高度期待。基于区块链的治理架构，对医疗健康数据实施事前预警、事中干预、事后惩戒，减少医务人员犯错的机会，能够有效遏制医疗领域数据安全和腐败问题。利用区块链技术的数据全程留痕、可以追溯、集体维护、公开透明等特点，通过时间戳保证每条数据都真实可信且具有时间标记，可以补上监管短板，让医患信息的对应性和数据化公开透明，打破医疗腐败的“黑箱”，打开医患之间的“心结”，实现医疗过程链化。同时区块链技术的另一个独特优势是数据共享与隐私保护相融合的能力，可以让人们享受数据公开透明的同时也不用担心个人隐私的泄露。区块链的“诚实”与“透明”，能够促使医务人员更珍惜自己的职业生命，使患者更信任医生的诊疗。党的十八大以来，党中央的态度非常鲜明，应用区块链技术为民生保驾护航，区块链+医疗反腐正当时。

(4)人工智能反腐系统：Zero Trust与AI风控系统

人工智能反腐，目前处于积极探索阶段。例如中国科学院和共产党内部纪律监督部门联合开发了人工智能反腐系统Zero Trust去监视、评估和分析公职人员的工作和个人生活，并能够梳理出工作人员的多层关系图，及时从中发现异常情况。一位研究人员称，系统对检测可疑的财产转移、基础设施建设、土地征用和房屋拆迁“特别有用”。Zero Trust实验在30个县市展开，2012年到2019年期间，Zero Trust发现了8721名涉嫌贪污腐败及违规操作的政府工作人员。

北京字节跳动公司的“AI风控系统”通过自然语言处理、计算机视觉、多模态模型等人工智能技术能够精准识别异常情况，包括利用机器学习模型分析财务数据，及时检测异常资金的流动、利用自然语言处理技术分析内部通信记录，分析识别潜在利益输送等关键词或隐晦表达，以及根据员工历史行为数据自动生成个体风险评分，挖掘出来需要重点关注的对象。字节跳动公司在该系统助力下的反腐行动取得了卓越成效：2024 年一共查处并辞退了腐败违规员工 353 人，并将 39 人移交司法机关追究刑事责任。其中有在采购环节收受巨额回扣的高管，也有违规倒卖保密数据的技术部门员工，还有虚增发票报销的蝇贪蚁腐等。这一成绩刷新了互联网企业的反腐纪录，是人工智能技术在反腐倡廉领域取得成功的典型案例。

2. 国外技术赋能反腐应用的成功案例呈现

（1）韩国民愿处理在线公开系统

近年来，我们的近邻韩国在治理腐败问题中取得了不错的成绩，除了得益于韩国执政者的反腐决心，还得益于韩国普通民众对腐败现象的深恶痛绝和对清廉社会的不懈追求。此外，网络技术在权力监督中的成功应用也是韩国反腐败斗争取得胜利的关键因素之一。韩国与中国同属于传统的东方国家，典型的文化特征之一就是人情社会，不重法律，规则意识淡薄。受文化习俗影响，一方面，很多普通百姓习惯于在碰到问题的时候首先想到通过人情关系和金钱来疏通打点，习惯于给官员送礼办事；另一方面，一些政府公务人员也习惯了人情社会的吃喝贿赂，拿钱办事；等等。1999 年 4 月，韩国政府创建并开放了民愿处理在线公开系统，该系统是韩国反腐败举措中行政改革的核心。在民愿处理在线公开系统中，每个市民遇到需要政府协助解决的问题时都可以随时随地在网站留言，系统中具体分管人员在收到网民留言后必须第一时间准确地给予回应，在处理和解决问题的过程中，工作人员要时时通过网站与网民进行良好的沟通，妥善处理网民在系统中反映的问题，并在系统中通报问题的处理进度。民愿处理在线公开系统使韩国普通民众可以清楚地了解政府民事事务的具体处理事项，通过网络公开事项流程、民众对问题的网络监督，避免了民事事务中不必要的推诿，减少了民众在民事事务中受到的不公平对待。民愿处理在线公开系统通过透明化的网络运作模式，不仅快速减少了官员腐败的机会，而且极大地简化了政府行政效率，深受广大民众欢迎。该系统作为韩国反腐败改革的优秀案例受到联合国、世界银行、国际反腐败组织等国际组织的极力推崇。（本案例来源于国家信访局网站：新加坡、韩国在创建完善公民利益诉求机制上的探索. https://www.gjxfj.gov.cn/gjxfj/xfgj/tszs/webinfo/2016/03/1460416228785537.htm.）

此外，韩国政府还建立了政府电子采购系统(Government e-Procurement System，GePS)，韩国政府通过该系统实现了公共组织和政府部门采购工作的全程电子化。政府部门将通过审批的产品或服务需求在政府电子采购系统上公开挂网，潜在供应商即投标人根据挂网项目的要求回复报价和服务承诺，最后依据公平合理的标准选出中标供应商。GePS 系统通过政府招标信息的公开化、透明化，招标项目信息公布的及时性和招标信息内容的标准化实现了有效约束、遏制腐败黑手。由于全过程都在网络系统完成，双方不需要面对面接触，从而避免了相互之间暗箱操作的机会，实现政府项目采购的廉洁化。据相关调研，目前韩国 92% 的国内招标通过网络电子技术进行，每月约有 120 万人参与。OPEN 和 GePS 系统使得韩国政府以最小的成本换取了最大的工作效率。①

(2)印度民间反腐网站显威力

“我行贿了”(IPAB)民间反腐网站由拉马什和斯瓦提于 2010 年创办，倡导“相信用人民的力量可以遏制腐败蔓延”。“我行贿了”创立的原因，肇起于两个在美国和英国生活多年的年轻“海归”回国后对政府工作人员无端索贿和印度国内办事情靠金钱、靠关系而没有规则的恶劣社会环境的强烈不满和希望能够尽一己之力“抑制印度国内腐败”的初衷。

“我行贿了”(IPAB)网站为搜集各种行贿故事提供了一个专门的公共平台，民众可以在网站中随意讲述自己的行贿经历，比如为什么要行贿、行贿金额、行贿或拒绝索贿的结果如何等。印度班加罗尔的一个网友提到，他因为临时违规路边停车被当地交警开出了 800 卢比的罚单，当他交了罚款并索要罚单收据时，却遭遇了索贿。一个新德里的网友在网站揭

① PATHAK R D，SINGH G，BELWAL R. E-governance，corruption and public service delivery：a comparative study of Fiji and Ethiopia[J]. JOAAG，2008(1)：65-79.

露说，自己被偷的摩托车被警察局找到，要领回自己的摩托车需要向当地警局行贿300卢比才可以。还有一些新生儿的家长说，为拿到孩子的出生证明，他们必须向市政局的工作人员额外支付贿金250卢比才可以。更有甚者，一名退休人员在IPAB上揭露，他领取他本人的退休金时需要每年额外支付1000卢比作为贿金。IPAB利用网络强大的开放共享功能，通过公民的集体力量记录行贿、被索贿和拒绝贿赂的经历。IPAB海量的访问数据，积累了丰富的行贿资料，尽管行贿的事件并不指向具体的贪腐人员，但大量的具体案例汇集了一个非常有价值的行贿案例数据库。“我行贿了”网站创办仅一年就收集了回帖和留言10多万条，揭露了近万条的行贿案例，涉及印度全国近350个城市，行贿的总金额高达4000万卢比。通过“我行贿了”网站人们发现，印度人民办理护照、考驾驶执照等日常普遍性事务都要向警察行贿。“我行贿了”反腐网站的成功在于该网站对于参与者安全的保护。“我行贿了”（IPAB）网站创始人说：“他们的个人信息都会被很好地保护。所有帖子都是匿名发布的，而且像邮件地址、用户所在地、工作地点、性别等能确认身份的信息都不会被公开。”在社会环境恶劣的条件下要实现成功有效的举报，最难的就是让人们克服面临诉讼、害怕被打击报复的恐惧心理。而“我行贿了”（IPAB）网站的出现很好地解决了这个问题，并充分发挥出民间参与的反腐力量。（本案例来源于中国纪检监察报：印度“穷追猛打”式的腐败治理之路. https://www.ccdi.gov.cn/lswh/hwgc/201308/t20130830_121768.html.）

目前，印度正在大力推进大数据和区块链技术嵌入政府治理，以提升治理效能和阻止腐败蔓延。如印度安德拉邦通过推出线上操作的“大数据地理信息地图”来减少税务、基建等相关部门权力寻租的机会，在一定程度上清除了滋生腐败的土壤。

(3)俄罗斯英雄主义的个人反腐

俄罗斯利用网络技术监督权力和反腐败的经验颇具个人英雄主义色彩。被民间喻为“反腐斗士”的阿列克谢·纳瓦尔尼仿照维基解密的网站模式创办了个人的俄罗斯反腐网站。该网站成功揭发举报了俄罗斯石油公司的腐败丑闻，以及石油公司、银行、政府机构间的权钱交易。这些大案要案的揭露让阿列克谢·纳瓦尔尼的个人网站受到执政者的高度关注和民众的热烈追捧。

阿列克谢·纳瓦尔尼"个人英雄主义"式的反腐败方式的有效性常常取决于俄罗斯官方对于舆论监督的态度，但个人对腐败问题的不容忍和愤怒可以唤醒民众的反腐意识。从俄罗斯当前腐败问题的现实情况看，俄罗斯的腐败问题已经病入膏肓，"反腐斗士"阿列克谢·纳瓦尔尼的英雄主义行为，为实现民间反腐力量的积极调动、培育公民社会提供了可能。

(4)新加坡的"大数据"反腐

新加坡是将互联网、大数据等技术应用在反腐倡廉方面比较突出的国家。2022年其清廉指数排名在全球180个国家中位列第5，长居亚洲清廉指数排名第1。新加坡的公职人员"从小就接受政府和学校逐级进行的心理测验和各类考试，积累了一套贯穿生命周期的数据"[①]。通过这些数据，政府可以分析预测出其贪污腐败的概率。

新加坡在20世纪80年代初期就开始运用信息技术提高政府的治理效能，实行"从微小处开始，快速扩大应用范围(Start Small, Scale Fast)"的政策。2015年开始提出10年为一个周期的"智慧国计划"，促进大数据技术在政府管理、反腐倡廉、公共卫生、信息安全等方面的应用，将信息技术融入人民工作生活的方方面面。在新加坡反腐制度法规里面，有一项《没收贪污所得利益法》，其中规定了一种特别的调查方式——"生活方式调查"，意思是新加坡贪污调查局可以通过对公职人员(包括直系亲属)的收入、支出、大额消费等大数据进行调查，从而分析计算出其是否拥有不正当财产或收入的嫌疑，如果有则可以据此进行违法犯罪行为的倒查。[本案例来源于新加坡贪污调查局(CPIB)年报：2022年全球清廉指数报告. https://transparency.am/en/cpi/2022.]

(二)技术赋能反腐典型案例的剖析及启示

网络、大数据、区块链、人工智能等新技术的应用创新了权力监督

---

① 马亮. 大数据技术何以创新公共治理?：新加坡智慧国案例研究[J]. 电子政务，2015(5)：2-9.

管理模式，发挥出不可比拟的反腐倡廉作用，并且将持续提升腐败治理效能。一方面，大数据的挖掘分析能力、区块链的留痕和可追溯特性，为发现违纪行为提供了技术支撑，提升了监督效能；另一方面，也能进一步辅助新制度执行落地、查缺补漏，提升监管能力和执行力。探索新技术与制度的协同作用，实现技术-制度反腐协同机制的深度应用，是实现反腐倡廉的题中应有之义。

1. 全民监督遏制腐败

“我行贿了”(IPAB)网站创始人说，作为一个民间创办的反腐网站，其目的并不是惩处贪污索贿的某一具体官员，而是在于为政府的腐败治理积累大量的可供分析和研究的行贿索贿案例素材和具体数据支撑。“我行贿了”网站揭露的行贿案例，引发了全民对行贿行为的激烈讨论，能够对索贿行为产生强大的舆论压力，从而能够惩处和遏制腐败行为。

2. 公开是最好的监视器

OPEN 和 GePS 系统对腐败治理的关键在于公开、透明。习近平在2014 年 1 月的中央政法工作会议上强调：“阳光是最好的防腐剂。权力运行不见阳光，或有选择地见阳光，公信力就无法树立。”公开是最好的监督手段，把权力运行公开，让阳光普照，让群众参与监督、舆论参与监督，让民间的力量参与进来，公开、公平、公正将贯穿始终，清明廉洁的权力的运行环境将造福人民，实现人民追求美好生活的愿景。网络是一个可以进行信息传输、接收、共享的无物理空间限制的虚拟平台，人人都可以在网络上发言、互动，可以形成强大的注意力和流量，是一个可以监督曝光腐败行为的新场域。

3. 新技术是长效监督方式

韩国从国家层面应用信息技术监督权力，印度建立民间网站“我受贿了”实现对权力的网络监督，俄罗斯的“反腐斗士”阿列克谢·纳瓦尔尼的英雄主义行为对权力腐败的揭露，其他国家如美国、新加坡、巴西、芬兰等国都有不少通过信息技术监督权力腐败的成功经验，显然国际上应用信息技术监督权力反腐已经是大势所趋。美国的“公共廉政中心”网站不仅对美国还对其他国家的公共政策进行调研，对腐败问题进行揭露。

新加坡反腐的成功经验之一就是将信息技术融入人民工作生活的方方面面。巴西的“透明门户”网站，通过向公众公开政府活动，接受社会公众的讨论和监督，具体内容包括政府财政支出、采购招标、大型项目投资等等。“透明门户”网站的建立使每一位巴西公民都能够随意查看政府政务信息，甚至你想查询某位公务人员哪一年公费出差的消费清单，只要输入其名字便能查询出来。“透明门户”网站的透明化实现了人们通过政府网站起到监督和制约作用的可能性。芬兰利用网络监督权力腐败的具体做法主要表现在细节里。芬兰政府所有公务用车内都安装了监控系统，用以破解公车私用浪费公共资源的不良现象。一旦发现公车私用，便会对超出公务用车的路线消费进行收费并对公务人员进行罚款。

二、制度重塑：“三不”融合的制度反腐典型案例

党的十八大以来，反腐败斗争一直保持高压态势，随着金融领域反腐力度加大，金融系统违纪违法案件也持续增加。十九届中央纪委五次全会公报提出：深化金融领域反腐败工作。金融系统领域一直是党中央高度关注的反腐深水区，其中备受关注的典型案例是赖小民贪污受贿案。

（一）制度反腐典型案例呈现

1983 年，出身贫寒的赖小民于江西财经大学毕业并进入中国人民银行计划资金司，从事货币政策和金融监管的工作。之后凭借出色的工作能力先后任职中国人民银行计划资金司中央资金处副处长、处长，中国人民银行计划资金司银行二处处长、信贷管理司副司长，原中国银行业监督管理委员会（现为中国银行保险监督管理委员会）银行监管二部副局级干部，原中国银行业监督管理委员会北京监管局局长、党委书记，原中国银行业监督管理委员会办公厅主任。从 2009 年开始至 2018 年 1 月，赖小民任职中国华融资产管理股份有限公司党委副书记、总裁，中国华

融资产管理股份有限公司党委书记、董事长兼华融湘江银行股份有限公司党委书记。

2018年4月17日，中央纪委国家监委发布通告：中国华融资产管理股份有限公司党委书记、董事长赖小民个人涉嫌严重违纪违法，接受纪律审查和监察调查。[①] 2018年10月15日赖小民被立案审查调查，纪委监委指出：赖小民身为党员领导干部，理想信念完全丧失，党性原则荡然无存，擅权妄为、腐化堕落、道德败坏、生活奢靡，甘于被“围猎”，严重违反党的纪律，构成职务违法并涉嫌犯罪，并在党的十八大后不收敛、不收手，且毫无顾忌、不知敬畏、变本加厉，政治问题与经济问题相互交织，群众反映特别强烈、腐败问题特别严重、性质特别恶劣，应予严肃处理。[②] 2019年2月天津市人民检察院第二分院已向天津市第二中级人民法院提起公诉，检察机关起诉指控：被告人赖小民利用职务上的便利，为他人谋取利益，或利用职权、地位形成的便利条件，通过其他国家工作人员职务上的行为，为他人谋取不正当利益，索取、非法收受他人巨额财物；伙同他人，利用本人职务上的便利，非法占有巨额公共财物；在与妻子合法婚姻关系存续期间，与他人长期以夫妻名义共同居住生活，依法应当以受贿罪、贪污罪、重婚罪追究其刑事责任。[③] 2021年1月5日中国华融资产管理股份有限公司原党委书记、董事长赖小民以受贿罪被判处死刑，剥夺政治权利终身，并处没收个人全部财产。1月21日，该案二审在天津高院宣布维持原判。中央纪委国家监委第三监督检查室副主任李中华认为：“内部、外部的监督全部都失效，多因一果，导致‘赖小民案’影响极其恶劣、教训极其惨痛。”[④]（本案例来源于中央纪委国家监委立案通报：https://www.ccdi.gov.cn/scdc/zggb/zjsc/201804/t20180417_

① 中国华融资产管理股份有限公司党委书记、董事长赖小民个人涉嫌严重违纪违法接受纪律审查和监察调查[EB/OL].（2018-04-17）[2021-07-20]. https://www.ccdi.gov.cn/scdc/zggb/zjsc/201804/t20180417_170141.html.

② 中国华融资产管理股份有限公司原党委书记、董事长赖小民严重违纪违法被开除党籍和公职[EB/OL].（2018-10-15）[2021-07-20]. https://www.ccdi.gov.cn/scdc/zggb/djcf/201810/t20181015_181425.html.

③ 天津检察机关依法对赖小民涉嫌受贿、贪污、重婚案提起公诉[EB/OL].（2019-02-15）[2021-07-20]. https://www.spp.gov.cn/spp/qwfb/201902/t20190215_408134.shtml.

④ 《国家监察》再现影视剧场景[N]. 南京日报，2020-01-14(A09).

170141.html.）

赖小民案被广泛关注并引爆舆论的原因一是量刑最重——死刑；二是贪腐金额最高——17.88亿元。该案的几个特点是“讲排场、摆阔气，挥霍浪费国家财产，违规组织公款宴请”“任人唯权、任人唯利、任人唯圈，严重污染企业政治生态”。赖小民为满足个人私利滥设机构、盲目发债，偏离公司处置国有银行不良资产的主业，从不良资产处置者异化为不良资产的制造者。在赖小民22起受贿犯罪事实中，有三起受贿犯罪数额在2亿元以上，有六起在4000万元以上。可以说受贿金额特别巨大、违法情节特别严重、生态影响特别恶劣。党的十八大以来，以习近平同志为核心的党中央从党和国家生死存亡的高度，不断加大力度惩治腐败，始终保持反腐高压态势，一大批“老虎”“苍蝇”被绳之以法，而赖小民十八大以后依然顶风作案、目无法纪、敬畏之心荡然无存。

2005年1月和2008年6月中央分别发布了《建立健全教育、制度、监督并重的惩治和预防腐败体系实施纲要》《建立健全惩治和预防腐败体系2008—2012年工作规划》。2013年中央通过《建立健全惩治和预防腐败体系2013—2017年工作规划》，加强了反腐倡廉法规制度建设的部署。2015年，修订了党员领导干部廉洁从政准则。2016年，党的十八届六中全会审议通过修订后的党内监督条例，加强自上而下的组织监督，强化反腐败机构的监督责任，推动党内外监督结合。但是这些制度对于赖小民来说形同虚设，几乎毫无约束力。如“三重一大”制度——《关于进一步推进国有企业贯彻落实“三重一大”决策制度的意见》规定，凡属企业的重大决策事项、重要人事任免事项、重大项目安排等要集体决策，但是赖小民人事任免“一言堂”，为他人谋取不正当利益“一支笔”，决定公司重大项目“一张纸”，认为国家权力与个人利益的置换稀松平常，他说：“金融行业天天跟钱打交道，而且接触的老板都是动不动几个亿、几十个亿、上百亿的，给你点钱对他来说小菜一碟，自己来说觉得我支持他这么大，都是帮他发展起来了，我自己也是觉得很正常的了。”赖小民还表示，自己是“一把手”，公司纪委是下属，“说实话，他很难监督我”。最后赖小民幡然醒悟，“要这么多钱有什么用，最后又不敢花又不敢用，还提心吊胆的”。但是人生没有重来一次的机会。

（二）制度反腐典型案例的剖析及启示

党的十八大以来党内法规制度能够实现党的领导和党的建设各方面的全覆盖，但是在互联网、大数据、区块链、人工智能等加速发展的新时代制度仍然存在一定的滞后性。截至2021年5月，中央党内法规共210部，部委党内法规共162部，地方党内法规共3210部；2012—2014年、2019年，在全党范围内先后进行两次党内法规和规范性文件集中清理，决定废止、宣布失效和修改866件中央法规文件；截至2021年4月，各地区各部门向党中央报备党内法规和规范性文件3.2万多件、发现和处理“问题文件”近1400件。[①] 反腐制度总体上呈现由临时性决定向长效性法规发展的态势。党的十八大之后，法律、条例、准则等制度形态成为反腐败制度的主体。但在一些重要领域和关键环节上仍存在制度空白，在一些新出现的问题上相应制度未及时建立。实际工作中，有些制度从总体框架上看是科学的，但落到细节时却出现问题和矛盾，随着环境的变化，还会变得不科学、不合理，如果过程中对已经不适用的制度内容没有及时进行修改，就会影响制度整体作用的发挥。但在现实中如果要建立新的制度则必然需要打破固有的利益格局，调整不合理的利益关系，从而形成新的合理的利益格局。在改革的过程中，也必然会遭受原有的利益既得方的阻力，导致能真正解决问题的制度的建立存在一定程度上的滞后性。因此，党中央曾多次开展法规制度和规范性文件的清理工作，其中也包括反腐制度相关规范性文件。

赖小民在严密的制度笼子里是如何生长成贪污腐败的参天大树的？反腐倡廉专题片《国家监察》中提到华融公司存在党的领导、党的建设弱化、淡化、虚化、边缘化，纪检部门难以履职、监督严重缺失等状况。具体分析，赖小民的“成长”反映了反腐倡廉制度建设方面的不足：

1. 制度缺乏系统性，未能有效发挥作用

有的学者认为导致“制度反腐”困境的主要原因是反腐制度体系存在

① 开辟新时代依规治党新境界：党的十八大以来党内法规制度建设成就综述[EB/OL]. (2021-06-17)[2021-10-20]. https://www.12371.cn/2021/06/17/ARTI1623888373766326.shtml.

的制度短板、制度离散、制度冲突、制度盲区等结构性的问题。反腐败工作的开展就是由纪委牵头来协调整合法院、检察、公安、监察等部门的职能作用，横向联结、上下贯通，形成反腐合力。但在实际工作中存在有的部门对反腐工作的整体性认识不充分，认为自己是配合工作，负主要责任的是纪委监委，缺乏对反腐败工作中所应承担的职责的正确认识；有的部门不积极主动，信息沟通及反馈不及时。有的制度的建立保持了法律和政策的一致性，但是忽略了地方的差异性，使得新的制度不能真正落地。有的制度过于宽泛，缺少具体措施和配套，可操作性不强。反腐倡廉法规制度存在不适应、不协调、不衔接、不一致的问题。我国反腐法规制度数量繁多，党纪占比超过国法，要建立执行过程中的协调机制，使法规制度之间能够环环相扣、法法衔接。在组织形态上要构建目标统一的协同机制，形成各机构部门主体责任清晰的协同创新监督机制。

2. 制度选择性执行，监督效能有限

任何党员和党的组织都必须受到党的自上而下的和自下而上的监督，但在实际操作过程中，制度被选择性执行，监督作用不能充分地发挥出来。首先是对“一把手”的权力监督效能不足。中国社会科学院一项调查显示，75.8%的受访者认为对党政“一把手”及其权力运行缺乏有效监督。[①] 赖小民的腐败堕落，其权力异化是内因、思想腐化是诱因、监督弱化是外因。高级领导干部、党政“一把手”的权力高度集中，在监督制度和制约机制薄弱的情况下容易导致政治权力异化为政治腐败、经济腐败和生活腐败，因此赖小民觉得接受企业老板的钱财是“小菜一碟”的事情。其次是党政领导干部的主观选择性与权力干预。部分领导干部将制度视为“软约束”，选择性执行对自身有利的条款，甚至通过“集体决策”等名义绕开制度限制。例如黄山市政协原副主席吴洪明因涉嫌滥用职权致使国家遭受6800余万元经济损失，在法庭上依然辩解“在具体的工作中，很多事情是约定俗成的，只要考虑到对大局有利，对长远发展有利，让

① 李秋芳. 反腐倡廉蓝皮书：中国反腐倡廉建设报告(2011年)[M]. 北京：社会科学文献出版社，2012：28.

局部作些牺牲，都是允许的”，暴露了制度执行中的潜规则现象；有的高校党政领导在评选各类“优秀”时选出不符合条件的个人，以“这是大家投票的结果”来公然违反规定。对规章制度的主观选择性执行，同时监督机制效能不足是腐败滋生的温床。

没有监督制约的权力必然产生腐败。十八大以后为了防止“灯下黑”，党中央对纪检监察机关内部领导体制和制约机制进行了改革：巡视巡察人员不固定、对象不固定，“一事一授权”等。2019年党的十九届四中全会对党和国家监督体系做出重大制度变革，健全“党统一指挥、全面覆盖、权威高效”的监督体系，增强党和国家监督的全面性、系统性和协调性。2020年中央纪委国家监委制定关于进一步加强纪律监督、监察监督、派驻监督、巡视监督“四项监督”统筹衔接的意见，推动“四项监督”在决策部署、资源整合、措施手段上更加协同有效。党内监督是全面从严治党的重要保障。党的二十大报告强调：“健全党统一领导、全面覆盖、权威高效的监督体系，完善权力监督制约机制，以党内监督为主导，促进各类监督贯通协调，让权力在阳光下运行。”

好的制度具备三个要素：客观性、代表性、可操作性。客观性和代表性两个因素，反腐倡廉制度已经具备，可操作性因素是我们可以继续完善和提高的。从赖小民案可以看到监督体系对于大权在握的“一把手”的规制效能有限，如何有效实现“监督一把手”“监督监督者”是近几年专家学者重点关注的课题。习近平总书记在党的十九大报告中提出健全人大监督、民主监督、行政监督、司法监督、群众监督、舆论监督制度。推动构建以党内监督为主导、各类监督贯通协调的党和国家监督“大格局”，彼此建立健全信息沟通、线索移交、成果共享等工作机制，形成强大监督合力。而完善党和国家监督体系、发挥主导作用、实现各种监督与监督制度的有机贯通、相互协调、一体推进“三不”战略目标，除了需要科学设计体制机制、强化主体责任、加强统筹协调，还应让技术赋能制度，协同技术-制度反腐的化学效能来破解“监督一把手”“监督监督者”难题。目前看来，网络、大数据、区块链等新技术是赋能群众监督和舆论监督这两种“外部监督力量”监督方式的最好载体、最优路径。

三、双轮驱动：技术反腐与制度反腐协同演进典型案例

技术与制度作为反腐败的两种有效手段与工具，通过实践基础上的技术反腐典型案例剖析可知，单纯使用技术治理腐败问题具有局限性；通过“三不”融合的制度反腐典型案例剖析可知，单纯使用制度治理腐败问题也有局限性；“互联网+”条件下的新技术是提升反腐败效能的重要手段，制度机制是根本保障，双轮驱动技术-制度协同创新将是实现技术反腐与制度反腐优势互补、模式创新、效能提升的必然选择。

（一）技术反腐与制度反腐协同演进典型案例呈现

吴杰凯，曾任黑龙江省政府研究室主任、省政府副秘书长、伊春市委书记、黑龙江省农垦总局党委书记。1951 年出生，1974 年参加工作，2004 年 9 月离职后下落不明。2006 年 3 月纪委监委将吴杰凯涉腐线索移送黑龙江省人民检察院，同年 8 月，哈尔滨市人民检察院对吴杰凯以涉嫌贪污和挪用公款罪立案侦查。但此时的吴杰凯隐姓埋名，断绝与外界的一切联系，在很长的时间里检察院的侦查犹如大海捞针一样困难重重。

2017 年哈尔滨市人民检察院利用大数据技术分析排查，发现重庆一名叫“代树国”的人与吴杰凯高度相似，但是当追逃人员到达当地时，“代树国”故技重施，再次人间蒸发。接下来，中央追逃办要求黑龙江省落实主体责任、加大追捕力度，黑龙江省纪委监委也成立追逃专班，对吴杰凯案件重点追踪突破。追逃小组在“代树国”相关信息的基础上，再次利用大数据技术分析对比，将各种碎片信息线索整合挖掘，发现了不少有价值的线索。其中，与“代树国”联系密切的可疑人员秦某被揭露，通过秦某，追逃小组成功锁定了一个网名叫“墨竹”的关系密切人员，最后综合各种分析研判，认定“墨竹”即吴杰凯。2021 年 1 月，追逃小组成员飞抵“墨竹”居住城市成都，将其顺利抓捕归案。至此，潜逃了 16 年的伊春

市委原书记吴杰凯正式落网。（本案例来源于黑龙江省纪委监委的通报：https://www.hljjjjc.gov.cn/Hljjjjc/html/draftNews_detail.html?publish_id=80214e914c3940189988557358edcc50&.）

吴杰凯案是一起技术反腐与制度反腐相互协同作用下成功侦破的典型重案要案。案件的突破有两个重要因素。

其一是使用了大数据技术的侦查手段。吴杰凯的“失踪”过程，不会像水滴一样蒸发到空气中就无影无踪了，他的出行记录、资产转移账户变动、伪造身份证的痕迹、手机使用的轨迹、天网的捕捉等等都会留下大量的蛛丝马迹和看似互不关联的碎片信息，而这些细枝末节的零散信息单靠人力去整理辨别，很难从中发现有用的线索。大数据的本质就是一种帮助人们认识复杂事物系统的新思维新工具，大数据拥有超强算力和高效数据分析方法，对海量数据进行深度分析，将会发现复杂系统的运行规律。大数据技术能够将看似毫无关联的碎片数据以一种不可思议的方式高效整合起来，并能针对性地提供分析结果。因此，在吴杰凯案时间跨度大、基础信息缺失、碎片线索零散而互不关联的情况下，利用大数据技术快速地锁定并发现线索和潜逃人员踪迹是最关键有效的反腐手段。

其二是追逃政策、机制、制度的调整和完善。党的十八大以来，党风廉政建设与反腐败斗争形成了前所未有的高压态势，逐步形成和提出了具有中国特色的反腐败理论创新——“不敢腐、不能腐、不想腐”协同机制，并将反腐败追逃追赃工作纳入了反腐败斗争的总体部署。而深化国家监察体制改革，则是党的十八大后以习近平同志为核心的党中央作出的重大决策举措。2016 年中共中央办公厅印发《关于在北京市、山西省、浙江省开展国家监察体制改革试点方案》；2017 年中共中央办公厅印发《关于在全国各地推开国家监察体制改革试点方案》；2018 年十三届全国人大一次会议通过了《中华人民共和国监察法》，国家监察体系总体框架初步建立，给各级纪检监察机关依法执纪提供了重要的制度保障，其中包括完善信访举报、线索处置、案件审理等方面制度规范。在此背景下，中央追逃办要求黑龙江省落实责任、加大追捕力度，并专门赴黑龙江对有关案件进行督导；吴杰凯案的追逃工作从哈尔滨市检察院负责调整为哈尔滨市纪委监委负责，并被黑龙江省纪委监委和省追逃办列为重点案件；2020 年省纪委监委进一步加强了追逃追赃工作的侦办力量，将追逃追赃职责从案件监督管理室剥离出来，由审查调查部门承担，并正式加挂“追逃追赃室”牌子，建立了信息共享、协作联动、结果反馈机制，同时省追逃办成员单位由 9 家增加到 13 家；同年 11 月，省委书记张庆伟在有关省追逃追赃工作文件上作出重要批示：对尚未追回的在逃人员要挂账销号，对可能性大的集中力量抓捕。随即黑龙江省纪委监委成立追逃专班，将吴杰凯案作为重点进行突破。2021 年 1 月吴杰凯落网。

吴杰凯贪污腐败犯罪案的成功侦破，以上两个因素相辅相成、互为作用、缺一不可。马克思认为，制度创新与制度变迁源于技术创新，尤其是要素禀赋和生产需求变动引起的技术变革推动了制度创新。“大数据”概念由美国高性能计算公司 SGI 的首席科学家 John R. Mashey 于 1998 年首次提出，我国 2011 年在湖南麻阳就建立了首个大数据监督系统平台，开启大数据技术反腐的应用，2013 年前后大数据技术掀起全球追捧热潮。可以说大数据技术反腐的应用已经存在了相当长的一段时间，但是在相关追赃追逃反腐制度落地之前，新兴信息技术的作用发挥有限。监察体制改革前，吴杰凯案一直未能取得突破；监察体制改革后，吴杰凯案自 2006 年立案以来久悬不破的局面被改变。2017 年利用大数据技术手段侦查到“代树国”及其密切接触人员秦某，案件取得 11 年来的首次重大进展。2020 年再次通过大数据技术进行信息比对排查与数据挖掘，终于锁定了吴杰凯的行踪，并于 2021 年 1 月成功将其抓捕归案。黑龙江省委常委、省纪委书记、监委代主任张巍认为，监察体制改革后，纪检监察机关从追逃追赃案件协调机关，转变为协调和主办机关，从参与走向主导。十九届中央纪委五次全会上习近平总书记指出，要将正风肃纪反腐与深化改革、完善制度、促进治理贯通起来，用好“四种形态”，综合发挥惩治震慑、惩戒挽救、教育警醒的功效。据统计，2018 年度全国纪检监察机关共运用监督执纪“四种形态”处理 173.7 万人次，同比增长 32%。从统计结果来看，数据远超过监察体制改革前的处理数量。以“制度为体，技术为用”双轮驱动技术与制度两者协同创新，才能切实发挥制度体制作用，提升治理效能。信息技术是提升反腐败效能的重要手段，制度机制是根本保障，通过发挥大数据技术和制度机制协同融合的化学效应，推动反腐败工作的高效化、精准化和智能化水平，实现“不敢腐、不能腐、不想腐”的党风廉政建设战略目标。

国家监察体制改革和大数据技术在反腐败领域的有效应用不仅提高了政府机构的政策制度执行能力，还起到了防范和震慑的作用。潜逃了16年的吴杰凯被抓捕归案的消息对涉嫌贪污而外逃的原哈尔滨铁路局调度所行车调度室值班副主任齐柏成和他的妻子原牡丹江市铁路货物处职工陶亚文形成了强大震慑，在吴杰凯落网后的第三天，2021年1月24日，潜逃至境外8年的齐柏成和陶亚文回国投案。中央纪委国家监委网站通报信息统计显示，党的十九大至二十大的5年间，8.1万人向纪检监察机关主动投案。二十届中央纪委三次全会报告指出，2023年全国纪检监察机关处分违反政治纪律人员8890人，其中中管干部34人。中央纪委国家监委立案审查调查董云虎、孙志刚、韩勇等中管干部87人，全国纪检监察机关共立案62.6万件，留置2.6万人，给予党纪政务处分61万人。全国纪检监察机关共查处民生领域腐败和作风问题7.7万起，给予党纪政务处分7.5万人。加大对行贿行为惩治力度，全国共立案审查调查行贿人员1.7万人。震慑效果突出、反腐成绩有目共睹。党员领导干部主动投案数量的攀升，既说明反腐败斗争已经取得压倒性的胜利，也说明当前的制度体制与信息技术的协同发力取得了一定成效。

（二）技术反腐与制度反腐协同演进典型案例的剖析及启示

通过典型案例的分析可知，双轮驱动技术-制度反腐的协同演进是遏制腐败，实现干部清正、政府清廉、政治清明的有效路径。

1. 技术赋能制度提质增效，完美闭环

党的十八届三中全会通过的《中共中央关于全面深化改革若干重大问题的决定》强调：“坚持用制度管权管事管人，让人民监督权力，让权力在阳光下运行，是把权力关进制度笼子的根本之策。”人的本性决定着人

的行为的原始根据。一个担任公职的官员同时是存在七情六欲的生灵，一个具有食色本性的自然人，因而决定了他与其他人一样，都具有产生各种贪婪和欲望的潜质，掌权者同普通人一样，不会因为担任公职就自然变得神圣起来。[①] “作为理性经济人的官员是通过对比投入的成本与收益而进行腐败决策的。反腐败力度的加大，可以提高腐败官员被惩处的概率和强度，有效增加官员腐败的成本，使其不敢腐败，从而提高地方政府的清廉程度。”[②]因此，仅靠监督者“刀刃向内”的政治觉悟无法确保监察权力的规范运行和腐败滋生，需要在制度的基础上引入并协同新技术的作用，实现从“权力反腐”走向“权利反腐”，从“被围猎被腐蚀”走向“不敢腐不能腐”。

武汉大学政治与公共管理学院院长倪星认为，学界应该重点关注：中国是否走出了一条独具特色的反腐败道路；这种特色是否符合人类社会政治文明的发展规律；高压反腐背后的深层作用机制是什么。应该重点分析：国家权力的重构、市场机制的作用、社会力量的参与、新兴技术的赋能。要形成一套标本兼治的反腐制度体系，双轮驱动技术-制度反腐的协同创新才是根本解决之道。区块链技术的去中心化、信息公开透明、防伪不可篡改、可溯源追踪等特征能够将监督者与被监督者的工作链条完整记录下来，大数据与人工智能技术能够分析挖掘出违规或问题线索，网络技术能够让人民群众参与进来监督权力，充分发挥出社会的力量。

2. 制度规约技术合法应用，防范风险

维克托·迈尔-舍恩伯格在其著作《大数据时代：生活、工作与思维的大变革》中指出：“让数据主宰一切的隐忧。”“危险不再是隐私的泄露，而是被预知的可能性。”荷兰和平公益组织 PAX 联合媒体公司 De Correspondent 在 2018 年刊登了对芬兰 Polar 公司定位系统漏洞的系列调查报告。调查团队通过分析 2014 年开始的来自 69 个国家 6460 位 Polar 公司健

---

① 王寿林. 权力制约和监督研究[M]. 北京：中共中央党校出版社，2007：69-70.

② 倪星，孙宗锋. 经济发展、制度安排与地方反腐败力度：基于 G 省面板数据的分析[J]. 经济社会体制比较，2015(5)：92-103.

身手表使用者的公开数据，还原出超过200个机密坐标，其中包括125个军事基地、48个核武器储存所、18个情报机构、2个核电厂、2个皇室人员住所、6个无人机基地等，此外还包括使用者的姓名、家庭住址——其中有来自美、英、法、俄、荷等国家的军方情报人士。[①] 大数据技术正在以超越我们想象的速度野蛮生长着，它就像一柄锋利的双刃剑，提供社会生产生活便利的同时也存在跨境流动、个人隐私、数据泄露的问题，严重威胁着个人与国家的权益安全。

2021年6月11日，《中华人民共和国数据安全法》公布，并于9月1日起正式实施。该法明确了由中央国家安全领导机构统筹协调国家数据安全的重大事项和重要工作，建立国家数据安全工作协调机制。该法第三十一条明确了重要数据出境安全管理制度；其他数据处理者在中华人民共和国境内运营中收集和产生的重要数据的出境安全管理办法，由国家网信部门会同国务院有关部门制定。[②]

2021年6月30日，建党百年大型庆祝活动的前夜，滴滴公司在美国纳斯达克悄悄上市，没有敲钟仪式，没有媒体报道。此前美国于2020年12月通过了《外国公司问责法》，要求监管在美国上市的外国公司所有审计资料和数据。这意味着美国可以得到所有在美国上市企业的经营数据，甚至能够利用这些大数据来掌握其他国家的情报。

2021年7月2日，网信办一则公告将低调赴美上市的滴滴公司推到风口浪尖：为防范国家数据安全风险，维护国家安全，保障公共利益，依据《中华人民共和国国家安全法》《中华人民共和国网络安全法》，网络安全审查办公室按照《网络安全审查办法》，对“滴滴出行”实施网络安全审查。为配合网络安全审查工作，防范风险扩大，审查期间“滴滴出行”停止新用户注册。7月4日紧接着发布了更为严厉的通报：根据举报，经检测核实，“滴滴出行”App存在严重违法违规收集使用个人信息问题。国家互联网信息办公室依据《中华人民共和国网络安全法》相关规定，通

① 全球200多处机密区域遭泄露，美英俄法荷被一款手表坑了[EB/OL].（2018-07-11）[2018-08-20]. https://www.guancha.cn/internation/2018_07_11_463658.shtml.

② 中华人民共和国数据安全法（全文）[EB/OL].（2021-06-11）[2021-06-20]. https://baijiahao.baidu.com/s?id=1702265632126727684&wfr=spider&for=pc.

知应用商店下架“滴滴出行”App。[①] 7月9日网信办发出第三则通报下架“滴滴企业版”等25款App，要求滴滴出行科技有限公司严格按照法律要求，参照国家有关标准，认真整改存在的问题，切实保障广大用户个人信息安全。

滴滴公司数据涉嫌外泄为何会对国家安全造成严重危害？滴滴大数据包含每个月1.5亿中国人的出行数据、所经区域的地图数据、车内录音数据、人物影像数据等等。这些数据可以细致到具体某一个地点某一个时间，某一个个体的行为特征甚至是日常生活事件。滴滴于2014年8月在北京上线公测，2015年5月在杭州正式上线。2015年7月18日新华社新媒体中心联合滴滴媒体研究院发表了一篇调研文章《大数据揭秘：高温天部委加班大比拼》，仅仅是使用了7月13—14日的杭州民众移动出行数据即滴滴车辆使用数据进行分析挖掘，就勾勒出公安部、监察部、民政部、司法部、财政部、人力资源社会保障部、国土资源部、环境保护部、住房城乡建设部、交通运输部、水利部、农业部（现农业农村部）、商务部、文化部（现文旅部）、卫生计生委、人民银行、审计署等部委单位的加班情况，结合同时期的新闻信息等其他数据可推测出各部委的加班原因及内容。如滴滴大数据分析得出加班最多的是国土资源部，原因是国土资源部第三批巡视工作启动，八大督导组督战不动产统一登记职能整合、12336违法线索处理工作座谈会召开，全国上半年立案查处矿产领域违法案件公布，第三届国土资源节约集约模范县（市）第一批次评选筹备工作也在进行，16日王广华新任国土资源部副部长；24小时全天无休的是公安部和外交部，原因是本周公安部在新闻上也是亮点不断，除了继续严查股市恶意做空，还公布了北京市锋锐律师事务所少数律师涉嫌犯罪案和本周外交部部长王毅抵达维也纳参加伊朗核问题最后阶段谈判，所有消息都要第一时间发布，时任南非副总统拉马福萨、坦途斐济总理姆拜尼马拉马等政要到访我国，我国也需要作充分准备。[②]

---

① 关于下架“滴滴出行”App的通报[EB/OL].（2021-07-04）[2021-07-06]. http://www.cac.gov.cn/2021-07/04/c_1627016782176163.htm.

② 大数据揭秘：高温天部委加班大比拼[EB/OL].（2015-07-18）[2016-07-20]. http://www.xinhuanet.com/politics/2015-07/18/c_1115967447.htm.

滴滴招股说明书中披露，截至2021年3月31日的12个月里，滴滴在中国拥有3.77亿年活跃用户和1300万年活跃司机。2021年第一季度，滴滴中国出行拥有1.56亿月活跃用户，中国出行业务日均交易量为2500万次。[①] 如此庞大的数据足够反映中国目前的经济活力、人口分布。如果没有法律法规的制约，掌握如此庞大的国民出行大数据，互联网企业资本的逐利性将从不同方面危及国家安全。中国人民大学副研究员刘典指出："近两年，一些互联网企业在用户个人信息泄露方面发生的问题屡见不鲜，原因之一是我国数据安全保护机制的建设还不是特别完善。"2021年7月6日，深圳率先通过了国内数据领域首部基础性、综合性法律——《深圳经济特区数据条例》。条例涵盖了个人数据、公共数据、数据要素市场、数据安全等方面，保护个人信息，打击大数据杀熟、过度采集个人信息、强制个性化广告推送，以及App"不全面授权就不让用"的现象。在交易中，掌握信息的一方较信息缺乏一方更具备谈判优势。在互联网上，平台掌握了充分的信息，有条件对用户实施大数据杀熟以及在法规滞后的环境下过度采集用户信息。2021年8月20日，十三届全国人大常委会第三十次会议表决通过《中华人民共和国个人信息保护法》，该法自2021年11月1日起施行。中国信息通信研究院互联网法律研究中心研究员赵淑钰指出：网络安全法、数据安全法和个人信息保护法这三部法律出台后，中国互联网领域基础性的法律法规框架体系业已完成，滴滴、boss直聘等计划赴美上市的企业将在法律的框架下走合规的流程，避免个人与国家的信息权益被泄露和非法利用。

互联网企业平台通过采集的个人信息和数据痕迹，能够判断出买家是否高净值人群、对价格的敏感度、是否面临急迫需求等，从而有针对性地调整产品价格。如果没有制度的规约，滴滴数据安全事件将一再上演。因此，技术反腐必须在制度的框架下规范运行，与制度反腐协同发力，创新反腐模式、体制、机制。

① 滴滴提交招股书，网约车这场"无限游戏"只是刚开篇[EB/OL].（2021-06-18）[2021-06-20]. https://www.thepaper.cn/newsDetail_forward_13163156.

3. 技术和制度的协同创新效能在其他领域的成功实践

(1)中国法院在互联网司法领域的建设成就

目前，移动网络、大数据、区块链、云计算(云原生)、人工智能等信息技术已经全面应用于诉讼、调解、案件审理、审判管理和文书智能生成、类案识别推送、裁判偏差提示、区块链电子存证、智能合约执行等领域。截至2022年底，人民法院在线服务平台实名注册用户数达到1675万人，平台累计接收网上立案申请2400余万件、在线送达文书6700余万份。律师、原被告等用户代表反映，依托人民法院在线服务开展诉讼，当事人参与诉讼从平均往返法院近6次减少到只需1至2次，甚至一次也不用跑，便民利民的效果非常显著。[①] 在线服务平台能够为社会公众提供多样化、全链条、一站式的在线诉讼服务。

“互联网司法”是技术-制度协同的创新成果。李少平指出，从早期的在线缴费、视频听证、庭审网络公开，到现在的全流程在线诉讼、智能化应用、协同化办案，她认为，中国互联网司法领域的建设成就体现在多方面。首先是数字技术与审判执行进一步深度融合。近年来，互联网条件下的司法建设已经完全融入了移动网络、大数据、区块链、云计算(云原生)、人工智能、5G等新技术，并形成了“中国特色、世界领先”的新模式，是技术和制度的协同创新的成功实践和典型案例。

(2)数字政务将信息技术引入反腐体系的成效显著

数字政务是将信息技术引入反腐体系的载体，能够有效解决信息不对称，提升权力运作流程的公开性，压缩因信息不对称导致的权力寻租空间，是目前技术-制度协同创新的最成熟领域，在技术反腐的应用上取得了非常好的效果。

数字政务运行的特点是实时化、全天候、覆盖面广。据调查，我国75.5%的人选择“网络曝光”这一渠道参与反腐，在社会力量反腐参与渠道里面排名第一。数字政务能够提高公共服务效率、提升政府透明度。政府管理部门通过计算机可以直接调阅公共数据中心，核查执法数据，

---

① 全国法院办案质效稳中有升 在线服务便民利民效果显著[EB/OL].(2023-03-12)[2024-10-07].https://www.chinacourt.org/article/detail/2023/03/id/7186332.shtml.

作出风险或问题预警。例如政务服务系统实行的网上办理"限时办结制、服务承诺制"，可以预防和减少懒政怠政不作为的工作现象；公共部门探索实施的区块链+审批存档备份机制，实现了审批流程的可追踪、防篡改。

世界百年未有之大变局之下，大数据、区块链、云计算、人工智能、5G等颠覆性的新兴信息科技正在引发新一轮的产业变革。2021年5月，国家发展改革委等机构联合印发了《全国一体化大数据中心协同创新体系算力枢纽实施方案》，在贵州等8个区域布局建设全国算力网络体系，加大技术研发的投入和国家算力网络基础设施的建设。推动技术-制度反腐的协同创新，与时俱进地变革意识思维和反腐倡廉规章制度，才能全面实现"构建决策科学、执行坚决、监督有力的权力运行体系"。

第五章 “互联网 +”条件下进一步优化技术反腐与制度反腐协同创新机制

当前，第四次工业革命方兴未艾，人们的生产、生活等各个领域都受到来自以互联网、大数据、云原生、区块链、人工智能为主导的数字技术的影响，这必将推动人类社会向更高阶段的数字化、智能化社会迈进。习近平总书记指出，要“审时度势、精心谋划、超前布局、力争主动，……加快建设数字中国”①。进入新世纪以来，从“网络强国”到“数字中国”再到“智慧社会”等的提出，新兴技术为我们勾画了中国特色社会主义数字发展的未来图景。随着技术赋能和数字化转型升级，新兴技术加速进入治国理政层面，普通民众的知情权、参与权和话语权得到了前所未有的扩大和提升，新技术赋权增能也为技术反腐与制度反腐协同创新机制的改善优化提供了广阔的空间。

一、 技术反腐与制度反腐协同创新机制的要素及功能

机制是指一个系统内的各个要素之间相互作用的方式和协同发力的过程，是系统正常运转和功能正常发挥的基本保障。机制具有内在规律性、整体性、稳定性、系统性，一旦形成，就具有较强的可延续性。协同创新技术-制度反腐机制就是把遏制腐败的全过程看作一个完整的工作系统，系统内各要素的存在是反腐创新机制发挥作用的前提，反腐创新机制有效运作应最大限度地调动系统内诸要素相互作用，协同发力。

（一）技术反腐与制度反腐协同创新机制的要素

“互联网+”条件下技术反腐与制度反腐协同创新机制至少包括四个要素，即价值追求、技术手段、制度体系和创新主体。

技术-制度协同创新机制的价值追求是以人民为中心的反腐价值指向。全心全意为人民服务是中国共产党的宗旨，中国共产党的性质和宗

① 审时度势精心谋划超前布局力争主动 实施国家大数据战略加快建设数字中国[N]. 人民日报，2017-12-10(01).

旨决定党和腐败是水火不容的天然敌人，腐败问题关乎党的生死存亡。人民至上：人民群众最痛恨腐败，党的所有工作都鲜明地承载着共产党以人民为中心的价值理念，坚定不移地反腐败必须以人民为中心，在人民支持的基础上，反腐败的效果要以人民满不满意作为考量标准，反腐败的成果要以人民认不认同作为判定标准，国家清廉水平要以人民的感受和满意度作为反腐败的出发点和落脚点。人民评判：党的反腐效果人民“说了算”。让人民群众感受更多反腐倡廉带来的新风正气，在“打虎”“拍蝇”“猎狐”的过程中，让人民群众增强获得感，消除党和国家的政治毒瘤，得到人民群众的真心拥护与信赖，推进党的自我净化、自我革新伟大事业不断前进。人心就是力量：中国共产党永葆青春活力和战斗力的最大政治优势就是始终与人民在一起。民心是最大的政治，人民立场是马克思主义政党有别于其他政党的最显著特征，腐败问题关系人心向背，反腐败必须坚持人民立场。

技术-制度协同创新机制的技术手段不但有已经发展成熟的网络技术、移动互联网技术，还包括“互联网+”条件下的所有新兴技术，里面涵盖了大数据技术、云原生生态、主权区块链、数字孪生、人工智能等等。每一种新兴技术都不是单个技术的创新，而是众多技术的交织。以大数据技术为例，它包括了大数据采集、大数据预处理、大数据存储及管理、大数据分析及挖掘、隐私计算技术、大数据展现和应用(大数据检索、大数据可视化、大数据应用、大数据安全等)。云原生(Cloud Native)生态是近年来云计算发展的新阶段，作为政府数字化转型的底层技术，云原生致力于构建的是一个系统、完善的技术生态。网络解决的是效率问题，区块链解决的是网络空间的信任问题，《贵阳区块链发展和应用》白皮书创造性地提出“主权区块链”的概念，强调互联网、区块链的治理是有规则、有制度、有边界的。数字孪生从字面上理解是数字双胞胎，最早可追溯到美国人提出的“信息镜像模型”，因此数字孪生也被称为数字化映射。简单来讲，数字孪生就是充分利用现有技术手段，从物理世界克隆复制成一个虚拟镜像到赛博空间。数字孪生不只是一种技术，还是一种发展的新路径和推动变革的新动力。2020 年国家发展改革委和网信办联合发布的《关于推进“上云用数赋智”行动培育新经济发展实施方案》中将数字孪生技术与大数据、人工智能、5G 等新技术提升到相同高度，使得数字孪生技术逐渐为大众所了解。目前数字孪生技术已经在很多领域得到了应用。人工智能顾名思义就是研究、开发能够模拟、延伸和扩展人的智能的理论、方法、技术及应用系统的一门新的技术科学，具有多学科综合性、高度复杂性、全面渗透性等特征。以上的种种新技术，并不是单一实现，而是集合发力、协同创新，能够为遏制腐败、发挥制度反腐优势和提升技术反腐效能提供技术支撑。

技术-制度协同创新的制度体系：制度反腐问题专家任建明教授在《反腐败制度与创新》一书中指出，制度是反腐败能否取得成功的关键因素，但面对严峻复杂的腐败形势，单一制度很难解决复杂多变的腐败难题，制度必须形成体系才能有效遏制腐败问题。中国特色社会主义反腐败制度体系已经形成了党纪国法“双笼关虎”的严密制度框架体系。反腐败的制度之笼既有纪律又有法律，结构清晰，逻辑严密，具有双重优势，强化合力，效果倍增。马克思、恩格斯认为，完善法规制度体系，是防止“国家和国家机关由社会公仆变为社会主人”的正确方法。[①] 首先，从法律之笼来看，我国出台了①专门的反腐败法律《中华人民共和国监察法》；②规范政务处分、加强公权力监督、廉洁从政的《中华人民共和国公职人员政务处分法》；③通过宪法修正案确立国家监察体制、修改《中华人民共和国刑法》对贪污贿赂犯罪的相关规定，《中华人民共和国刑法修正案（九）》对职务犯罪作出修改，《中华人民共和国刑法修正案（十一）》提高调整公司、企业、基层群众自治性组织中的非国家工作人员受贿罪、职务侵占罪、挪用资金罪的刑罚配置，修改《中华人民共和国刑事诉讼法》，反腐败法律体系日趋完善。其次，从纪律之笼来看，仅仅党的十八大以来，党内法规制定和修订就有近百部，比如《中国共产党廉洁自律准则》《关于新形势下党内政治生活的若干准则》《中国共产党党内监督条例》《中国共产党纪律处分条例》《中国共产党巡视工作条例》和《中国共产党问责条例》等等。针对国际追逃追赃，中央纪委国家监委制定出台了《监

---

① 马克思恩格斯选集：第 3 卷[M]. 北京：人民出版社，1995：12.

察机关监督执法工作规定》《纪检监察机关办理反腐败追逃追赃等涉外案件规定(试行)》等规章制度。技术-制度协同创新的制度体系中，党纪国法双管齐下，全面加强了新时代反腐败斗争的科学化、制度化、规范化水平。

技术-制度协同创新的创新主体既包括执政党又包括广大人民群众。习近平总书记在十九届中央纪委五次全会上强调，尽管党风廉政建设和反腐败斗争取得了历史性成就，但形势依然严峻复杂，我们必须一刻不停推进党风廉政建设和反腐败斗争。[①] 反腐倡廉是系统工程，过程中需要执政党和人民群众协同努力。中国共产党作为执政党展现出反腐败的决心勇气，并始终摒弃贪腐行为，零容忍推进反腐败工作技术-制度协同创新。除此之外，公民政治意识的觉醒也是反腐败协同创新体系中非常重要的环节。“互联网+”条件下的新技术能对公民政治参与产生巨大的推动作用，主要表现在三个方面：第一，新技术的发展带来了政治参与的途径和手段的多样性；第二，新技术能提高公民政治参与的兴趣和能力；第三，新技术能保证政治参与的数量和质量。反腐败斗争是党和广大人民群众协同创新的自觉行动。

（二）技术反腐与制度反腐协同创新机制的功能

“互联网+”条件下技术反腐与制度反腐协同创新机制，就是要通过价值追求、技术手段、制度体系和创新主体四个要素间的相互作用，突破创新壁垒，释放创新资源，协同创新以实现遏制腐败的过程、作用方式和程序。反腐败是一项复杂的工作，经过长期与腐败的不懈斗争，人们已经渐渐意识到，腐败的成因复杂，是多种因素交互作用的结果，因此反腐败必然需要采取多样化的治理手段和措施。技术-制度协同创新机制的功能是有效遏制腐败的系统工程。

“互联网+”条件下技术反腐与制度反腐协同创新机制的核心是机制，机制就是要素间的协同配合。在技术-制度反腐协同创新的机制中，价值

① 习近平在十九届中央纪委五次全会上发表重要讲话强调 充分发挥全面从严治党引领保障作用 确保“十四五”时期目标任务落到实处[EB/OL].(2021-01-22)[2024-10-06]. http://politics.people.com.cn/n1/2021/0122/c1024-32009284.html.

追求、技术手段、制度体系和创新主体四个要素的地位和关系不同。其中价值追求是先导性因素，价值追求引导创新机制的制度体系建构。技术手段和制度体系是一组相互作用、有机结合的核心要素。实现反腐败体制机制的创新是一个复杂的体系，强调的是多种元素的协同互动、优化整合，包含技术手段和制度体系两者的共同创新。两者相较，制度体系是决定性要素。技术反腐创新是在制度反腐创新保驾护航下的叠加效应，制度体系创新是技术手段创新反腐的先决条件，只有以制度体系创新反腐为体，技术手段创新反腐为用，实现二者协同创新，才能有效发挥二者反腐实效。制度和体制机制的创新又是实现技术创新的基础和前提，制度反腐引领技术反腐，技术反腐助推反腐制度建设。创新主体是机制得以实现的内在驱动力。协同创新机制既是系统现象，也是技术现象，亦是制度现象，技术-制度协同创新可以让权力系统的组织和部分之间形成良性的相互作用。

技术反腐没有取得成功的一个重要原因就是技术反腐缺乏制度创新的协同，导致技术创新缺乏全面性、系统性。“互联网+”条件下技术反腐与制度反腐协同创新机制是全要素协同创新，包括技术反腐与制度反腐的要素协同创新，也包括创造有效的创新反腐工具和创新反腐模式。“互联网+”条件下技术反腐与制度反腐协同创新机制是全员协同创新，反腐败工作不仅仅是纪委监委的职责，而是全体公民的共同战斗。“互联网+”条件下技术反腐与制度反腐协同创新机制是全时空协同创新，理论上而言，现实空间可以通过数字化构造一个虚拟映像，这个虚拟映像与现实空间具有完全相同的运行规律，再通过超高算力与大数据技术的规则分析、共现分析、叠加分析、痕迹分析等分析方法，将可能发现和预判现实空间系统的状态、行为规律、发展趋势，甚至可以实现虚拟与现实、赛博空间与物理空间的全方位颠覆式的前沿反腐模式和监督方式。

在国家反腐治理工具中，技术与制度两类工具存在着不同的职能。技术用于监督，重在通过一系列数据发现线索，但对问题的处理和惩治手段缺乏刚性；制度具有规范、制约和监督权力的作用，重在查处惩治，但在官员腐败问题出现的前期缺乏数据监督和犯罪预警。两类“工具”的互补性决定了只有加强两者的相互协同才能取得反腐效果的叠加效应。一段时间以来，反腐模式存在新技术倡导者提倡的技术主导型和新制度主义的制度主导型两种倾向，本书研究提出协同创新模型——技术-制度共同主导型，打破技术和制度的协同创新壁垒，向数字化要新动能、向国家治理现代化要新活力，激活海量数据潜能系统，全要素运用提高创新效能。

二、“互联网+”条件下技术反腐与制度反腐协同创新机制构建

价值追求、技术手段、制度体系和创新主体是“互联网+”条件下技术反腐与制度反腐协同创新机制的要素。四个要素之间相互作用，突破创新壁垒、释放创新资源，通过全要素协同创新、全员协同创新、全时空协同创新，实现遏制腐败的过程、作用方式和程序。本课题针对进一步优化技术反腐与制度反腐协同创新机制提出，构建技术-制度反腐协同创新的预警机制、约束机制、监督机制、惩戒机制。

（一）共享数据资源，构建技术-制度反腐协同创新的预警机制

党的十八大以来，在持续高压反腐态势下，反腐败存量逐渐减少，增量得到有效遏制，未来反腐败工作的重心已从惩戒、震慑转向腐败的预防、预警。大数据反腐的核心应用就是预测功能与制度反腐防范作用高度契合。建立技术-制度协同创新的反腐败预警机制，需要从反腐制度顶层设计开始，建立全国性的预防腐败信息大数据平台，设置大数据反腐败预警系统，形成反腐败大数据风险评估，完善大数据反腐败“探照灯”“手电筒”的功能。通过全国有效反腐数据的统筹、规划、联网、共享打破条块分割，跨越数据鸿沟，形成大数据反腐败预警基础，通过科学设置大数据预警算法及时、准确地发现问题、识别问题、处理问题。通过制度反腐与大数据技术协同创新，建立大数据反腐败预警模型，利用

数据驱动从海量反腐数据、已有案例中发现腐败问题的根源和关键信息，在制度上、技术上运用创新思维与数据积累，实现反腐败模式的精细化、主动性、预警作用，提高反腐过程中数据科学的作用。

1. 建立全国性的预防腐败信息大数据平台

数据是信息时代最大的金矿，政府作为数据最大的所有者，也是最具备条件应用大数据的创新者。数据反腐并不是网络时代的新生事物，通过各种材料、档案、记录等进行查找审计，可以说是数据反腐的前身。利用大数据技术、云计算技术对新中国成立 70 余年来积累的反腐数据资源进行分析，能够充分发挥数据资源的反腐倡廉效益，挖掘反腐倡廉建设中数据资源的潜力。协同“互联网+”条件下的技术与制度，构建全国性的预防腐败信息平台是成本低、见效快的一种方式。

从技术方面来看，我国已经具备了较强的大数据存储、挖掘、分析、处理等方面的能力，有很多成熟的用于大数据分析的管理软件可供借鉴。当前各大媒体对“民情”的监控已经积累了丰富的经验，这对“官情”的监控不论是技术还是实践方式都提供了大量可借鉴的成果。从制度方面来看，中央政府高度重视大数据发展战略。顶层设计已然形成，2014 年 3 月“大数据”首次写入政府工作报告，2015 年《中共中央关于制定国民经济和社会发展第十三个五年规划的建议》首次提出推行国家大数据战略。2016 年 12 月《大数据产业发展规划（2016—2020 年）》发布，2017 年开展跨地区、跨部门、跨层级的系统和数据对接，打破数据壁垒，打通政务服务全链条，支撑辅助政府决策。2020 年 12 月《关于加快构建全国一体化大数据中心协同创新体系的指导意见》发布，2021 年 5 月《全国一体化大数据中心协同创新体系算力枢纽实施方案》提出发展数据中心集群，进一步打通网络传输通道，提升跨区域算力调度水平。2022 年 10 月《全国一体化政务大数据体系建设指南》提出进一步发挥数据的重要作用，加强数据资源整合，促进数据高效流通使用，充分释放政务数据资源价值。2023 年 2 月《数字中国建设整体布局规划》发布，2024 年 1 月《“数据要素×”三年行动计划（2024—2026 年）》提出实施“数据要素×”行动，发挥我国超大规模市场、海量数据资源、丰富应用场景等多重优势，突破传统资源要素约束，提高全要素生产率。

党的十八大以来，各地纪检部门全部顺利完成了新版纪检监察信访管理系统的安装部署，建立了中央、省、市、县四级信访举报数据库。我国检察机关已建成涉及建设、金融、教育、医药卫生系统和政府采购部门的行贿犯罪档案查询系统；31 家高级人民法院建成非涉密数据隔离交换设备或系统，实现了法院专网与外部专网、互联网之间的跨网数据交换。全国 3500 多家法院、1 万多个人民法庭实现了信息全面互联互通。[①] 各地政府也进行了大量的实践：南京建立了内部联网、系统的“电子廉政档案”；吉林等地建立的“领导干部廉政档案管理信息系统”；贵州省黔东南苗族侗族自治州建立了“扶贫项目精准化监控平台”，压缩违纪人员套取、冒领扶贫项目资金的空间；上海建立了“党风廉政建设数据库”，对各单位党风廉政建设相关信息数据进行收集汇总和分析。整合现有各种反腐败信息资源并与各大反腐败职能部门数据库进行有效开发使用，打造“反腐败大数据平台”，能够为反腐败工作的未来发展奠定坚实的科学基础。

建立全国性的预防腐败信息大数据平台是一项复杂的系统工程。数据共享的难度大，信息内容分散登记于全国各地的网络数据库中，并不完全互联互通，各地区、各部门很难实时准确统计、共享信息。目前，各级党政部门已经积累了大量党务、政务数据，如何盘活数据资产，如何打破利益藩篱实现有效数据的共享？一是要构建预防腐败信息数据平台统筹协调体系。加快建立完善的全国性的腐败相关数据管理协调机制，明确权、责、利，形成分工有序、职责清晰、协调有序的反腐败大数据共享、开发、应用工作格局。二是要构建预防腐败信息标准化、规范化体系。目前政府数据如何使用还无章可循，建立健全相关的标准规范体系，可实现数据共享、应用中的安全可控。数据必须准确，政府部门应对数据采集、传输、计算、存储、利用等多个环节进行监控。三是要构建与其他政务数据平台的供需对接体系。通过数据法律制度建立权威高效的政务数据供需对接机制，通过区块链技术破除信息孤岛，利用大数

① 刘雁鹏. 中国司法大数据应用的主要成就与理论逻辑[J]. 齐鲁学刊，2023(4)：96-109.

据技术协同应用数据资源，开展基于政府云原生生态下的数据整合，逐步扩大数据使用规模，提升数据质量与生命周期。四是要建设专业人才队伍。培养既懂"互联网+"条件下技术反腐中各个环节需要的专业技术，又懂得制度反腐相应规章制度的廉政建设人才。此外，还要完善数据安全管理制度，构建安全防护体系，筑牢国家数据资源安全底线。协同技术反腐与制度反腐创新，做好顶层设计、有序统合已有数据资源、合理共享开放，为清廉中国、清廉政府、清廉社会的反腐目标奠定良好的制度基础和技术平台。

2. 协同创新大数据反腐败预警系统

在制度创新为体、技术创新为用的反腐新模式中，引入大数据研究方法，重点是对主要产生于现有反腐败资料、案例及联网共享后形成的全国性的预防腐败信息大数据平台中的海量数据，通过云原生技术等信息处理最新技术手段进行有价值的数据分析，构建大数据反腐败预警系统，可以通过政府工作运行累积的大量数据准确描绘出数据图像，实现从海量数据的反腐败大数据平台中动态监测敏感信息、问题线索，通过相关算法、程序设定信息异动检测腐败问题，只要发现有滥用权力和腐败问题的苗头出现，就可以及时有效并且有针对性地预警。基于对腐败路径的分析，可以运用大数据的预测功能、相关性分析功能加以实现，分析腐败行为的泊松分布、腐败过程的级别跃迁；腐败免疫基于体制机制设计，可以运用大数据遗传算法加以基因改造和前置干预来实现免疫，以自组织临界理论（SOC）突破集体腐败案件，以扩散限制凝聚模型（DLA）剖析腐败集团形成机理。[①] 大数据是一门关于数据的科学，它不仅仅是一种互联网技术，也是"互联网+"条件下的识别和研究复杂系统的新思维、新方法。在个人被高度数据化的DT时代，每一个人的隐私都存在被侵犯、利用的可能性。你的每一个交易过程，每一次搜索，每一次视频观看，每一次导航都会汇聚成系统的数据信息被自动记录、保存。京东、淘宝、美团的每一次针对个人的精准推送，都展现了大数据对你的画像，例如个人喜好、消费习惯、购买倾向等等。大数据不仅是一种科

---

① 李后强，李贤彬．大数据时代腐败防治机制创新研究[J]．社会科学研究，2015(1)：29-36.

学方法，更重要的是一种“从数据直接到价值”的认知世界的理论范式。[①] 运用大数据技术通过全息的、整体的反腐数据呈现，对廉洁状况进行综合研判，对贪腐人员进行精准画像，对贪腐资金流向图、轨迹图进行精确呈现，实现反腐制度设计从经验主义的模糊制定走向数据驱动的精准治理，以技术手段保证制度制定的精细化、严密性和制度执行的严肃性。

以领导干部个人事项申报制度协同大数据技术实现反腐败监控预警为例。使官员财产公开透明，并对其财产进行有效监控，是被世界上大多数廉洁国家证明了的有效的反腐败手段。政府信息透明和信息公开是民主政治的常态。《财产申报(公示)法》起源于瑞典(1766 年)，此后有 140 多个国家推行了这项制度。如美国颁布的《信息自由法》(1966 年)、《阳光下的政府法》(1976 年)，韩国颁布的《公共机关信息公开法》(1996 年)等。这些法律都规定，行政机关的会议内容和进程必须向公众开放。在美国，只要依据信息公开的相关法律提出申请，任何民众都可以随时查阅政务信息。Rubinstein 指出，强制性信息披露在腐败防治中具有重要作用，即对政治行为者数据披露得越多，腐败发生的概率会越小。[②] 很多清廉国家都实行官员财产申报、政府集中采购、统一招标投标等制度，已经将技术应用嵌入其中并能够充分发挥预警作用。

领导干部个人申报制度是反腐败的重要环节。如何推动领导干部个人事项申报制度的反腐败有效性？以往的申报过程流于形式，一年一次的填报，审核环节落实不到位、公示环节缺失，党内公示普通民众无法参与，瞒报、错报、漏报时有发生，真实性、完整性很难得到落实。在缺少大数据支撑的条件下，对官员申报事项只进行抽查，没有技术-制度协同后的预警普查机制。广泛、及时的信息公开是新技术在反腐败工作中应用的前提条件。我国官员个人事项申报制度只申报不公开，稽核手段科学性、技术性有待升级，无法全覆盖、实时监控领导干部违法违纪行为，惩戒环节落实不到位，不能对贪腐官员起到有效的震慑作用，使

① 党明辉，杜骏飞. 中国大数据研究学术进展分析[J]. 中国网络传播研究，2013(1)：248-264.

② RUBINSTEIN I S. Voter privacy in the age of big data[J]. Wisconsin law review, 2014(5)：861-936.

我国现有反腐廉政制度不能发挥应有的功能，很容易变成庄稼地里的“稻草人”，不仅不能威慑腐败，反而损害了已有廉政制度的严肃性和权威性。[①] 应借鉴国际经验，颁布法律支持领导干部个人申报制度的推行，建立健全配套法律措施，保障官员个人事项申报制度的实行。从法律维度对官员个人事项申报对象、申报范围、申报时间、申报程序、申报监督、虚假申报等做出明确规定。在官员个人事项申报制度中引入大数据技术，能够有效遏制执行过程中存在的官员利益群体阻碍，弥补当前官员个人事项申报制度浮于表面的不足，强化对财产申报制度的认同，实现对官员财产的有效监控，成功织牢“数据铁笼”，织密“制度铁笼”，实现官员从不敢腐到不能腐，切实管住腐败官员的“胆”和手。

（二）扎紧制度笼子，构建技术-制度反腐协同创新的约束机制

治理腐败关键在于惩防并举，如何有效预防腐败、约束权力，是世界各国反腐败机构一直关注的热点问题。十八大报告指出：“要坚持中国特色反腐倡廉道路，坚持标本兼治、综合治理、惩防并举、注重预防方针。”其中的治本就是解决权力的配置和制约问题。预防腐败关键在于减少腐败行为发生的机会与条件，扎紧权力有序运行制度之“笼”，铲除腐败滋生土壤，从根本上治理腐败问题，必须构建让掌权者“不能腐”的约束机制。构建科学严密的制约监督权力运行的约束机制，不仅能够有效防治腐败，还有利于提高党和政府的执政能力。

1. 扎紧监督之笼，健全党和国家监督制度

为了充分发挥全方位的权力制约监督机制防范腐败的作用，新西兰廉政办公室提出了一个著名的公式来概括腐败的产生：C＝M+（D−A）即Corruption（腐败）＝Monopoly（垄断）+［Discretion（暗箱操作）−Accountability（公众参与）］[②]。根据中国的反腐败经验，前国家领导人曾庆红指出，应

---

① 刘筱勤，庄国波. 防腐反腐的制度“疫苗”：官员财产监控制度［J］. 领导科学，2016（2）：8-11.

② 世界经济论坛. Here's how technology is changing the corruption game［EB/OL］.（2019-02-28）［2023-05-01］. https://www.weforum.org/stories/2019/02/here-s-how-technology-is-changing-the-corruption-game/.

该再加上一个分母 S(Supervision)监督，公式变成：$C=M+(D-A)/S$。腐败的实质是权力的滥用，没有监督的权力必然导致腐败。这是历史经验的总结。在这个问题上，有这样一个公式：腐败=(垄断+暗箱操作-公众参与)/监督。根据这个公式，作为分母的“监督”值越大，腐败的可能性就越小。[①] 这个公式充分说明了监督在约束权力腐败中的重要作用，分母即监督力度越大，分数值即腐败的程度就会越轻。在这方面，国外也有很多经验和做法值得我们参考和借鉴。

(1)权力对权力的监督

权力对权力的监督最早可以追溯到孟德斯鸠。国外权力对权力的监督有如下几种形式：一是在野党对执政党的监督。多党制国家在野党或反对党可以利用一切法律途径实现对执政党的监督；在遇到重大问题时可以启动弹劾程序强化监督。如英国的“影子内阁”，就是在野党或反对党通过一个合法的机构对执政党政府进行权力监督。二是立法机构和司法机构对行政机构的监督。西方国家一般都实行三权分立制度，这种以权力监督权力的重点在于让不同的权力之间形成相互监督和制约的关系，最好的权力结构不是金字塔形的而是环形的。我国在监察体制改革前基本上局限于检察机关内部的监督，制约效果有限，监察体制改革后改变了检察机关大权独揽的局面，形成了监察、检察、审判机关分工合作、相互制约的新型约束机制。权力受到监督和制约，方能时时刻刻检讨自身的行为是否过界、用权是否越权，权力与权力之间相互制约，大大减少腐败的机会，因此，相互监督的权力能够有效遏制腐败。

(2)权利对权力的监督

公众利用宪法和法律赋予的权利对权力进行监督是防范权力腐败过程中不可或缺的部分。例如，芬兰作为北欧清廉国家，权利监督法律、制度完善，每个公民都有权检举和揭发违法的政府官员。瑞典的民众公民意识觉醒较早，每个公民都将对公职人员的监督当成一项最基本的权利。香港廉政公署的宣传教育标语“香港胜在有你和 ICAC(廉政公署)”深

① 人民日报. 思想纵横：放大反腐败的“分母效应”[N/OL].(2013-04-15)[2025-05-01]. http://opinion.people.com.cn/n/2013/0415/c1003-21131329.html.

入民心。澳大利亚的政府可信度是建立在健全而透明的公共支出及绩效评估基础上的，所有的公共支出都受到全体公众的监督。公众监督实现的前提条件是公众具有知情权，公权力的使用暴露于阳光之下，公众的监督时时刻刻指向贪腐官员的每一个细小的行为。群众的眼睛是雪亮的，在每一个公民对腐败都零容忍的环境下，腐败就难有生存的土壤。

(3)新闻舆论监督

媒体被称为“第四种权力”或“无冕之王”，是制约政府权力腐败的有效途径，是防范腐败现象的必要方式。美国的“扒粪运动”式新闻是舆论监督的典范。19世纪末，美国的新闻媒体对当时严重的腐败问题著书立说、发表文章批判，形成了著名的“扒粪运动”，通过新闻舆论批评、监督，揭露了社会的阴暗面和腐败问题。这一运动极大地改善了政府管理能力，促进了美国的政治民主化，大大降低了权力腐败的程度。因此，在新闻舆论监督完善的国家，少有官员不约束自己的言行而任意妄为。随着互联网的发展，网络监督成为舆论监督的新形态，是科技进步与政治民主有机融合的结晶，能够为社会变革和公众权益保障提供“正能量”。“互联网+”条件下的新闻舆论监督一方面促进了公民道德意识的觉醒，另一方面对潜在的腐败官员产生了强烈的震慑作用。

(4)监督体系系统化

我国目前的权力监督体系，最初的设计并没有采用法治化原则和系统性思维，因此缺乏监督合力。西方国家监督的完善有效在于普遍形成了系统化的监督体系，不仅提高了监督效力，而且可以提早发现问题，及时堵住漏洞，不断完善制约监督权力运行的防范机制。

构建科学严密的“不敢腐”的权力约束机制，需要利用系统性思维，使各种监督手段同频同步、协同发力，手段互补，信息共享，形成对掌权者的监督合力。①完善党内监督。通过提高纪委地位实现党内监督权的独立、权威地位。②加强民主监督。从法律高度确定政协民主监督的地位，规范化、程序化民主监督的工作程序。③扩大舆论监督。毛泽东曾用拿破仑的话强调舆论监督的重要性：“一张报纸抵得上三千毛瑟枪。”[①]扩大公民的舆论监督，是当下中国反腐败成功的重要原因。单靠体制内反腐，存在很多弊端，要想改变这种局面，就要扩大舆论监督。媒体作为人民的喉舌，是舆论监督权力腐败的强大力量。党的十六大、十七大都提出，要“使公民享有更多的知情权、监督权和参与公共事务的权利”。从对廉洁国家制约监督权力运行防范机制的考察发现，舆论监督的作用巨大。尼克松水门事件、克林顿拉链门事件、萨琳巧克力事件的被发现，都体现了舆论监督的作用。④重视运用和规范网络监督。在技术-制度反腐协同创新的条件下，运用网络监督与党内监督、民主监督、法律监督、舆论监督的相互结合，实现网络监督与传统监督方式的有机结合，充分发挥网络监督作为新型反腐参与方式的重要作用，增强网络监督在防范权力腐败中的作用。

建立规范化、制度化的网络监督。网络监督是互联网时代的一个新现象，其公开、透明、快捷的特点，使其成为监督、制约权力腐败的天然盟友，不断冲击着传统的权力监督与制约的反腐格局。网民规模的不断扩大和公民政治参与意识的不断觉醒，推动着网络监督权力腐败的快速发展。重视运用和规范网络监督，能够夯实民间反腐基础，坚定民众反腐信心，培植反腐“正能量”。①建立网络举报快速受理机制、信息反馈回应机制、举报信息安全保障机制等，确保网络监督发挥最大效用。②加强信息网络技术水平，建立全民性的信息网络数据库，实现网上网下联动追踪，形成科学严密的制约监督权力运行的防范手段。③整合网络监督资源，实现官方网络监督与民间网络监督的有效结合。

2. 强化权力制约，形成科学合理的权力结构

(1)构建决策科学、执行坚决、监督有力的权力运行体系

习近平指出，纪检监察机关要接受最严格的约束和监督，加大严管严治、自我净化力度，针对自身权力运行机制和管理监督体系的薄弱环节，扎紧织密制度笼子。[②] 要想构建科学有力的制约监督权力运行机制，

① 毛泽东. 毛泽东文集：第2卷[M]. 北京：人民出版社，1993：257.

② 习近平在十九届中央纪委五次全会上发表重要讲话强调 充分发挥全面从严治党引领保障作用 确保“十四五”时期目标任务落到实处[EB/OL]. (2021-01-22)[2024-10-06]. http://politics.people.com.cn/n1/2021/0122/c1024-32009284.html.

必须首先解决好权力配置的科学化问题。我国现有政治体制的一个显著特征，就是党内权力高度集中于党委和党委书记。党内权力高度集中，决策权、执行权与监督权集于一身，成为党内权力腐败的根源。现有的权力结构过分集中于权力执行机构，权力执行者既当董事长（决策者）又当总经理（执行者），既当运动员（执行者）又当裁判员（监督者），三权高度合一。[①] 科学合理的权力结构是党内权力健康有序运行的前提，所以首先我们要从制度层面上科学地配置党内权力，“建立健全决策权、执行权、监督权相互制约又相互协调的权力结构和运行机制”[②]。

党的十八届三中全会对纪检体制进行了重要改革，明确查办案件和纪委主要负责人的提名都以上级纪委的意见为主，这就在很大程度上提升了纪委的地位与作用。改革后纪委会内部自成一体，实行垂直领导。党的十九大报告指出：“深化国家监察体制改革，将试点工作在全国推开，组建国家、省、市、县监察委员会，同党的纪律检查机关合署办公，实现对所有行使公权力的公职人员监察全覆盖。制定国家监察法，依法赋予监察委员会职责权限和调查手段，用留置取代‘两规’措施。改革审计管理体制，完善统计体制。”要构建科学有力的制约监督权力运行机制，必须继续深化纪检体制改革，加强自上而下的组织监督，发挥同级监督作用，强化党委、纪委、监委的监督责任，推动党内监督、群众监督、媒体舆论监督的结合，完善监督体系。借鉴国外反腐利器——独立的反腐机构建设，进一步强化监督机构的独立性与权威性，保证监督机构的高效、廉洁。

（2）明确权责，科学配置党政部门及内设机构权力和职能

明确权责，科学配置党政部门及内设机构权力和职能，是实现有效政府治理、加强自身建设和实现科学严密的制约监督的前提条件。具体要做到以下几个方面：①科学减权，下放权力回归市场。规范各级党政主要领导干部职责权限，尽快制定各级政府及其工作部门权力清单，推行权力清单制度，明确政府权责，使之更好行使权力、履行职责。②合

① 郭文亮．制度反腐新课题：如何加强对党内权力监督者的监督［J］．理论探索，2016（3）：28-35.

② 郭文亮．全面从严治党必须把好“三关”［J］．观察与思考，2015（12）：58-61.

理分权，以权力制约权力。严格落实集体领导和个人分工负责制，合理分配领导班子及其成员的权力，构建副职管事、正职管人、集体决策、民主监督的权力运行机制。③规范用权，以法制约束权力。反腐败是一项系统工程，必须通过立法，建立预防惩治的系列制度，实现标本兼治。制定预防腐败的法律，确立反腐败标准法，建立相应的法律防范机制，构建综合系统的反腐败法律体系。④公开行权，以权利监督权力。各级权力部门依法公开权力运行流程，实行党务公开、政务公开、司法公开；推进决策公开、管理公开、服务公开、结果公开的制度。让权力在阳光下运行，实现权利对权力的有效监督。⑤伦理抑权，以道德内控权力。建立道德防范机制，道德防范才是一种真正的事前防范，而不是事后的问责或者惩罚。

3. 实现标本兼治，建立预防惩治的系列制度

十八届中央纪委六次全会公报中提出："坚持标本兼治，净化政治生态，坚决遏制腐败现象滋生蔓延势头。"[①]实现对腐败问题的标本兼治，必须建立科学严密的制约监督预防惩治的系列制度。

(1)建立监控制度体系，增强监控制约的完备性

官员财产公开制度，实现了真正把权力交给人民，让群众监督官员，能够有效重建政府的公信力和权威性。应加快官员财产公开制度的有效实行，从法律维度对官员财产申报对象、申报范围、申报时间、申报程序、申报监督、虚假申报等做出明确规定。借鉴国际经验，颁布法律，支持官员财产申报制度的推行，建立健全配套法律措施，保障官员财产申报制度的实行。尽管党内早有财产申报制度，但执行过程中存在着严重的官员利益群体阻碍，缺乏对财产申报制度的认同使其在具体的操作层面流于形式。领导人的垂范作用是财产申报与公开制度得以实行的重要推力。中国应借鉴韩国和俄罗斯的公务员财产申报与公开制度的成功经验，由国家领导人首先践行。推行官员财产公开制度，能够使有贪腐欲望的官员不敢贪、不能贪，可以从源头上遏制腐败。

① 中国共产党第十八届中央纪律检查委员会第六次全体会议公报[EB/OL].(2016-01-14)[2024-10-07]. http://m.ccdi.gov.cn/content/8c/e2/7883.html.

(2)建立责任追究制，保证权力运行监控的独立性

建立健全责任追究机制，坚持失责必问、问责必严、失责必究。实现对掌权者的监督检查、目标考核、责任追究有机结合，形成长效的震慑力和执行力。问责的对象、事项、主体、程序、流程要遵循制度规范，防止“破窗效应”。要把法规制度执行情况纳入党风廉政建设责任制检查考核和党政领导干部述责述廉范围，通过严肃追究主体责任、监督责任、领导责任，让法规制度的力量在反腐倡廉建设中得到充分释放。纪律检查机关要加大监督检查力度，对有令不行、有禁不止的，不仅要严肃查处直接责任人，而且要严肃追究相关领导人员的责任。[①]

(三)扩大多方协作，构建技术-制度反腐协同创新的监督机制

马克思早就指出：舆论监督是一种“普遍的，无形的强制力量，是无处不在的耳目”[②]。随着全媒体时代的到来，新时代的每个人都成了监督者，新技术使每个人都成为记者，信息的实时交互与共享使得全域监督成为可能。全媒体的发展也给技术反腐与制度反腐协同创新带来了新的契机。构建全域监督、技术-制度反腐协同创新、权威有效的监督体系，“互联网+”条件下的新技术赋能监督参与方式，提升监督效能；突出监督重点，提升监督准确性，赋能社会多元参与，拓宽监督渠道，可以有效整合监督力量，提升监督的系统协同性。

1. 完善参与方式，构建全域监督技术平台

完善群众参与方式。亨廷顿在《变化社会中的政治秩序》中指出，在处于现代化转型的社会里，国家政治发展的核心就是能否动员普通民众，在承认现存政治体系而非反对它的条件下参与政治。[③] 网络越来越成为网民进行意见表达和维权举报的公共平台。由于互联网平台的开放性和自由性等特点，网络表达有时会呈现无序、情绪化、造谣传谣等乱象，甚至会出现恶意攻击党、攻击社会主义等有害言论。政府对于网络监督、

---

① 习近平. 加强反腐倡廉法规制度建设 让法规制度的力量充分释放[EB/OL].(2015-06-28)[2016-12-02]. http://politics.rmlt.com.cn/2015/0628/392541.shtml.

② 马克思，恩格斯. 马克思恩格斯全集：第6卷[M]. 北京：人民出版社，1961：275.

③ 亨廷顿. 变化社会中的政治秩序[M]. 上海：生活·读书·新知三联书店，1989：68.

网络反腐应当给予合理疏导，确保网络监督、网络反腐渠道的畅通。相关部门要在引导网民发布有效监督、举报信息的同时，设立专岗、专人对网络舆情进行实时监测、搜集和研判，一方面要在避免群体极化发生的同时保护网民的反腐热情；另一方面，要通过建立完善网络反腐的处理与反馈机制，及时快速地对网络举报信息展开核查。[①] 2009 年 4 月，最高人民检察院公布了修订后的《人民检察院举报工作规定》，该规定明确将网络举报纳入官方举报渠道，并从举报线索的受理、审查、管理等多方面对网络举报进行更为严格、科学的规定。2009 年 6 月，我国最高人民检察院在全国设立了监察机关的统一举报网站（www. 12309. gov. cn），全国各地群众均可登录该网站进行网络举报，每个网络举报的案件都必须及时回复。之后政府相关部门的举报网站如雨后春笋般出现，其中最值得关注的就是 2013 年 9 月 23 日上线的“中央纪委监察部官方网站”，网站专门设置了“我要举报”“曝光台”和“互动交流”等板块，为群众提供快捷便利的反腐举报通道。2015 年 1 月，中央纪委监察部网站客户端上线，支持以文字、图片、图表、视频等多种形式呈现反腐信息，并接受和支持群众通过该渠道进行举报。与此同时，国家信访信息系统正式建成运行，并实现与 31 个省（自治区、直辖市）和新疆生产建设兵团的互联互通。2016 年 7 月，国家信访局相继开通手机信访平台和微信公众号，于 2017 年实现省、市、县三级信访工作机构的系统接入全覆盖，与民政部、住建部等 36 个中央国家机关部委实现互联互通。2017 年 5 月，红网成立第一个专门的网上群众工作部，推进“互联网+群众监督”工作，拓展了民主监督的新渠道。2018 年 3 月，《中华人民共和国监察法》将网络反腐纳入监察范围，为网络反腐提供了法律保障。2019 年开始，《反腐败导刊》入驻了抖音、快手、西瓜视频、微信视频号等，推出官方账号“反腐前沿”，以短视频的方式进行宣传与交流。之后党政部门、公检法机关纷纷在微博、微信、短视频平台等开通官方反腐账号，进行信息公开、阳光化，接受群众举报线索。2022 年 4 月，人民政协网开设“欢迎监督，如

① 赵振华，蔡爽爽. 网络监督体系化研究：以网络反腐法治化为切入点[J]. 重庆邮电大学学报（社会科学版），2014(3)：36-41.

实举报"专栏，并链接执纪执法和干部监督部门举报网站，拓宽民意沟通和群众监督的渠道，及时查处贪污腐败和违纪违法行为。

构建全域监督技术平台。2019 年 1 月，习近平总书记在中共中央政治局第十二次集体学习时，深刻诠释了"全媒体"的概念："全媒体不断发展，出现了全程媒体、全息媒体、全员媒体、全效媒体，信息无处不在、无所不及、无人不用，导致舆论生态、媒体格局、传播方式发生深刻变化。"[①]制度与技术是实现对公权力运行有效监督的两个重要要素。[②] 通过"制度+技术"的合理搭配，移动互联网技术能够充分释放群众反腐热情，有效缩小数据鸿沟，增加监督"流量"，利用网络反腐，为民众提供政治参与的渠道，行使好监督掌权者的权利。过去利用网络反腐的设备需求（电脑+网络）使得一部分人没有条件参与群众监督，智能手机的普及为每个民众行使好监督掌权者的权力提供了便捷的政治参与渠道。技术扩展了人类的能力，移动互联网技术使智能手机成为人体的延伸。过去网络监督、网络反腐还需要找到电脑连上网络，很多举报方式还需要认证，等等。在移动互联网时代，网络反腐不再需要复杂的流程，发现问题，一部手机，随时可以实现监督、举报。移动互联网技术突破了传统互联网的局限性，网络的连接超越了物理局限性。移动互联网络反腐能够充分调动权力客体参与监督的主动性和积极性，凸显异体监督优势。面对腐败手段愈来愈技术化、隐蔽化的新情况，移动互联网络线上线下相结合，可开展 O2O 举报、监督服务，凭借其公开透明、安全快捷等技术优势，有效弥补制度反腐的短板，实现新技术+群众路线。

"互联网+"反腐倡廉新模式的一个变革性的意义在于它调动了全民的参与热情。正如习近平指出的，"人民群众中蕴藏着治国理政、管党治党的智慧和力量"[③]，以中纪委的监督举报"一键通"为例，在移动互联网时代，线上、线下都变得十分重要，移动互联实现了线上线下之间的高效

① 习近平主持中共中央政治局第十二次集体学习并发表重要讲话[EB/OL].（2019-01-25）[2021-01-20]. http://www.gov.cn/xinwen/2019-01/25/content_5361197.htm.

② 黄其松. 权力监督的类型分析：基于"制度—技术"的分析框架[J]. 中国行政管理，2018(12)：108-113.

③ 人民是最强大的监督力量，从严治党必须依靠人民[N]. 人民日报，2014-12-02.

沟通和互补。自 2015 年 6 月中央纪委监察部的客户端率先推出反“四风”举报功能之后，全国各地纪委、检察机关、交管部门等陆续跟进。只要有一部智能手机，随手拍下身边“四风”问题的照片，任何人都能够实现方便、快捷、有效的“一键举报”。利用移动互联网技术，每个人都是监督员，每一部手机都是一部暗访器材。中纪委正式开通了监督举报“一键通”之后，我们发现举报的途径畅达了、方便了，落网的“老虎”和被拍的“苍蝇”更多了，普通群众对于党和政府反腐的决心和行动更加支持了。通过反腐制度和移动互联网技术的合理搭配，能够充分释放群众的反腐热情，有效增加了监督的“流量”，利用手机网络反腐，为民众提供政治参与的渠道，行使好监督掌权者的权利。以“互联网+”思维，采取信息化手段，利用移动互联网技术，通过大数据过滤，在全社会的监督下，编织了全新的“互联网+”背景下的反腐倡廉“天罗地网”，让腐败无处藏身。十八届中央纪委五次全会报告在总结工作体会中指出：“不断提高工作透明度，畅通群众监督渠道，发挥新媒体、新技术作用，形成无处不在的监督网。”监督是权力正确运行的保证，是国家制度和治理体系有效运转的重要支撑，在管党治党、治国理政中居于基础性、保障性地位。[①] 对腐败问题早发现、早警示、早查处、早处理，体现了“互联网+反腐倡廉”的强大功能。

2. 拓宽监督渠道，网络赋能社会多元参与

网络监督正逐渐成为反腐倡廉领域的重要渠道，10 亿多网民可以通过互联网监督国家事务，交流与发表意见、建议，参与国家的经济、政治、行政、法律、文化等活动。在公共事务方面，如果信息不对称，官员在不公开不透明的状态下行使权力，便会通过寻租等方式谋求个人的实际利益，滋生腐败。信息不对称指的是在市场经济活动中，不同成员对信息的了解不同，掌握信息比较充分的人往往处于较为有利的地位，而信息贫乏的人会处于不利的地位。网络技术的传输快捷、高效、私密性强、不受时间空间限制等特点能够打破监督主客体之间的信息不对称，

① 如何更加突出发挥监督治理效能 推动国家治理体系和治理能力现代化[N]. 中国纪检监察报，2020-12-24（06）.

使人民群众高度参与公共事务权力运行的全过程全链条，提高官员贪污腐败的成本，形成“不敢腐”的震慑。网络技术有助于打破监督信息不对称、赋能社会多元化参与，助力公民监督权的实现。

(1)媒体曝光型网络监督

媒体曝光型网络监督是最常见的网络监督表现形式。如因抽“天价烟”被网民戏称为“最牛房产局长”的南京江宁区房产管理局原局长周久耕落马；因高速公路事故现场一个微笑表情引发网友关注的“微笑局长”杨达才被查，因“烟草局长的香艳日记”曝光的广西来宾市烟草局原局长韩峰被查；因在微博高调炫富、发表不当言论引发网友关注而被查的“北极鲶鱼”事件；因在网络直播发表高考相关言论而被调查的“仝卓”事件等，都是媒体曝光型网络监督典型的案例。媒体曝光型网络监督的成功案例基本上都是沿着“网上新闻曝光—各种媒体广泛介入—相关部门调查处理”的路径展开的。网民曝光腐败分子的腐败问题和隐私性信息后，所举报的问题经过网民的积极转发，形成公众舆论，最后引起监察部门的关注并介入调查。媒体曝光型网络监督有效实现了公民监督权从“纸上的权利”到“网上的权利”的转变。相比于传统权力监督方式，媒体曝光型网络监督更受广大网民青睐，参与程度更广泛，有效利用率更高。通常情况下，官方网站的反腐举报关注度不高、访问量较低、社会影响力不大。“小鼠标扳倒大贪官”，一时间成了网络热词。相比于常常出现“只受理不处理”的官方网站的反腐举报功能，媒体曝光型网络监督的作用更明显。

(2)政府主导型网络监督

政府主导型网络监督作为贯彻信息公开制度的一种具体举措，一般是党和政府以及纪检监察部门和司法机构，在网络上公布传统型监督机构的具体职能、举报电话、举报信箱等，将网络作为传统监督方式的拓展，扩大接受举报信息的接收平台。最常见的政府主导型网络监督主要指官方网站开设的网络举报板块。官方网站开设的网络举报板块与传统的信件举报和上访举报实质上除了举报的平台有所区别外，并无不同。官网举报采用的是密码举报方式，举报人首次登录网站就会自动生成一个密码，该密码成为举报人日后在官网进行监督和查询举报进程的唯一身份认证。官网举报采用的密码举报方式既能有效保证举报人身份的安全，又能做到有效保证举报内容的保密性，同时还能够实现举报人和纪检监察部门实时的互动交流。政府主导型网络监督中，成效突出的是江苏省南京市纪委的“在线接访”软件系统。江苏省南京市纪委为适应网络举报发展的需要，开发了一套“在线接访”软件系统。该系统操作方便、快捷，接访员与举报者的互动流畅。运营一段时间后，南京市纪委又对原有系统进行了二次开发和升级，进一步拓展了“视频接访”功能。“在线接访”软件系统，打破了一般官方网络举报静态被动接收举报信息的弊端，通过技术创新，实现了纪委和举报者动态互动交流。还有四川与重庆携手共建的两地网络举报监督体系平台“川渝互联网联动辟谣平台”，创新运用了大数据、XR 等技术，提升网络辟谣传播力、影响力。四川省 21 个市(州)设置了专门的举报机构，建立了覆盖省、市、县三级的网络义务监督员和网络举报志愿者两支网络举报监督队伍。

(3)网民自主型网络监督

网民自主发起监督权力是指网民通过互联网对某一事件进行了解、关注、研究，并提供信息或介入支持以推动问题的解决，体现了网民监督权，是公民权利的一种延伸。“第五权力”理论强调互联网塑造了一种区别于传统政治权力的新形式，它是由分散的个人通过互联网组织起来的，由于共同的目的和自发的互联网使用行为而形成的话语表达与社会监督权力。① 网民自主型网络监督则是由个人或民间组织通过成立专门的反腐网站，并在网站上受理各种举报，进而开展网络反腐的调查等。被称为“民间舆论监督第一人”的安徽人李新德于 2003 年 10 月创办了中国最早的民间反腐网站——“中国舆论监督网”。随着反腐力度的增大以及正规举报渠道的畅通，网民自主型民间反腐网站已渐渐退出历史舞台。

互联网已经成为人民群众反腐倡廉的新场域，在带来反腐败斗争成功的同时，网络攻击、网络暴力、网络谣言等违法犯罪行为在网络上以

① 肖珺，胡跃，秦博昱. “丽江女游客被打”事件中的“第五权力”研究与反思[J]. 中国媒体发展研究报告，2017(0)：173-190.

文字、图片、短视频等方式层出不穷，屡禁不止，严重损害人民群众的利益，增加违规违纪查处成本，破坏社会和谐稳定。习近平总书记在2016年4月的网络安全和信息化工作座谈会上的重要讲话中指出：“网络安全为人民，网络安全靠人民，维护网络安全是全社会共同责任，需要政府、企业、社会组织、广大网民共同参与，共筑网络安全防线。”[①]2020年3月《网络信息内容生态治理规定》明确了网络信息内容服务使用者和生产者、平台，不得开展网络暴力、人肉搜索、深度伪造、流量造假、操纵账号等违法活动。2023年9月，中央网信办发布《关于进一步加强网络侵权信息举报工作的指导意见》，提出建立网络暴力信息举报快速处置通道，从严处置首发、首转、多发、煽动传播网络暴力信息的账号。构建“天朗气清、生态良好”的网络环境是政府与民众共同的责任，要通过健全网暴预警预防机制、强化网暴当事人保护、严防网暴信息传播扩散、依法从严处置处罚，构建事前、事中、事后的全链条、综合式的网络暴力防治体系和多方协同、分类分级的反网络暴力治理模式；要约束引导网民在互联网平台上守法、文明、理性表达，培养和提升网民的数字素养，从源头上杜绝网络攻击、网络暴力、网络谣言等，共同营造风清气正的网络环境。

3. 引入回应理论，协同提高官民互动机制

利用高效的管理机制回应线上和线下的诉求，是网络监督持续发挥作用的前提。引入回应理论，是提高官民互动监督机制的理论基础。回应理论起源于法学领域，之后被行政管理学家们广泛引用。美国的行政管理学者格罗弗斯塔林指出：“回应是政府对民众关于政策变革的采纳和对民众需求的反应，并采取积极的措施解决问题。”[②]韩国的“民愿处理在线公开系统”全天候在线受理、及时反馈，良好的运行机制是其成功的主要原因。互联网为中国政治带来“信息平等、对官员的监督和公民与政府的互动”[③]。一个高效的政府应该是注重民意表达的政府，考察一个政府

---

① 新华社．习近平总书记在网络安全和信息化工作座谈会上的讲话[EB/OL]．(2024-01-05)[2024-10-07]．https://www.cac.gov.cn/2016-04/25/c_1118731366.htm.

② 格罗弗斯塔林．公共部门管理[M]．陈宪，等译．上海：上海译文出版社，2003：132.

③ 毛寿龙．“网络政治”带来了什么[J]．人民论坛，2007(14)：16-17.

是否高效，政府对公民表达出的意愿采取行动的积极性和有效性，是一个主要标准。学者俞可平对政府回应和善治的关系进行了研究，认为回应性是善治政府的基本要素之一，得出政府回应性越强，善治程度越高的结论。[①] 李伟权在其专著《政府回应论》中，系统地阐述了政府回应的相关问题，提出回应型政府应以权利社会和“合作共治”型政府作为前提基础，对我国政府回应机制建设做了较为全面的研究。[②] 在俞可平看来，官民互动中，官方对民众的有效回应是服务型政府、善治的基本要求。及时高效的官方回应也是人民政府对民众负责的主要体现，是善治政府的必然要求。如果对于民众的利益诉求不能做出及时的有效的回应，特别是在信息高速流通的网络时代，必将导致民众被其他信息误导，会使真相渐行渐远，严重影响政府的形象和公信力。因此在网络监督过程中官方及时快捷地回应，在最佳时机及时介入，不但可以为政府塑造良好的形象，赢得民心，还可以提高网络监督在反腐倡廉中的有效性。

全媒体技术在权力监督中的应用，有利于形成官民互动的监督格局。网民们提供的反腐线索，需要官方反腐部门按照法定程序进行查处，而官方反腐部门也需要网民提供的官员贪腐信息，只有形成官民互动的监督格局，才能有效反腐败。全媒体技术在权力监督中应用的有效性就是官民互动形成合力的结果。例如，近期有一个全民关注的典型案例：2024 年 7 月 28 日，苏州工业园区商务局的一名科员马某某拍摄了一段 1 分 50 秒的举报视频，在网络上实名向苏州市纪委监委举报园区商务局局长祝某在政府采购中围标串标、虚设项目套取资金、向省委巡视组提供虚假材料，并涉嫌学历造假。举报人马某某自称是清华大学 2018 届毕业生，并提供了大量的合同、票据、询价记录单、通话录音、微信聊天记录以及邮件账目等材料作为证据。苏州市委、市政府高度重视，立即成立专项工作组展开核查调查。纪检监察机关等随即开展核查工作，苏州市纪委监委相关人员表示，针对马先生的举报，他们会有专人进行核查，一经查实将严肃处理。苏州市委、市政府及纪检监察机关的迅速回应和

① 俞可平. 治理与善治[M]. 北京：社会科学文献出版社，2000：8.
② 李伟权. 政府回应论[M]. 北京：社会科学文献出版社，2005：2.

积极行动，体现了政府部门对腐败问题的坚决态度和高效处理机制。官民互动的监督格局，能够最大化全媒体技术在权力监督中的效力，可以优化政府公信力，增强民众对政府的信任度，还可以充分唤醒民众的政治参与意识，在反腐倡廉过程中，举一国之力，必能放大全媒体技术在权力监督中的优势和威力。官民互动，反腐力量交汇，从单维度网络监督、举报，走向理性、有序、有效的全方位、全资源、全时空官民互动监督格局，是未来中国网络技术在权力监督中应用的趋势。

建立官民互动监督格局，让网络成为纪检工作新助手。2015 年，反腐是网上舆论十分关注的话题之一，纪委作为反腐的“正规王牌军”颠覆了过去“网络爆料—纪委介入”网络反腐被动状态，进入了“纪委公布—舆论热议”官方主导时代，网络反腐效果显著。国家本位的反腐机制与公民网络参与的反腐机制的制度化合作需要执政者与民众形成合力，对腐败分子同时制造“自上而下”和“自下而上”两种压力。网络监督权力腐败的制度设计应保障公民反腐热情和参政议政的积极态度，充分利用官方网络反腐平台，通过官与民制度化的合作，加强网络监督权力腐败与传统制度反腐的有效合作，实现国家本位反腐机制与公民参与反腐机制最大效能的结合。

健全网络举报人保护和奖励制度。在制度上实现公民参与反腐奖励，恶意举报制裁。公民举报、监督权力腐败遭到报复事件屡见不鲜，在制度上要形成保护网络举报人的人身安全保障，纪检部门对其个人信息要严格保密，对泄密者要依制度严肃处理，依法严惩贪腐官员的恶意打击报复行为。对于那些不畏强权、不计个人得失据实举报的网民，纪检部门要根据其对监督权力腐败所做出的实际贡献给予一定的物质和精神激励。

切实推动网络举报实名后台管理制。网络监督权力腐败行为从匿名到实名的转变是其实现有序化、理性化的重要保证。实名举报可以有效地建立起网络言论追责制度，大大减少网络谣言、虚假信息、诬陷诽谤、网络暴力，但易导致举报人受到打击报复，王帅“跨省追捕”案件就是一个教训。切实推动网络举报实名后台管理制能有效保护实名举报人的合法权益。网络监督权力腐败参与者从匿名到实名的转变极有可能改变整个网络反腐的格局。

网络技术实现了网络监督权力腐败的民主参与的广泛性。中国政府希望建设廉洁高效的服务型政府，开启社会主义民主和反腐倡廉建设的新路径，需要建立官民互动的监督格局。在传统的权力监督中，尽管政府表现出希望民众积极参与的意愿，但效果却不明显，很多人对监督有所顾虑。网络技术的发展，为实现民众积极参与监督提供了技术平台。形成官民互动的监督格局是网络技术在权力监督应用中发挥有效性的关键核心。不管是官方主导的网络监督还是民众自发的网络监督，最终都必须有专门的政府机构来调查和处理。官方主导网络监督的短板是信息匮乏。目前，中国的官方主导反腐网站大部分都存在访问量不高、公众关注度较低等问题，深究其原因，多是由于政府网站缺乏与广大群众的交流互动，内容僵化，反馈速度慢，监督渠道梗堵，导致广大参与网络监督的网民放弃官方监督渠道转向非官方渠道。在民众自发的网络监督中，普通民众的参与热情为反腐提供了重要的线索，但网络监督不能仅仅依靠民众的监督热情，同时也不能光靠官方监督机构，而是需要把两者有效结合起来。网络官方权力反腐与民间权利反腐之间虽然有反对腐败的共同心理基础，但反腐的内在动因不尽相同。民间主体的心理动因是新媒体蓬勃发展下公民权利意识的觉醒，以及对贪官、腐败现象的憎恨。官方主体的反腐动因一是来自中央领导治理腐败的坚定决心，二是出于维护社会稳定的需要，三是塑造政府形象、维护自身合法性的需要。①

网络监督在反腐败工作中的成功案例大多是官方关注和民众监督结合的结果，因此网络监督在反腐败工作中的作用常常具有偶然性。通过建构合理、有效的官民互动监督机制，能够避免网络监督的偶然性，充分利用网络技术的天然优势，形成调动广大网民积极性与官民互动的网络监督机制来提高网络反腐败工作的实效性。

---

① 刘源源. 建构网络权力反腐与权利反腐的制度化沟通机制[J]. 学习论坛，2015(1)：49-51.

4. 加强保障制度，提升技术-制度协同监督体系效能

中国互联网络信息中心(CNNIC)发布的第53次《中国互联网络发展状况统计报告》中的数据显示，截至2023年12月，我国网民规模达10.92亿人，较2022年12月新增网民2480万人，互联网普及率达77.5%，较2022年12月提升1.9个百分点。我国手机网民规模达10.91亿人，较2022年12月增长2562万人，网民使用手机上网的比例为99.9%。[①] 逾10亿规模网民为网络监督提供了强大的围观力量，给权力腐败带来聚光效应，亿万双眼睛的监督能够对腐败行为产生威慑作用。从媒体主导、精英霸权到网络上的全民参与(至少从技术上具有可行性)，普通公民参与监督的比例提高，批评和监督的主体范围大为扩展，网络监督开始回归自上而下的私权利监督公权力的本来含义。[②] 网络时代舆论监督的主体已经从专业化的传媒机构向千千万万的公众转移，一时间，原本被隐藏起来的民意终于被激活，政府在强大的民意面前不得不调整甚至改变决策。[③] 协同全媒体技术与制度反腐创新，实现了真正全面监督，监督效能明显。监督要打破碎片化，形成体系，全媒体监督使监督效果倍增，新技术与制度的协同可以有效实现监督的整体性、协同性、系统性。

中国的腐败治理始终不乏社会参与，自中共苏维埃时期起直至当下，都可以发现公众参与的要素。[④] 马克思主义认为，一切权力都来源于人民群众，一切权力都为了人民群众，只有由人民群众参与对权力的监督，才是真正的、有效的监督，才能起到制约作用，所有隔离开人民群众而谈的监督都是空谈。[⑤] 网络技术带来的信息数据的开放和快速的流通使得人人都成为监督者，特别是移动互联网络的发展，实现了人人都能参与监督，为权力监督提供了广泛参与的群众基础。网络信息技术已经成为政府反腐倡廉建设及信息发布的重要工具和平台，同时也为沟通互动以

---

① 第53次《中国互联网络发展状况统计报告》[EB/OL].(2024-03-22). https://www.cnnic.net.cn/n4/2024/0322/c88-10964.html.

② 张淑华. 批评监督的网络之变[J]. 青年记者，2008(7)：26-28.

③ 郭小安. 网络民主的可能及限度[M]. 北京：中国社会科学出版社，2011：225.

④ 李辉. 超越国家中心主义：中国腐败治理的历史梳理[J]. 文化纵横，2013(6)：56-62.

⑤ 马克思，恩格斯. 马克思恩格斯全集[M]. 北京：人民出版社，1957.

及权力监督提供了便利，信息化在反腐败过程中也变得很突出。① 网络技术的快速发展，给中国带来了一个迅速崛起的网络社会。网络社会的形成为有效的权力监督提供了一个巨大的围观结构，“传统社会建立在信息资源垄断基础上的社会治理模式发生了从‘全景监狱’到‘共景监狱’的根本性转换”②。过去传统监督方式的门槛过高，限制了监督群体的广泛性，网络的方便、快捷、廉价等特点成功消解了传统监督中的精英色彩。传统的权力监督过去主要是政府主导型监督，因此监督主体较为有限。网络赋能突破了传统监督中参与监督的主体限制，实现了真正意义上的广泛的全域监督。

（四）完善追逃机制，构建技术-制度反腐协同创新的惩戒机制

党的十八大以来，我国高度重视反腐败工作，把惩治腐败放在突出位置，坚持零容忍无禁区，“老虎”“苍蝇”一起打。但高压的反腐态势并不足以威慑腐败分子，必须构建技术-制度反腐协同创新的惩戒机制，提高惩戒力度，加大贪腐官员犯罪成本，有效降低想腐败的心理，打击贪腐，实现“不敢腐”的方略。香港几十年的反腐败经验表明，贪腐官员最怕的不是判死刑，而是被抓的风险和概率足够大。治理腐败“关键不在于刑罚轻重，而在于贪腐被处罚的风险有多大”③。面对严峻的反腐败国际追逃追赃形势，必须协同技术-制度反腐，做好反腐败国际追逃工作，打消腐败分子企图逃避法律制裁的幻想。完善国际追逃机制，构建技术-制度反腐协同创新的惩戒机制需要从三个维度发力：理念更新、制度设计、技术嵌入。

1. 理念更新维度

理念更新为制度设计和技术嵌入提供思想指导。网络思维、数据思维、“互联网+”思维已经渗透到各行各业，反腐败国际追逃工作也应该打破传统思维定式，用新思维、新理念解决新时代追逃工作中面临的新问

① 孙志惠. 发挥信息技术在反腐倡廉中的积极作用[J]. 投资与创业，2016(4)：158-159.

② 喻国明. 传媒责任：时代的发展与内涵的转变[J]. 新闻与传播研究，2009(6)：11-13.

③ 香港廉署专家：贪腐官员最怕的不是死刑而是被抓几率. [EB/OL]. (2017-05-11)[2017-09-10]. http://opinion.caixin.com/2017-05-11/101088992.html.

题、新挑战。

我们必须坚定立场，推动反腐败斗争夺取压倒性胜利。腐败分子携款潜逃具有严重的社会危害性，首先逃往境外的腐败分子多是高级官员，他们掌握着一定的权力以及国家有关领域的秘密信息，在不受中国法律制约的情况下可能会泄露国家秘密，从而危害国家安全；其次，国际追逃追赃行动一直在进行，但有一些贪官未能被抓捕归案，仍逍遥法外，会有一些官员因此而产生侥幸心理，加剧反腐难度，影响反腐成效；最后由于出逃腐败分子出逃时间已久却仍然未被抓捕归案，会给人民群众留下反腐不力的印象，在某种程度上共产党的执政权威性会在人民心目中大打折扣。美国腐败问题研究学者苏珊·罗斯·艾克曼指出：“如果惩罚不是受贿金额的一个函数，那么反腐败运动就会很快陷入一种矛盾之中。”①

政府官员必须树立为人民服务的价值观和权力观，杜绝危害性大的特权思想，防止形成脱离人民群众的利益集团，真正做到清正廉洁，不逾越底线、不触碰红线。反腐败要以先进理念为指导，高效发挥数字技术作用，提高案件的查处精准度，充分发挥严查腐败案件的震慑功能和警示功能，从而为构建技术-制度反腐协同创新的惩戒机制奠定思想基础。

2. 制度设计维度

制度设计则影响着信息技术和国际追逃实践操作的融合程度。保证权力在正确轨道上运行的前提是加强对权力的制约，通过顶层规划和对国际追逃工作的制度设计，划定权力的活动空间，无论在物理空间还是数字空间，执行“法无授权不可为”的规定，消灭权力寻租的空间，形成科学的权力结构和惩戒机制。利益冲突和权力腐败有着密切关系。② 只有提高腐败成本，使腐败成本高于腐败收益，在利益和腐败之间搭建一块无形的“隔离带”，才能形成不敢腐的惩戒制度。

---

① 艾克曼. 腐败与政府[M]. 王江，程文浩，译. 北京：新华出版社，1999：65.

② 王世谊. 关于权力腐败与权力制约研究的几个问题[J]. 中共浙江省委党校学报，2016，32(1)：101-108.

近年来，随着全球化进程的加速发展，许多贪污腐败分子利用各个国家之间的制度差异和国际反腐败合作体制的漏洞洗钱、转移资产、携款潜逃境外，严重损害了党和国家形象，给我国的经济、社会发展带来巨大的损害，也给国家的反腐败斗争和廉政建设提出了新的挑战。党的十八大以来，中央反腐败协调小组设立了国际追逃追赃办公室，并部署开展了针对外逃贪污腐败分子的"天网"行动。2014 年至 2020 年 6 月，共从 120 多个国家和地区追回外逃人员 7831 人，包括党员和国家工作人员 2075 人、"红通人员"348 人、"百名红通人员"60 人，追回赃款 196.54 亿元。新缔结引渡条约的国家 28 个，司法协助条约、资产返还与分享协定等 43 项。[①] 2023 年人民法院审结外逃人员回国受审案件 371 件；审结犯罪嫌疑人、被告人逃匿、死亡、没收违法所得特别程序案 38 件，追缴违法所得 4.5 亿元及价值数亿元房产等，坚决打破腐败分子"一人逃亡、全家得利"的迷梦。[②] 外逃人员、赃款难以准确计量，反腐追逃追赃的形势仍然严峻，人民群众痛恨腐败，外逃人员用贪污受贿赃款在海外肆意挥霍，给党和国家造成巨大损失。

2014 年以来，公安部连续十年开展"猎狐行动"，共从 120 多个国家和地区抓获在逃经济犯罪嫌疑人 9000 余名，追赃挽损近 490 亿元人民币。[③] 这是有目共睹的强高压、长震慑效应。党的十八届四中全会通过了《关于全面推进依法治国若干重大问题的决定》明确提出："加强反腐败国际合作，加大海外追赃追逃、遣返引渡力度。"[④]2017 年纪委监委将近 5 年内出逃、县处级以上、涉案金额较大、群众反映强烈的职务犯罪外逃案件纳入督办范围，加大追缉力度，并对追逃追赃重点案件实行挂牌督办制度。2018 年 8 月，国家监察委员会与最高人民法院、最高人民检察院、外交部、公安部联合发布《关于敦促职务犯罪案件境外在逃人员投案自首

---

① 杨晓渡. 国家监察委员会关于开展反腐败国际追逃追赃工作情况的报告[EB/OL]. (2020-08-10)[2021-06-20]. https://www.ccdi.gov.cn/toutiao/202008/t20200810_223555.html.

② 知识产权法庭. 最高人民法院工作报告(全文)[EB/OL]. (2024-03-09)[2024-10-07]. https://enipc.court.gov.cn/zh-cn/news/view-2849.html.

③ 公安部部署开展"猎狐 2024"专项行动[EB/OL]. (2024-04-23)[2024-10-07]. https://www.gov.cn/lianbo/bumen/202404/content_6947048.htm.

④ 中共中央关于全面推进依法治国若干重大问题的决定[EB/OL]. (2014-10-28)[2024-10-07]. https://www.gov.cn/zhengce/2014-10/28/content_2771946.htm.

的公告》，对外逃人员形成强大震慑力和感召力。2019年中央纪委国家监委办公厅印发了《纪检监察机关办理反腐败追逃追赃等涉外案件规定（试行）》，这是纪检监察机关首部关于追逃追赃的规范性文件，为追逃追赃工作提供了更为明确的指导和规范，是深化纪检监察体制改革、健全执纪执法工作机制的重要成果。2020年全国人大常委会审议通过国际刑事司法协助法，为开展反腐败国际合作提供重要法律依据。最高人民法院、最高人民检察院出台违法所得没收程序司法解释，推动各地充分运用该程序依法追缴外逃人员赃款。国家监委也注重加强自身法治建设，出台相关规定明确开展反腐败国际合作和追逃追赃的有关要求。2021年“预防和打击腐败的挑战和举措，加强国际合作”联合国大会特别会议通过了《联合国大会反腐败问题特别会议政治宣言》，成为继《联合国反腐败公约》之后又一全球性反腐败指导文件。2022年，中央纪委国家监委担任金砖国家反腐败工作组主席，通过了《金砖国家拒绝腐败避风港倡议》，并作为重要成果纳入宣言。党的二十届三中全会通过的《中共中央关于进一步全面深化改革 推进中国式现代化的决定》明确提出“推进反腐败国家立法，修改监察法，出台反跨境腐败法”①。进一步明确各职能部门职责，补齐法治短板。我国针对国际追逃追赃创造性提出的三零合作原则反腐败倡议——零容忍态度、零漏洞制度、零障碍合作，和倡导制定的国际公约《北京反腐败宣言》《二十国集团反腐败追逃追赃高级原则》等构建起一个全球性的反腐协同治理网络，得到众多国家积极响应，并成为反腐败国际共识，为构建国际反腐败新秩序贡献中国力量。

3. 技术嵌入维度

技术赋能为构建不敢腐的惩戒制度的价值理念和制度设计提供基础支撑。随着数字互联的兴起，大数据、云计算、人工智能等新科学技术正快速进入人们的生产、生活中，这给反腐治理带来更大的挑战。但与此同时，大数据技术和人工智能的广泛使用，打破了部门、系统间数据条块分割弊端，协同效应凸显，为技术和制度协同带来了重大的发展

① 中共中央关于进一步全面深化改革 推进中国式现代化的决定[EB/OL].(2024-07-21)[2024-10-07]. https://www.gov.cn/zhengce/202407/content_6963770.htm?sid_for_share=80113_2.

机遇。

技术-制度协同创新机制是技术优势与制度设计融合发展的结果，数字信息技术实现了对权力制约和监督的科学决策，制度与技术是实现对公权力运行有效监督的两个重要要素，[①] 建立技术网络反腐惩戒制度，可以使两者相互配合，从而起到对腐败分子的制约、监督作用，对已经出逃境外的腐败分子，在技术的配合下将其抓捕归案后再实施惩戒，让逃跑的犯罪分子无所遁形。建立以货币为核心的大数据平台，准确管控账户资金，一旦出现大额资金流入境外，或出现大量兑换外币的情况，就能较为容易地进行阻止，防止贪腐官员外逃、赃款外流。[②]

“互联网+”条件下顺利进行国际追逃工作需要构建技术-制度反腐协同创新机制，实现技术反腐与制度反腐优势互补。腐败行为将会在大数据时代下无所遁形，腐败分子所产生的数字数据就成为反腐证据，大数据技术为预防和治理腐败、完善国际追逃工作提供了广阔的思路和空间。通过大数据运算、整合、分析功能的运用发展，追逃工作人员在追逃思维上有所改变，在追逃方法上有所增加，在追逃效果上有所提升，而在逃人员的避逃难度有所上升。大数据技术为实现国际追逃机制改革带来新的机遇，在逃人员、追捕环境、追逃难度等相关追逃信息都可以通过大数据技术及时反馈给追逃工作人员。

首先，协同技术健全信息联动、上下畅通、横向协作的防逃追逃追赃机制。当前，反腐追赃追逃工作所面临的国际环境更加复杂、不确定性因素显著增加，国际环境瞬息变幻的特点使得追逃工作更具挑战性，对追逃工作人员履行相关职责提出更高要求。因此需要依托互联网、大数据等新兴技术，提高追逃工作人员的追逃效率和能力。在国际追逃措施中，其中一个重要的环节是圈定在逃人员的基本信息以及其重要关系人，包括他们的亲属、朋友以及其他社会关系成员。追逃工作人员在追捕初期必须充分了解每一个关系人的信息，大数据技术和人工智能可以快速匹配在逃人员与关系人之间的亲密程度等，算法锁定重要关系人，

① 黄其松. 权力监督的类型分析：基于“制度-技术”的分析框架[J]. 中国行政管理，2018(12)：108-113.

② 胡丘陵. 论大数据时代的货币数据化建设[J]. 湖南社会科学，2013(4)：169-171.

研判在逃人员的人物关系网，预判在逃人员的可能出逃轨迹，从而灵活掌握在逃人员出逃方法。同时建立公民大数据信息库，通过大数据、云计算等技术实现公民信息的动态更新，把握腐败分子出逃初期抓捕的"黄金 24 小时"，在追捕最佳时期内尽快确定在逃人员信息和出逃方法，节约追逃成本，快速追捕在逃人员。

其次，完善查处涉外腐败的工具箱，将技术-制度协同优势转化为跨境腐败治理效能。在追逃追赃工作中，既要加强对国际形势的分析研判，也要在解决新问题中使用新工具、新方法。人工智能作为引领人类社会进步的颠覆性技术，对各国的政治、经济、社会、文化、生态文明的发展发挥着不可替代的作用，其在跨境追逃追赃、反洗钱监管方面也有不可比拟的作用与优势。人工智能的分析、计算、逻辑推理能力能够为反洗钱监管和追逃追赃工作提供有力的技术支撑，精准分析个人行为和消费偏好，反馈可疑交易信息、进行风险评估、发出预警提示，协助控制风险、降低决策和人力成本、降低洗钱风险，实现精准防控，有效提升防范洗钱监控的有效性、精准性，有利于跨境反腐败合作的高效性、协调性。

此外，随着大数据等数字信息技术的发展，各国视频监控技术也得以发展，例如我国的"天网"工程视频监控技术和无人机技术，实现了对自然环境和社会环境的监控，可以快速熟悉追逃环境，更加精确快速定位在逃人员的处所，也会对追逃工作有所突破。腐败外逃人员可以凭借非法集资到处购置隐秘房产，可以随时变换藏身地点，使得追逃工作难度更高。因此，在追逃开始前，绘制追逃路线有利于减轻追逃工作人员负担，快速定位追逃方向。在绘制追逃路线时，要预先对可能的突发事件进行评估，利用大数据对比分析决策的特点，制定出最佳追逃路线，同时提供多条合理追逃路线，让贪腐无所遁形、无处逃窜。"猎狐"国际追逃工作切断了贪污腐败分子的后路，完善了党和国家制度反腐治理体系，实现了反腐败工作的闭环。

三、“互联网+”条件下技术反腐与制度反腐协同创新实施路径

实现“互联网+”条件下技术反腐与制度反腐协同创新实施路径要从技术-制度反腐协同创新机制出发，在“制度为体”的基础上辅之以“技术为用”，加强基于新技术协同治理的制度顶层设计，健全运用移云数物链新技术反腐的制度规则：一要推进数字廉洁政府建设，二要发挥数据铁笼威势，三要将区块链技术广泛嵌入政务流程，四要创新廉政教育模式。

（一）推进数字政府建设，云原生技术加速政府数字化转型

1. 加快数字化发展，推动治理体系和治理能力现代化

数字革命是当今世界“百年未有之大变局”的关键变量之一。[①] 随着移云数物链等“互联网+”条件下的新技术迅猛发展，第四次工业革命正在以前所未有的姿态席卷全球。习近平指出，推进国家治理体系和治理能力现代化，运用大数据、云计算、区块链、人工智能等前沿技术推动管理手段、管理模式、管理理念创新，从数字化到智能化再到智慧化，让治理更聪明一些、更智慧一些，是推动治理体系和治理能力现代化的必由之路，前景广阔。[②] 第四次工业革命时期是利用信息化技术促进产业变革的时代，也就是智慧化、智能化时代。中国信通院发布的相关数据显示：2019 年，我国数字经济规模达到 35. 8 万亿元，占 GDP 比重达到 36. 2%；2021 年，我国数字经济规模达到 45. 5 万亿元，占 GDP 比重为 39. 8%；2022 年，我国数字经济规模达到 50. 2 万亿元，占 GDP 比重为 41. 5%；2023 年，我国数字经济规模超过了 55 万亿元，数字经济呈现出良好的发展态势，数字经济核心产业增加值占 GDP 的比重达到了 10%。从数据可

① 许峰. 地方政府数字化转型机理阐释：基于政务改革“浙江经验”的分析[J]. 电子政务，2020（10）：2-19.

② 光明日报评论员. 让城市更智慧一些[N]. 光明日报，2020-04-02.

以看出，我国数字经济的规模在不断扩张，产业数字化不断深入推进。《中华人民共和国国民经济和社会发展第十四个五年规划和2035年远景目标纲要》也提出，迎接数字时代，激活数据要素潜能，推进网络强国建设，加快建设数字经济、数字社会、数字政府，以数字化转型整体驱动生产方式、生活方式和治理方式变革。①

中国共产党高度重视数字化发展，党的十九届五中全会通过的《中共中央关于制定国民经济和社会发展第十四个五年规划和二〇三五年远景目标的建议》，明确提出要“加快数字化发展”，并对数字中国战略作出系统部署。② 新时代的中国正紧紧抓住第四次工业革命带来的契机，向数字政府、智慧社会大跨步转型。近年来，随着移云数物链等“互联网+”条件下新技术的发展，数字政府地方创新实践层出不穷，数字革命和治理转型的齐头并进，极大程度加深了执政党建设数字化转型的急迫性。加强党的建设是我们党的优良传统和重要法宝，中国共产党的执政地位决定了党的建设是实现中国国家治理现代化不可或缺的一部分。党的建设是国家治理现代化的前提，国家治理现代化反过来又进一步促进党的建设。③ 数字治理作为一种新兴的治理模式，正日益成为推进国家治理体系和治理能力现代化的关键驱动力。国家治理体系要随着社会发展进步而不断改革调整，治理能力要根据日益复杂的发展状况而不断优化提升。④ 因此，加快数字化发展，推动治理体系和治理能力现代化，也是提升党的执政能力的必然要求。

2. 加快治理转型，推动数字廉洁政府建设

协同数字化变革与制度反腐创新，实现治理转型，应该从强化“统”的理念入手，统筹发展数字廉洁政府，构建全国信息资源共享体系，推动反腐模式从“单打独斗”发力到“攥指成拳”合力的转变，形成社会治理

① 钱中兵.（两会受权发布）中华人民共和国国民经济和社会发展第十四个五年规划和2035年远景目标纲要[EB/OL].（2021-03-13）[2024-10-07]. http://www.xinhuanet.com/politics/2021lh/2021-03/13/c_1127205564_6.htm.

② 中共中央关于制定国民经济和社会发展第十四个五年规划和二〇三五年远景目标的建议[EB/OL].（2020-11-03）[2024-10-07]. https://www.gov.cn/zhengce/2020-11/03/content_5556991.htm.

③ 刘展旭，董玲玲. 党的建设与国家治理现代化[J]. 人民论坛，2018(34)：54-55.

④ 周文彰. 数字政府和国家治理现代化[J]. 行政管理改革，2020(2)：4-10.

强大合力，助力“不能腐”的体制机制。数字廉洁政府是国家治理体系和治理能力现代化的必然要求，强调政府即平台、公民为中心、高度信息化、政务公开透明，能够有效推动政府在决策、服务、评估等方面的数字化转型。① 数字廉洁政府是全面应用互联网、大数据、云原生、人工智能、主权区块链等“互联网+”新技术，实现全面数字化、智能化的未来政府形态。

数字廉洁政府是电子政务在“互联网+”条件下版本的升级，可分为“互联网+政务管理”“互联网+政务管控”“互联网+政务服务”三个子概念，具体指政府面对“互联网+”时代经济社会基本状况所发生的深刻变化，在管理、服务和基本秩序管控等方面采取相应措施、作出相应调整、形成相应的制度机制和组织体系。②

“互联网+政务”，不仅是政府的一种新的宣传途径，同时还提供了一个真正官民互动的政务平台。数字廉洁政府更开放、更透明的一站式阳光政务流程让信息的传播过程更便捷，让广大人民群众获取政务信息更容易，为更好地监督政府工作提供了现实依据和参考数据。Chon-Kyun Kim 发现，数字政府如果得到高质量的公共官僚机构的支持，可以提高政府的透明度和开放性，从而有效地降低公共事务中官员的腐败程度。③ 比如在出台公共政策时，可以在政务平台先公布，然后列出该政策得以出台的政策数据和分析。通过数据分析让大多数人都感到满意，通过政务信息的公开透明让公共政策更加公平。

依托“互联网+政务管理”，建立阳光示权平台。阳光是最好的防腐剂，一个信息公开透明的社会是贪官污吏的有效杀毒剂。有研究表明，我国各省市区电子政务水平每提升一个标准差，当地腐败水平会下降 0.589~1.858。④ 腐败问题之所以产生，最主要的原因就是权力运行的暗箱操作带来的监督障碍。要建立一个负责任的政府，其中一个重要的因

---

① 胡税根，杨竞楠. 发达国家数字政府建设的探索与经验借鉴[J]. 探索，2021(1)：77-86.

② 后向东. “互联网+政务”：内涵、形势与任务[J]. 中国行政管理，2016(6)：6-10.

③ CHON-KYUN K. Anti-corruption initiatives and e-government：a cross-national study[J]. Public organization review，2014，14(3)：385-396.

④ 李佳奇. 电子政务发展对地区腐败的影响：基于中国 29 个省份面板数据的实证研究[D]. 武汉：华中科技大学，2018.

素是信息公开和透明，一个不可见的政府必然是不负责的。[①] 因此，借助网络平台受众面广、透明度高的特点，在将行政法规、工作计划与决策等内容上网公布的基础上，还应将公示内容逐步扩大至权力清单、流程及运行的全过程，以更好地为社会民众提供全方位、多角度的权力运行相关信息资源。监督需要有信息的保证，在监督者对被监督者所知甚少的情况下，监督很难取得成效。[②] 让权力在阳光下运行，官员腐败问题才能在群众的监督下得到最大限度的遏制。

应用“互联网+政务管控”，建立网络监控平台。建立健全覆盖行政权力运行全程的综合电子监察系统，通过算法预先设计的电子程序将监督嵌入权力运行之中进行有机融合，变事后监督为过程监督、人为监督为电子监督、单体监督为整体监督，实现对权力运行的实时、全程、自动监控，利用数字信息技术有效解决权力运行过程中的随意性问题、操作不规范问题和信息透明度不高的问题。从顶层设计开始，科学规划网络监控平台的反腐倡廉功能，尽快建成全地域、全天候、全业务、全功能的统一网络平台。同时，通过实时采集分析平台的关键数据信息，对行政行为及时进行预警纠错、风险处置，对行政效能进行客观、公正的综合考核与评价，实现权力运行监督管理的动态化、科学化、制度化。

开发“互联网+政务服务”，建立公众参与平台。通过网络平台处理在线办事、举报投诉、咨询政策信息、公众反馈评议等，拓宽公众诉求渠道，引导公众舆论，形成互动便捷、反馈迅速的网络监督效应，推进权力运行规范化，不断提高社会公众的满意度。电子政务使政务环境透明化，全力促进政务理念转变，引领勤政廉洁风气；使工作职能电子化，重新审视公共职责权限，减少腐败滋生土壤；使信息传递无障碍，建立扁平化组织结构，减少腐败产生环节；使信息公开常态化，有效保证公民知情权，防止腐败行为发生。[③] 数字廉洁政府通过提高政务服务信息互联互通性，缩小数字鸿沟、打破数据屏障，提升民众对数字廉洁政府电

---

① 倪星，肖汉宇，陈永亮．“机会-意愿”视角下的反腐败研究[J]．广州大学学报(社会科学版)，2010(8)：5-12+36.

② 轩传树．国外政党对网络传媒的应用及其启示[J]．中国特色社会主义研究，2008(6)：46-49.

③ 张锐昕，刘红波．电子政务反腐败的效力表现与提升策略[J]．行政与法，2013(10)：1-4.

子参与的便利化水平，加强人民群众对国家治理、政府服务的整体满意度。

创新应用云原生技术，大力开发数字政府的反腐倡廉功能。2022 年，中央全面深化改革委员会第二十五次会议审议通过《关于加强数字政府建设的指导意见》，习近平总书记主持会议时强调，要全面贯彻网络强国战略，把数字技术广泛应用于政府管理服务，推动政府数字化、智能化运行，为推进国家治理体系和治理能力现代化提供有力支撑。[①] 云计算平台构成数字政府的“大脑中枢”，大数据的运用组成了信息收集的“细胞群”，为各级政府机构在技术层面提供可靠的 IT 基础服务平台，使行政机构一方面能够通过海量数据实现逻辑性或实证性的计算分析，另一方面能够变被动响应性决策为主动预见性决策。[②] 云原生技术推动了政务云新一代的发展，功耗低、多核架构、独立运行更好的服务网格，在政务云使用过程中不仅仅是存储容器，在开发、设计的过程中就使用了云原生系统，形成云原生生态，可以更好地享受云计算带来的数据、技术红利。数字政府建设的核心内容之一就是系统整合。在国家政策推动下，紧紧围绕“顶层设计、系统整合、互联互通”的基于云原生生态的政务云 2.0 正成为数字政府未来发展的核心技术。

（1）构建整合统一的国家电子政务监察系统

从顶层设计开始，科学规划电子政务公共平台的反腐倡廉功能，尽快建成全地域、全天候、全业务、全功能的统一网络平台，开发数字政府的反腐倡廉功能。目前，我国反腐倡廉模式没有充分利用数字政府统一的网络平台设计反腐倡廉功能，即使存在反腐倡廉功能的数字政府网站也是各自为政，存在数据条块分割问题，整合、集约、协同、共享成为一句空话。而基于云原生生态的政务云 2.0 在国策推动下协同各级数字政府网站的数据库，形成统一的数据接口和数据格式，有助于破除信息孤岛，实现互联互通。此外，移动电子政务也已成为联系各方的“神经网

① 习近平主持召开中央全面深化改革委员会第二十五次会议[EB/OL].（2022-04-19）[2024-10-07]. https://www.gov.cn/xinwen/2022-04/19/content_5686128.htm.

② 审时度势精心谋划超前布局力争主动 实施国家大数据战略加快建设数字中国[N]. 人民日报，2017-12-10（01）.

络”，有助于拓展整个电子政务的载体渠道和网络布局，使得网络间节点由疏松转为致密。信息技术还能实现行政的跨层级、跨地域、跨系统、跨部门、跨业务的协同管理。①

(2)建立数字政府反腐倡廉的权力约束体系

通过在数字政府公共平台对行政过程和内容进行有效公开，可以提高政务透明度，提高民众的监管效力，形成全民监督，扩大公众的参与度，使贪腐者“不敢腐”。数字政府政务平台的程序刚性，可以有效避免权力执行过程中的任意性，实现权力运行程序的规范化。通过各项业务职能的信息化和程序化，在关键环节上设置不同的权限管理，利用信息化手段进行规范和整合，适度分散权力，避免权力过度集中，实现权责明确。通过政务过程的网上公开，能够有效分散公职人员的审批权。通过发展数字政府，能够实现权力运行过程的程序化、规范化和制度化，从源头上有效遏制腐败的发生。

(3)建立数字政府反腐倡廉效果的评估机制

通过对数字政府反腐倡廉效果的客观公正的评估，准确把握数字政府反腐倡廉的实际运行情况，对有效的手段方法及时推广、存在的问题实时迭代，全面实现“互联网+反腐倡廉”模式的转型。积极运用“互联网+”思维，研发数字政府反腐倡廉功能检查与评估系统。数字政府的建设和优化，都离不开相关技术的支持。应鼓励政府部门下企调研，发掘并学习优秀案例，与实际情况相结合，寻找合适的方式方法，利用数字企业的技术优势对数字政府平台进行更新完善。同时也可以探索政企合作之路，利用数字化企业的专业优势和行业经验，为政府打造技术过硬的数字政府服务平台提供服务。

3. 加快协同创新，数字政府建设赋能权力结构变化

数字政府建设赋能权力结构变化，加速技术-制度协同创新，提升政府的数字化、智能化水平。数字政府是以新一代信息技术移云数物链为支撑，通过数据化、智能化、智慧化的演进方式更趋向于平台化的架构

① 审时度势精心谋划超前布局力争主动 实施国家大数据战略加快建设数字中国[N]. 人民日报，2017-12-10(01).

模式和基于数字技术基础的组织层面的赋能、协同与重构，使得政府工作和社会治理更加精准、高效、低成本，国家现代化发展更加稳健快速。“互联网+”条件下的数字政府建设正风起云涌，从纸质政务到电子政务，从传统政府到数字政府，服务方式、治理模式、决策机制、动力要素都发生了巨大变化，民众的参与程度，政府的开放透明，社会资源的整合能力，协同治理的创新都得到了大的提升。

数字化赋能反腐体制机制是指，系统运用数字化思维、数字化认知、数字化技术，把数字化、整体化、智能化贯穿到反腐倡廉的全过程和各方面，对反腐模式的体制、机制、组织、架构、方式、流程、手段、工具等进行全方位、系统性升级变革的统筹过程。创新“互联网+政务服务”，让网络成为信息公开新平台。协同数字化变革与制度反腐创新，推进数字廉洁政府建设更加科学、高效，必须加强顶层设计与布局，统筹数字经济、数字政府和数字社会协同发展，建立健全数字治理赋能反腐新模式。运用“互联网+”条件下移云数物链新技术手段进行腐败防治的制度规则，要打通数字壁垒，以数字化推进国家治理体系和治理能力现代化，基于数据平台的协同与开放，基于数据要素的协同与合作，基于数据资源的决策和服务，构筑技术力量参与的全新腐败治理架构和更高效率、更有责任的协同治理机制。

随着物联网、大数据、人工智能等技术的驱动，第四次工业革命正在以前所未有的姿态席卷全球，第四次工业革命时期是利用信息化技术促进产业变革的时代，也就是智能化时代。当代中国，支撑行政信息技术体系的“互联网+”数字政府，具有强大的功能作用。新一代信息技术以及办公自动化技术，改变了行政参与方式。[①] 数字政府建设必将带来政务服务的数字化、智能化、智慧化，实现政务服务去人工化和去中介化，打破科层制，缩短委托代理环节。数字政府建设同时也将大大降低不规范的自由裁量权，从源头遏制腐败行为。用解构与重构的方式变革，由外部推动到内驱性创新，推进反腐倡廉模式创新，同时建立数字廉洁政

① 审时度势精心谋划超前布局力争主动 实施国家大数据战略加快建设数字中国[N]. 人民日报，2017-12-10 (01).

府治理能力体系。“网络改变着人们的政治观、民主观，改变着政治参与的模式和方法，改变着政府决策的行为，为国家的政治文明、政治发展创设了新的环境。”①科层制正向数字治理扁平化发展，助力不能腐的体制机制。新时代所面临的治理转型中，数字治理在全方位赋能数字政府不能腐过程中发挥着不可或缺的作用。要敢于创新，直面反腐败痛点难点问题，从以人民为中心的视角来设计零容忍的反腐败业务流程协同应用场景，推进政府履职各领域的数字化转型。数字治理强调数据要素的协同与开放，数据资源的协同与合作，数据平台的治理与服务，构建数字廉洁政府，不但能促进政府数据有序开放、适度共享，通过权责限定与优化，还可以有效消除信息孤岛，打破饱受诟病的跨部门、跨领域数据条块分割的困境。发挥政府作为资源、数据占有者与管理者的双重身份的作用，释放大量实时、高质量数据的价值，有效提升政府决策的科学化、民主化水平。协同数字化变革与制度创新，乘着数字革命春风，推动治理体系和治理能力现代化，数字廉洁政府助力反腐倡廉模式的升级，对中国这样一个发展中的超级大国尤为适用。

（二）发挥数据铁笼威势，大数据技术强化不敢腐的震慑

习近平总书记在十九届中央纪委第三次全体会议上用“靶向治疗、精确惩治”八个字，为大数据技术强化不敢腐的震慑，织牢织密反腐败数据铁笼+制度铁笼，发挥技术反腐与制度反腐协同创新指明了前进方向。

1. 靶向治疗，充分发挥大数据技术的“探照灯”作用

解决腐败问题要用好大数据这个技术利刃。阳光是最好的“防腐剂”，正如2013年国务院第一次廉政工作会议召开时李克强总理所说：“让权力的运行公开透明，是廉洁政府建设的重要保证，阳光的地方多了，阴暗的地方就少了，腐败也就少了藏身之地。”②国务院发布的《促进大数据发展行动纲要》提出借助大数据实现政府负面清单、权力清单和责任清单

① 李斌. 网络政治学导论[M]. 北京：中国社会科学出版社，2006：3.

② 国务院廉政工作会议[EB/OL].（2013-03-27）[2024-10-07] http://fanfu.people.com.cn/n/2013/0327/c64372-20929143.html.

的透明化管理，完善大数据监督和技术反腐体系，促进政府简政放权、依法行政。在基层腐败治理场域中，政府借助“互联网+监督”的技术优势，可以实现为群众直接监督赋权、为政府透明行政赋能的治理目标。这一过程不仅是技术对组织的塑造，也是组织对技术的吸纳，更是人民群众对组织的认可与支持，三者的高效互动共同推动着基层腐败治理变革。[①] 大数据反腐是继网络反腐之后应用广泛的又一种高效、精准、震慑力强的反腐技术手段，在实际应用中发挥了极大的效能。

数据技术是数据安全治理的关键支柱，包括政务信息化水平和数据技术应用。2015 年中国信息协会副会长胡小明曾著文指出，政府数据开放强调的是“数据”，特别是“原始数据”的彻底开放，这时公众监督的不仅是政府的行为与态度，还能够监督政府决策的合理性与决策依据，要求政府行政更彻底地透明，有利于防治腐败。[②] 目前我国各级政府掌握约 80% 的数据，让拥有 20% 数据的民众监督拥有 80% 数据的政府，在数字逻辑和数字生态上是存疑的。为了优化数字生态，权力监督指向了数据开放，数据开放又指向了政府内部的权力配置甚至机构设置。从数据出发，共享公共数据是民众权利破茧的法律基础；从算法出发，个体参与并干预算法是权利维持的外部条件，在这样的前提下，数字权利才能得到充分的保障，从而构建数字共同体的基本结构，并形成数字权力的连续性控制。[③] 截至 2023 年 8 月，已有 226 个地方政府上线数据开放平台[④]。加强数字政府建设是建设网络强国、数字中国的基础性和先导性工程，是推进国家治理体系和治理能力现代化的重要举措。数字政府建设的核心是推进公共数据有序共享并提升政府运行的数字化和智能化水平。由于政府掌握了近 70% 高价值数据集，因此政府数据开放成为实现各领域

---

① 陶富林. 基层腐败治理场域中技术与组织的互嵌逻辑：以“互联网+监督”为例[J]. 西南石油大学学报(社会科学版)，2023，25(1)：20-27.

② Fazekas M，Tóth I J. New ways to measure institutionalised grand corruption in public procurement[J]. Social Science Electronic Publishing，2014，10(9)：9-13.

③ 姚尚建. 数字治理中的权力控制与权利破茧[J]. 理论与改革，2022(3)：130-140+156.

④ 复旦大学数字与移动治理实验室. 中国地方公共数据开放利用报告：城市(2023 年度)[R/OL]. (2023-11-01)[2024-04-08]. http://ifopendata.fudan.edu.cn/report.

数据开放共享的关键，是大数据价值创造最大化的基础。[1] 大数据技术可以充分发挥“探照灯”“手电筒”的功能，精准查证腐败行为，在政府已有开放的数据资源中发挥技术效能。惩治贪官、遏制腐败首先要获取违法犯罪分子的定罪线索。以政府采购为例，Mihály Fazekas 和 István János Tóth 认为政府官员广泛的自由裁量权，使其成为最容易受到腐败影响的部门人员，可以利用政府在合同、公司和个人方面生成的大数据，指导政策干预和支持腐败控制。[2] 建立官员信息库，设计一套采集官员的银行记录、航班记录、住宿记录、社交媒体的分享和聊天记录，甚至手机通话记录、GPS 地理位置轨迹等的抓取系统，通过大数据技术对海量数据的挖掘、分析和利用，形成立体的数据单元，靶向治疗，充分发挥大数据技术的“探照灯”作用，能够实现“零容忍”治理腐败。

2. 精确惩治，织牢织密反腐败数据铁笼+制度铁笼

数据铁笼(data cage)定义：以权力运行和权力制约的信息化、数据化、自流程化和融合化为核心的自组织系统工程。其实质是运用大数据思维和相关技术，推动政府行政权力运行过程信息化、数据化、流程化、融合化，实现对政府部门权力运行的监管、预警、分析、反馈、评价和展示，从而构建一套基于数据的权力监督及技术反腐体系。“数据铁笼”是利用大数据的理念、思维和技术，积极探索制度反腐+大数据反腐的成功实践典型案例。

以贵阳市启动实施的数据铁笼行动计划为例，贵阳市政府推行网上办公、网上审批、网上执法，权力运行全程电子化、处处留痕。[3] 数据铁笼能够最大限度地压缩自由裁量权，有效规范权力运行，让权力不敢任性，有助于实现公职人员不敢腐、不能腐。数据铁笼利用大数据技术有效提高了制度执行力，限定了权力的边界，消灭了寻租的灰色地带，保

---

① 天府大数据国际战略与技术研究院.《2018 全球大数据发展分析报告》发布[EB/OL].(2019-05-16)[2024-04-08]. http://www.feds.ac.cn/index.php/zh-cn/xwbd/2809-2018-3.

② Fazekas M, Tóth I J. New ways to measure institutionalised grand corruption in public procurement[J]. Social Science Electronic Publishing, 2014, 10(9): 9-13.

③ 李宇.“互联网+政务”解决社会治理问题：贵州省政府大数据应用经验的启示[J]. 中国党政干部论坛，2015(6): 26-27.

障了制度的权威性和严肃性。贵州省委提出的要着力打造“制度铁笼”和“数据铁笼”，把权力关进制度的笼子，让权力在阳光下运行，是借助大数据技术反腐的先行者，为利用“互联网+”新技术构建不能腐的反腐败工作机制提供了借鉴。

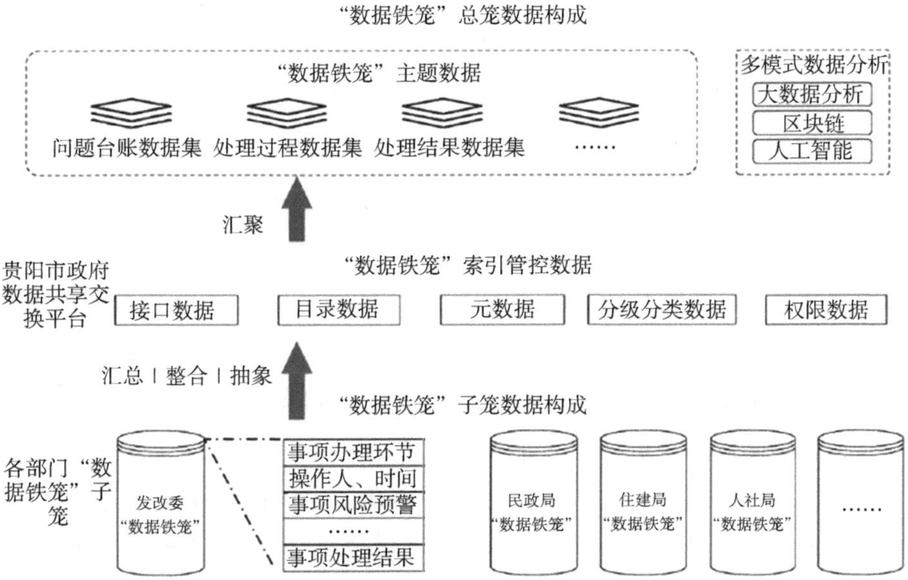

（转引自学习强国：每日科技名词 | 数据铁笼）

借助信息网络技术构建的权力清单、责任清单，把政府内部的权力运行进一步关在制度笼子里面。引入计量反腐学、腐败免疫理论分析基于大数据技术的反腐高危岗位预测与监控，构建全方位立体式的数据铁笼。互联网正在进入“互联网+”数据的 Web 4.0 时代，其突出特征之一就是由用户主导生成的信息内容日益增多，信息数据呈现出爆炸式的增长。大数据时代，人的任何行为都会留下数据痕迹，利用大数据技术追踪腐败行为的痕迹能够还原腐败过程，让腐败无所遁形，必将大大提高反腐效能。

（三）构建价值互联网络，主权区块链赋能不能腐的高压

《贵阳区块链发展和应用》白皮书创新性提出“主权区块链”的概念，

强调互联网、区块链的治理是有规则、有制度、有边界的。主权区块链的技术基础是区块链，但其强调国家主权、政府监督，把技术创新与制度变革高度融合，是技术-制度反腐协同创新的新理念、新思维、新手段。

1. 分布式信息存储，去中心化建立公职人员廉政档案

工业和信息化部2016年发布的《区块链发展白皮书》将区块链定义为一种分布式数据存储、点对点传输、共识机制、加密算法等计算机技术在互联网时代的创新应用模式，它本质上是一种去中心化的数据库。2021年6月7日工业和信息化部、中央网络安全和信息化委员会办公室联合发布《关于加快推动区块链技术应用和产业发展的指导意见》，该指导意见指出，区块链是新一代信息技术的重要组成部分，是分布式网络、加密技术、智能合约等多种技术集成的新型数据库软件，通过数据透明、不易篡改、可追溯，有望解决网络空间的信任和安全问题，推动互联网从传递信息向传递价值变革，重构信息产业体系。区块链作为一种分布式数据库技术方案，其基本特点是去中心化、去信任，并由参与系统的所有节点集体维护，其本质是一种互联网协议。[①] 区块链技术在反腐工作中的应用可以为基于公职人员大数据的管理工作提供最佳的应用模式。公职人员信息上链，通过区块链的分布式数据存储系统，不仅能够极大地保证数据的完整性、准确性和时效性，而且数据可靠、容灾能力一流且具有防篡改机制。将所有公职人员的全部信息登记、储存在区块链上，进行统筹规划、整合资源，健全公职人员信息库，加强全国公职人员管理信息系统建设，形成全国统一数据操作平台，让每名公职人员都可以参与数据库记录、迭代，实现基于区块链的公职人员信息资源协同共享模式。

去中心化建立公职人员廉政档案。公职人员廉政档案上链，基于区块链的治理架构，利用数据的全程留痕、可以追溯、集体维护、公开透明等特点，应用时间戳等技术，确保公职人员廉政信息的唯一对应性，一经确立则不可逆，实现廉洁生命链化。廉政档案上链，将是反腐倡廉+

---

① 许金叶，朱鸯鸯. 区块链信息技术对会计监督的影响研究［J］. 会计之友，2018(1)：156-160.

区块链技术极佳的应用场景之一。信任会增强信息披露意愿并增加信息透明度。[①] 在依法依规保护公职人员个人数据隐私的前提下，廉政生命链化以不可逆的散列记录形式上链，区块链的“诚实”与“透明”，能够促使公职人员更珍惜自己的廉政生命，更重视社会活动中自己的表现，对加强党的政治建设、思想建设、组织建设、作风建设、纪律建设和制度建设，增强党的创造力、凝聚力、战斗力具有重要意义。区块链能够将政府反腐所需的信息数据转化成提高政府反腐效能的资源，通过建立反腐数据信息共享共建平台，消除以往政府各部门的信息孤岛，形成庞大的数据网，且能确保信息更加安全与不被篡改、保证信息的可追溯性与保密性、加强腐败治理的智能化与高效化、增强政府审计对腐败的抑制作用。[②] 互联网诞生50多年，反腐倡廉工作从上网到上链，从+互联网到+区块链，技术赋能反腐败，运用区块链技术提升反腐败模式的科学化、智能化水平前景可期。

区块链技术的另一个独特优势是数据共享与隐私保护相融合的能力，在数据共享的场景中已经获得了有效的应用。“官员作为普通公民，依法享有隐私权，包括私人生活的安宁、私人生活秘密、通信的自由、空间隐私等。网络隐私不是独立的隐私权，它只不过是隐私权在网络环境下的体现。”[③]利用区块链分布式存储技术既能够实现数据安全公开，实现所有节点共享全量数据，又能保障隐私安全。区块链上的信息，可以通过算法加密，实现公职人员隐私信息和反腐数据分离。在保障个人隐私的前提下，对反腐信息透明可查。

2. 智能合约+预言机，实现信任机制从“人”到算法的转变

区块链现在是一个账本系统+智能合约+预言机。区块链以其分布式、透明性、可追溯性、安全性高等技术特征和优势，正在为推进国家治理体系与治理能力现代化提供重要的技术支撑。[④] 腐败问题究其根源，可以

---

① 兰晓霞．移动社交网络信息披露意愿的实证研究：基于隐私计算与信任的视角[J]．现代情报，2017，37(4)：82-86.

② 段琳，张凤侠．区块链技术在腐败治理中的作用研究[J]．会计之友，2018(22)：157-160.

③ 王利明．隐私权的新发展[J]．人大法律评论，2009(1)：3-27.

④ 余宇新，章玉贵．区块链为国家治理体系与治理能力现代化提供技术支撑[J]．上海经济研究，2020(1)：86-94.

归结为信任问题，政府公职人员从公仆变质为官老爷，辜负人民群众赋予他们的信任。《经济学人》杂志把区块链比喻为“信任机器”，可以为信任缺失提供解决方案。区块链技术构建了一种全新的信任机制，实现了从对“人”的信任转变到对机器、对算法的信任。

区块链是一套算法驱动的能够实现机器-算法自洽的封闭系统，提倡“Don't trust，verify”（不要信任，要校验）。区块链用预先构建的代码逻辑，改变了信任建立方式，通过技术实现传统信任范式的颠覆。

区块链技术天然具有反腐功能。智能合约是一种旨在以信息化方式传播、验证或执行合同的计算机协议。智能合约技术以数字化的形式写入区块链，保障其存储、读取、执行整个过程透明可追踪、不可篡改。例如娄底市建设了创新型国有资金竞争性存管比价服务平台，建立以区块链技术为基础的竞争比价服务，为所有机关事业单位资金存管需求方和金融机构提供公开、公正、透明的比价服务平台，通过区块链智能合约保证按既定程序自动运行，防止领导干部干预和介入，对存管比价从发布公告到中标结果公示全过程数据上链存证，永久记录，不可篡改。同时将监管部门接入联盟链，能够实时跟踪监管。这极大降低了“银行揽储”的腐败机会，有效遏制了揽储过程中的腐败问题。①

将区块链技术广泛嵌入政务流程中，可以大大降低人为裁量权，大大降低腐败机会。区块链技术对互联网技术的颠覆性改变在于其迭代了互联网从传递信息解决效率的问题到传递价值解决互联网加快信息传递后如何保证信息可靠网络空间的信任建构。当解决了信任问题并降低信任成本以后，信息真实流转速度大幅提高，通过智能合约设置的算法信任、自动执行，极大提高治理效能，通过预言机联通区块链外的实时新数据，保障区块链上的数据真实可靠。顺序时间戳、廉洁链化实现反腐流程自治性协同。

党政业务工作上链，在区块链上部署智能合约，立足基层流程化工作的实际，可以执行复杂的业务逻辑。通过代码建设规范化、标准化的

① 谢纬，李烨. 区块链探索建立反腐长效机制的“娄底实践”[EB/OL].（2020-09-24）[2021-01-10]. https://ldhn.rednet.cn/content/2020/09/24/8359314.html.

党政业务程序，通过算法设计流程管控系统、登记统计系统、数据留痕系统、党政信息公开系统等，使各项党政工作基于新技术手段规范运作，并沉淀相关数据，为党政工作的进一步精细化提供了参考依据。实行党务、政务公开，扩大民众的知情权已成为网络监督权力腐败规范化发展中一项刻不容缓的任务。“一个公开透明的社会是反腐败的最佳利器。”①让权力在阳光下运行，官员腐败问题才能在群众的监督下得到最大限度的遏制。我国要抓住区块链技术融合、功能拓展的契机，发挥区块链在促进数据共享、优化业务流程、降低运营成本、提升协同效率、建设可信体系等方面的作用，为党员和人民群众带来更好的党务政务工作服务体验。以党费管理为例，目前全国党费管理分散、缴纳滞后、财务核算烦琐、容易出错，已经成为党务工作者最关注、最迫切需要解决的现实问题。党费的收缴、使用和管理，是党的基层组织建设和党员队伍建设中的一项重要工作，而区块链最有影响力的应用就是分布式记账。党费管理上链，利用区块链技术全程记录、顺序时间戳、不可篡改、可追溯等特性，将党费管理场景中的收缴、使用、管理、监督、政策等各个环节纳入区块链管理系统，并且有条件地进行透明公开公示，不仅能够解决党费管理存在的诸多问题，还能提高党费管理的科学化、规范化水平，更方便党员群众的监督。基于区块链的党费管理系统将促进培育党员的自觉性，实现其自治性协同。

3. 推行数字货币，建立严密的反腐监控系统

区块链最早被大家熟知，是因一种新型币种——比特币的出现，区块链是比特币的底层技术，也称为分布式账本技术。2008 年，中本聪在《比特币：一种点对点的电子现金系统》（“Bitcoin：A Peer-to-Peer Electronic Cash System”）一文中首次提出“区块链”的概念，指出区块链是构建比特币数据结构并实现交易信息加密的基础技术。从技术设计的初衷来看，区块链技术就是一个数据库，而且可以实现去中心化。金融领域率先实现了区块链技术应用的落地，数字货币是以区块链为底层技术的一种技术产品。央行行长周小川指出：“数字货币的发行目前主要是替

① 袁峰. 以互联网为工具的反腐败模式研究[J]. 上海行政学院学报，2009(6)：12.

代实物现金，降低传统纸币发行、流通的成本，提高便利性。”中国人民银行十年磨一剑，发行的数字人民币 DC/EP 是中国版的央行数字货币。数字人民币的发行初衷尽管未必是为了打击贪腐行为，但数字货币的天然特性可以减少贪污贿赂、权钱交易，大额依法可追溯，能够减少腐败滋生的土壤，让犯罪行为无法藏匿。数字人民币未来在社会领域的普遍应用也可以减少腐败机会。数字货币的可追溯性，有助于反腐败的金融监控，对于资金流通的处处留痕可追踪，有助于反腐败的监管追踪。全面推行数字货币，建立严密的金融反腐监控系统，推行职务消费电子货币化，对大额资金进行监控，有利于有效掌握资金流向，及时发现违法犯罪行为，也为反洗钱提供了技术保障。① 中国数字货币必将成为反腐败的一把技术利刃。

区块链被誉为继蒸汽机、电力、信息技术之后的颠覆性技术。在技术层面区块链是对互联网的迭代升级和功能完善，在社会层面将会改变组织形态和协作方式的变革。中国共产党作为执政党，必须高度重视信息革命的重大作用和深远影响，抓住机遇、应对挑战，不仅要大力引领和推动区块链在各个领域的运用与发展，而且要率先应用区块链赋能反腐倡廉建设。在 2020 年国际反贪污大会（IACC）上，丹麦发展合作部部长乌拉·特纳斯（Ulla Tørnæs）在其报告中指出，区块链技术不仅可以促进政府采购和公共服务的数字化，还可以实现金融和土地所有权分配方面的透明性，在更广泛的领域里，区块链技术正成为打击政治腐败的重要数字工具。② 截至目前，全球各个技术大国都在积极布局区块链技术发展场域。中国在区块链技术发展中也是佼佼者，致力于提高运用和管理区块链技术的能力，特别是提出主权区块链的概念及应用，使区块链技术在建设网络强国、发展数字经济、助力社会发展等方面发挥更大作用。反腐倡廉+区块链将是未来区块链应用的一个重要场景，它既是信息化时代发展的客观要求，也是党建工作改革创新的必然要求。从上网到上链，

---

① 林瑞青．科学技术在反腐败工作中的应用[J]．中国监察，2010(2)：42-43.

② New report focuses on digital instruments in the fight against corruption [EB/OL]. (2018-10-22) [2021-01-12]. https://um.dk/en/news/newsdisplaypage/?newsID=EB2A6E2C-B30E-4808-943B-31D1434B07C1.

不断提高党建信息化、数字化、智能化水平，确保我们党始终走在时代前列。

（四）创新廉政教育模式，数字孪生增强不想腐的自觉

反腐倡廉建设具有长期性和复杂性，建立一套系统完备的技术-制度反腐协同创新机制，创新廉政教育模式是提升反腐倡廉建设工作的重要一环，必须高度重视并加以组织落实。通过廉政教育，增强公职人员和领导干部理想信念、坚定政治立场、树立正确价值观，提升其素质和能力，减少贪污腐败行为，自觉提高拒腐防变意识，真正做到不想腐。创新廉政教育模式，首要的是解决信息技术进步与廉政教育发展相融合的问题，在解决技术问题的过程中，注重以人为本，以用户需求为出发点，通过打造未来数字孪生新空间、全方位整合平台资源，增强教育的时效性，创新廉政教育形式。

第一，打造未来新空间，数字孪生技术推动廉政教育迈向更高阶段。廉政教育工作历来受到我们党和国家的高度重视，始终确保党的先进性和纯洁性，始终确保做到立党为公、执政为民、清正廉洁。经过百年来的探索和实践，党在廉政教育工作中积累了丰富的经验，取得了一定的成效。但我们传统的廉政教育方式形式过于单一，缺乏灵活性和创新性，降低了公职人员的学习热情和积极性，也降低了廉政教育的有效性。随着“互联网+”条件下新技术的蓬勃发展，廉政教育方式与信息技术实现了深度融合，数字化的廉政教育形式如雨后春笋般出现，数字政府平台也嵌入了廉政教育模块，还有政务微信、政务微博，各级政府的廉政教育App、小程序等。随着大数据、人工智能、云计算等新兴技术的发展，廉政教育方式依托新技术创新廉政教育基地，如云南省的网上廉政教育展馆、广西壮族自治区的3D“党风廉政教育基地网上展览”、河南省的数字化廉政教育基地，丰富了廉政教育的资源，拓展了廉政教育的空间，增强了廉政教育的生动性。但在众多的新技术融入廉政教育的过程中，也存在着一些追求形式主义，花架子大于内容的问题。

数字孪生作为近年来的新技术和新概念，备受学界的关注。随着大

数据、云计算等新技术在教育领域的广泛应用和实践，数字孪生与大数据等新技术的融合在教育领域具有广阔的发展前景。将数字孪生技术赋能廉政教育，建设廉政教育孪生空间、廉政教育孪生课堂，推动廉政教育向更加人性化和智能化的方向发展。廉政教育孪生空间是指利用数字孪生技术、AR、VR、MR、XR 等其他信息技术所构建的，具有虚实共生、数据驱动、交互友好、动态更新等特性的智能空间，这一空间的建设实现了廉政教育从信息化迈向数字化发展新阶段。[①] 在用户价值上，廉政教育孪生空间是从用户角度出发，打造用户可接受的可视化形态，学习者能够在其中进行虚拟漫游、实验探索、场馆游览和技能训练，[②] 数字孪生技术打造的高仿真廉政教育场景，可以让学习者在仿佛身临其境的场景中进行学习和演练。廉政教育孪生空间的整个系统和空间具备智慧化的特征，通过数据驱动和动态感知实现对学习者的深度洞察，对学习者的学习情况和掌握程度进行实时动态分析。在教育实践上，廉政教育孪生空间建设通过将知识、经验等具象化的形式满足用户的个性化需求，[③] 规避学习者在廉政教育学习过程中遇到的如时空限制、缺乏实际演练场景等问题。通过高仿真技术，模拟真实演练场景，提升身临其境的代入感，从而帮助学习者在学习中提升理想信念，在实际演练中不断反思进而提升自己。打造廉政教育个性化空间，创建学习者孪生画像，通过激活廉政教育资源活性，打破常规守旧的学习方式，设置任务程式的游戏环节，提供多种可供选择的情景模式，以激发学习者的学习兴趣，培养学习者明辨是非的思辨精神，真正做到不想腐的自觉。

廉政教育课堂作为一种未来互动课堂，将从平面呈现走向立体化。[④] 通过数字孪生技术将物理世界与虚拟世界连接起来，为学习者打造一个立体三维的学习课堂。随着数字孪生技术的发展应用，传统课堂的

---

① 郑浩，王娟，王书瑶，等. 认知数字孪生体教育应用：内涵、困境与对策[J]. 现代远距离教育，2021(1)：13-23.

② 李海峰，王炜. 数字孪生智慧学习空间：内涵、模型及策略[J]. 现代远程教育研究，2021，33(3)：73-80+90.

③ 张枝实. 数字孪生技术的教育应用研究[J]. 成人教育，2021，41(5)：27-32.

④ 朱珂，张莹，李瑞丽. 全息课堂：基于数字孪生的可视化三维学习空间新探[J]. 远程教育杂志，2020，38(4)：38-47.

廉政教育形式等被重新赋予新的技术形式，将促进廉政教育形式、廉政教育方式、廉政教学形态等发生演变，让学习者体验到更深层次、更有意义的学习，在廉政教育课堂上培养学习者发现自身包括素质、修养、道德等方面的问题，在解决问题的同时及时作出反思，加深思维记忆和肌肉记忆。廉政教育孪生课堂建设使得廉政教育形式变为全天候全场域学习，经由数字孪生技术虚拟产生的数字孪生体可以打破时空限制，随时保持在线学习状态，廉政教育学习者可以随时随地自发学习；廉政教育孪生课堂建设使得教育方式发生改变，教师、学生、智能机器共处于同一空间，“教师—智能机器”“学生—智能机器”的人机交互与“教师—学生”的面对面交互相辅相成。[①] 在廉政教育孪生课堂上，学习孪生体将作为知识主体主动参与廉政知识学习中；廉政教育孪生课堂使得廉政教学形态变为动态呈现，廉政教育学习者可以根据自己喜欢的模式选择知识点的接收，动态、静态、视觉、听觉等都可根据主体喜好随意选择，智能机器也可根据学习者主体信息，为其定制符合主体兴趣爱好的课程内容，还可根据需要提供廉政教育孪生专家进行“现场版”的廉政教育演示与指导。廉政教育孪生课堂以丰富的视觉效果、沉浸式的学习环境、优质的专家资源、定制化的学习计划等优势，实现真正的虚实互联，营造出动态化、个性化、赏心悦目的智慧学习全新教与学环境。[②]

第二，全方位整合资源，提高廉政教育的针对性和有效性。一方面，建设多终端整合廉政教育系统，实现跨平台实时学习，实现廉政教育“零距离”。“互联网+”反腐倡廉教育不但创造了更多的教学内容，还创新了用户体验，具有传统反腐倡廉教育无法比拟的优势。“互联网+”模式使得“5+2”和“白加黑”的全天候实时、跨平台学习成为可能。借助互联网平台、终端优势，多渠道提供培训接口，做到线上线下相结合，各个平台无缝衔接的学习通道。借助大数据、云计算等技术，建立丰富的知识库，整合资源，提供海量教学信息内容，学员可以自主选择、下载收看所需

① 张艳丽，袁磊，王以宁，等. 数字孪生与全息技术融合下的未来学习：新内涵、新图景与新场域[J]. 远程教育杂志，2020，38(5)：35-43.

② 褚乐阳，陈卫东，谭悦，等. 虚实共生：数字孪生(DT)技术及其教育应用前瞻：兼论泛在智慧学习空间的重构[J]. 远程教育杂志，2019，37(5)：3-12.

教学信息，从而使廉政教育信息形成全国性的资源共享。一方面，开放的平台保障了我们随时随地学习的愿望，无论你在办公室还是出差途中，都可以使用设备连接网络，从而获取培训内容进行自主学习。另一方面，上网设备上网方式不断发展变化，上网速度不断提高，上网终端越来越便捷，更重要的是，“互联网+”可以提供不同的渠道、不同的平台，供你选择最优学习路径：网页浏览、学习 App，微信专用账号、QQ 交流分享群，培训平台和应用程式丰富多样。“互联网+”廉政教育改变了传统上固化的培训方式，建立了一体化的网上培训系统，实现了终身学习的便捷条件。每时每刻，只要学员想学习，就可以利用不同的平台，如 QQ 群、微信、学习网站、客户端、App 等。这种高技术培训将更好更快帮助学员更新知识结构，有利于政府成员及时地交流学习和探讨，这也是构建学习型政府的必然选择。

另一方面，秉承“用户反馈”升级迭代，不断更新完善系统。“互联网+”廉政教育的根本目标是一切以用户为中心，实现目标的策略是及时快速迭代教育内容，让反腐倡廉教育跟上现实需求和科技发展。“用户”的需求是持续变化的，知识、技术的更新速度也是日新月异的，通过互联网构建的学习系统需要不断地按照“用户反馈”来更新教育内容、知识系统和考核目标，以满足用户个性化学习需求及个性化教育内容定制。因此，“互联网+”廉政教育模式是动态的、开放的，需要实时维护更新。以学员为中心，满足学员个性化学习需求，提供选择机制和教学内容个性化定制。通过“互联网+”廉政教育减轻了监管部门在组织培训、考核等方面繁重的工作量，提高了培训工作的效率。满足“用户”掌握新技术新理论的刚性要求，满足“互联网+”条件下对反腐倡廉教育的诉求，从而使廉政教育水平与新时代的步调一致。学员的需求是不断变化的，知识、技术的更新是迅速的。新知识、新技术、新的规章制度、新的社会热点、新生事物每天都可能呈现。

通过互联网构建的学习系统需要不断地完善升级，不断按照“客户反馈”来更新知识系统和考核目标。“互联网+”廉政教育的课程设计、应用数据和案例素材不是封闭不变的，而是根据培训对象的需求和业务活动需要随时做出调整改进。培训系统的微迭代微更新，打破了过去廉政教育“有什么就提供什么”、教师“会什么就讲什么”的传统做法，符合学员不断地掌握新技术新理论的时代要求，满足了互联网时代对公共管理人才快速成长的诉求，极大地提高了廉政教育的精准性和有效性。

结语

人类社会伴随着私欲和权力的产生，不论什么时代和社会制度，腐败与反腐败之间的博弈从来就没有停止过，博弈的双方都在利用一切资源和手段达到自己的目的。经过长期与腐败的不懈斗争，人们已经渐渐意识到，反腐败是一项复杂的工作。腐败的成因复杂，是多种因素交互作用的结果，因此反腐败必然需要采取多样化的治理手段和措施。本课题从技术反腐与制度反腐协同创新的维度出发，通过行动研究方法和案例比较分析方法对国内外技术反腐与制度反腐协同创新问题进行研究，提出解决腐败顽疾，必须构建技术-制度反腐双轮驱动协同创新机制。

制度反腐实践困境表明，只有协同推进技术反腐，在全方位、立体式的制度体系中融入“互联网+”条件下的新技术，堵住反腐败工作中的制度漏洞，清除反腐败体制机制建设的外围障碍，才是完善制度反腐的必由之路。在国家反腐治理工具中，技术与制度两类“工具”存在着不同的职能。两类“工具”的互补性决定了只有加强两者的相互协同才能取得反腐效果的叠加效应。一段时间以来，反腐模式存在着新技术倡导者提倡的技术反腐主导型和新制度主义的制度反腐主导型两种倾向，本课题研究提出协同创新双轮驱动技术-制度反腐共同主导型，打破技术和制度的协同创新壁垒，向数字化要新动能、向国家治理现代化要新活力，激活海量数据潜能系统、全要素协同提高反腐效能。

制度反腐是反腐治权的根本举措，“制度为体，技术为用”是技术反腐与制度反腐协同创新的基本理念。只有在“制度为体”的基础上辅之以

“技术为用”，才能有效发挥技术反腐的热炉效应(hot stove rule)。将“互联网+”条件下的新技术引入反腐倡廉建设，不仅使反腐倡廉“杀毒软件”从“1.0版”升级到“2.0版”，而且将更进一步激发反腐倡廉体制机制的创新与完善，在“把权力关进制度的笼子里”的基础上再添加一把牢不可破的技术钢锁。技术反腐与制度反腐之间不是简单的线性关系，两者相较，制度反腐是决定性要素。技术反腐创新是在制度反腐创新保驾护航下的叠加效应，制度体系创新是技术手段创新反腐的先决条件，只有以制度体系创新反腐为体，技术手段创新反腐为用，实现二者协同创新，才能有效发挥二者反腐实效。

技术与制度作为反腐败的两种有效手段与工具，通过实践基础上的技术反腐典型案例剖析，单纯使用技术治理腐败问题具有局限性；通过“三不”融合的制度反腐典型案例剖析，单纯使用制度治理腐败问题也有局限性；双轮驱动技术-制度协同创新将是实现技术反腐与制度反腐优势互补、模式创新、效能提升的必然选择。从技术-制度反腐协同创新机制出发，可以进一步优化补齐制度短板，实现制度反腐科学化、实效化。价值追求、技术手段、制度体系和创新主体是“互联网+”条件下技术反腐与制度反腐协同创新机制的要素。四个要素之间相互作用、突破创新壁垒、释放创新资源，通过全要素协同创新、全员协同创新、全时空协同创新，以实现遏制腐败的过程、作用方式和程序。

在“互联网+”条件下，从分析当前制度反腐实践面临的新挑战、新问题出发，本课题建议加强基于新技术协同治理的制度顶层设计，健全运用移云数物链新技术反腐的制度规则，构筑技术反腐参与的补全制度短板的制度反腐顶层设计，实现协同治理创新机制，提升反腐的严密性、科学性、精准性、有效性，实现反腐败从治标到治本的转变，从人治到法治的升华，从权力反腐到权利反腐的回归。这就是本课题研究的目的和意义之所在。

参考文献

[1]汪玉凯. 十八大以来反腐败斗争的时代紧迫性与历史必然性[J]. 人民论坛，2017(13)：28-31.

[2]过勇. 经济转轨、制度与腐败[M]. 北京：社会科学文献出版社，2007.

[3]胡鞍钢. 有效防止腐败的关键是从制度入手[J]. 改革，2000(6)：101-107.

[4]杜创国，刘静静. 构建网络反腐的“制度化”机制[J]. 当代世界与社会主义，2011(1)：160-162.

[5]孔川，方世南. 网络监督的概念及其价值蕴涵[J]. 电子政务，2014(7)：34-39.

[6]郑兴刚，梁丽辉. 网络监督：概念、缘起及优势[J]. 电子政务，2015(1)：2-7.

[7]高翔. 浅析当前网络舆论监督的优缺点[J]. 新闻界，2010(4)：76-77.

[8]韩笑. 我国网络反腐的现实困境及其破解路径[J]. 理论导刊，2020(3)：75-79.

[9]张桥，贺先志. 走向公共治理：网络反腐及其出路[J]. 天津行政学院学报，2017，19(2)：71-75.

[10]董豪. 网络反腐的制度困境与路径突破[J]. 人民论坛，2014(20)：48-50.

[11]任祥. 网络反腐的边际递减效应及其规制调适论析[J]. 云南师范大学学报(哲学社会科学版)，2020，52(5)：66-76.

[12]牛先锋. 网络反腐的功能及其完善对策[J]. 理论视野，2009

(5)：44-46.

[13]杜治洲. 基于惩治腐败有效性模型的网络监督研究[J]. 中国行政管理，2010(7)：15-17.

[14]张绍荣. 论制约权力运行的网络监督体系建构[J]. 中国延安干部学院学报，2020，13(6)：71-78.

[15]王金鑫. 网络舆论监督的法律边界与规制[J]. 新闻战线，2017(22)：38-39.

[16]陶爱萍. 建立健全法律制度规范网络反腐[J]. 中国党政干部论坛，2017(7)：58-61.

[17]曹军辉，王瑛. 涉腐网络舆情的网格化治理机制研究[J]. 重庆大学学报(社会科学版)，2020，26 (6)：211-221.

[18]徐祖澜. 网络反腐的谣言困局与法治出路[J]. 法制与社会发展，2015，21(6)：149-161.

[19]王立军. 网络反腐的无序化及其治理：基于国家治理现代化的视角[J]. 广西社会科学，2017(8)：138-141.

[20]熊光清. 中国的网络监督与腐败治理：基于公民参与的角度[J]. 社会科学研究，2014(2)：42-46.

[21]王世谊. 网络反腐：权力监督的新形式[J]. 江苏行政学院学报，2012(1)：105-110.

[22]邬彬，肖汉宇. 大数据应用与腐败治理：基于“互联网+监督”的深度个案研究[J]. 暨南学报(哲学社会科学版)，2020，42(10)：78-94.

[23]蒋尧明，杨嘉逸，唐衍军. “区块链+国家审计”助力大数据反腐研究[J]. 北京工商大学学报(社会科学版)，2021，36(1)：37-45.

[24]燕继荣. 中国腐败治理的制度选择[J]. 哈尔滨工业大学学报(社会科学版)，2013，15(03)：1-12.

[25]黄金存. 改革开放以来中国共产党制度反腐探析[J]. 大连干部学刊，2010 (11)：33-38.

[26]张亚茹. 中国共产党制度反腐的历史考察及现实启示[J]. 理论导刊，2021(07)：50-55.

[27]张亚明，苏妍嫄. 党的十八大以来反腐倡廉的新经验[J]. 理论探索，2016(01)：49-53.

[28]赵玥. 新时代反腐败的思维向度[J]. 东北师大学报(哲学社会科学版), 2020(5): 174-178+188.

[29]姜明安. 论法治反腐[J]. 行政法学研究, 2016(2): 3-10.

[30]蒯正明. 推进制度反腐建设的路径探究[J]. 中国特色社会主义研究, 2016(6): 97-102.

[31]牛月永, 刘桂英. 提高制度反腐执行力问题探析[J]. 理论导刊, 2017(6): 13-16.

[32]何铭, 孙亮亮. “互联网+”新模式下反腐理念和方式的创新研究[J]. 学校党建与思想教育, 2019(04): 55-56+61.

[33]黄其松. 权力监督的类型分析: 基于“制度-技术”的分析框架[J]. 中国行政管理, 2018(12): 108-113.

[34]刘源源. 完善网络反腐机制的思考[J]. 郑州大学学报(哲学社会科学版), 2014, 47(3): 16-19.

[35]程文浩. 新型腐败的识别要点和惩治策略[J]. 人民论坛, 2021(17): 47-49.

[36]SHIKHA V-D. The application of e-government for increased service delivery in South Africa[J]. The international journal of interdisciplinary social sciences: annual review, 2009, 4(1): 455-466.

[37]AVERIN A V, POGODINA I V, MANOKHIN V S. Encouraging citizen adoption of e-governance—a way to reduce corruption [C]//Proceedings of international scientific and practical conference “Russia 2020—a new reality: economy and society” (ISPCR 2020). Atlantis press, 2021: 13-16.

[38]马克思, 恩格斯. 马克思恩格斯选集: 第3卷[M]. 北京: 人民出版社, 2012.

[39]中国共产党反腐倡廉文献通典(1921—1949): 第1卷[M]. 北京: 党建读物出版社, 2009.

[40]邵景均. 新中国反腐简史[M]. 北京: 中共党史出版社, 2009.

[41]邓小平. 邓小平文选: 第二卷[M]. 北京: 人民出版社, 2005.

[42]中国共产党第十九次全国代表大会. 中国共产党第十九次全国代表大会关于十八届中央委员会报告的决议[M]//中国共产党第十九次全国代表大会文件汇编. 北京: 人民出版社, 2017.

[43]中共中央纪律检查委员会，中共中央文献研究室. 习近平关于党风廉政建设和反腐败斗争论述摘编[M]. 北京：中央文献出版社，2015.

[44]习近平. 关于全面从严治党论述摘编[M]. 北京：中央文献出版社，2016.

[45]习近平. 决胜全面建成小康社会 夺取新时代中国特色社会主义伟大胜利：在中国共产党第十九次全国代表大会上的报告[M]. 北京：人民出版社，2017.

[46]解读 2020 年全国纪检监察机关监督检查、审查调查年报[EB/OL]. (2021-01-26) [2021-01-28]. http://news.jcrb.com/jsxw/2021/202101/t20210126_2246127.html.

[47]陈磊. 个别领导干部仍认不清反腐败形势[N]. 法制日报，2018-01-13(05).

[48]毛泽东. 毛泽东选集：第五卷[M]. 北京：人民出版社，1975.

[49]建国以来毛泽东文稿：第 3 册[M]. 北京：中央文献出版社，1988.

[50]中共华北局：向贪污腐化倾向展开坚决的斗争[J]. 海军建设，1951(23)：84-89.

[51]王顺生，李军. "三反"运动研究[M]. 北京：中共党史出版社，2006.

[52]中国反贪调查编辑委员会：中国反贪调查：第 1 卷[M]. 北京：中国检察出版社，2004.

[53]中共中央党史研究室. 中国共产党简史[M]. 北京：中共党史出版社，2001.

[54]王传利. 毛泽东与反腐倡廉[M]. 北京：中国社会科学出版社，2015.

[55]汪玉凯. 运动式反腐难以撼动腐败发生的制度性基础[EB/OL]. (2016-11-26)[2024-10-07]上观. https://web.shobserver.com/news/detail?id=37539.

[56]张文显. 习近平法治思想研究(下)：习近平全面依法治国的核心观点[J]. 法制与社会发展，2016(4)：5-47.

[57]卡马克. 过去 20 年各国政府改革的经验与教训[J]. 经济社会体制比较，2005(6)：79-87.

[58]贝卡利亚. 论犯罪与刑罚[M]. 北京：中国法制出版社，2005.

[59]阿里研究院. 互联网+从 IT 到 DT[M]. 北京：机械工业出版社，2015.

[60]卡斯特. 网络社会：跨文化的视角[M]. 周凯，译. 北京：社会科学文献

出版社，2009.

[61]透明国际. 制约腐败：建构国家廉政体系[M]. 清华大学公共管理学院廉政研究室，译. 北京：中国方正出版社，2000.

[62]约翰斯顿. 论作为一种反腐败战略的社会发展[J]. 经济社会体制比较，1995(6)：25-30.

[63]唐绪军. 新媒体蓝皮书：中国新媒体发展报告 NO. 4[M]. 北京：社会科学文献出版社，2013.

[64]弗兰泽奇. 技术年代的政党[M]. 北京：商务印书馆，2010.

[65]中央纪委研究室，中央纪委监察部廉政理论研究中心. 反腐败：权力制约和监督：权力制约和监督理论研讨会暨第三届西湖·廉政论坛综述[J]. 中国监察，2011(5)：34-36.

[66]约翰斯顿. 腐败征候群：财富、权力和民主[M]. 袁建华，译. 上海：上海人民出版社，2009.

[67]程同顺，张文君. 网络反腐提升政治信任的逻辑批判[J]. 理论与改革，2013(4)：50-54.

[68]江胜尧. 论网络揭腐与党的执政能力建设[J]. 电子政务，2013(6)：87-92.

[69]中共中央纪律检查委员会，中共中央文献研究室. 习近平关于严明党的纪律和规矩论述摘编[M]. 北京：中国方正出版社，2016.

[70]2020 年全国 5G 网络建设稳步推进 已开通 5G 基站超 71. 8 万个[EB/OL]. (2021-01-25) [2021-07-20]. https://baijiahao. baidu. com/s? id = 1689849218002916818&wfr=spider&for=pc.

[71]BERTOT J C, JAEGER P T, GRIMES J M. Using ICTs to create a culture of transparency: e-government and social media as openness and anti-corruption tools for societies[J]. Information quarterly, 2010, 27(3): 264-271.

[72]郭小安. 网络民主的可能及限度[M]. 北京：中国社会科学出版社，2011.

[73]中国互联网发展报告(2021)[EB/OL]. (2021-07-14)[2021-07-20]. http://app.myzaker.com/news/article.php?pk=60ee59478e9f0957923dbec7.

[74]习近平. 在十八届中共中央政治局第一次集体学习时的讲话[EB/OL]. (2012-11-18) [2016-07-02]. http://news. xinhuanet. con/2012-11/19/c_

123967017_3.htm.

[75]于水，王占龙．网络反腐的现实困境与发展对策：基于2012—2015年10个典型网络反腐案件的分析[J]．廉政文化研究，2015(6)：54-61.

[76]毛泽东．毛泽东文集：第3卷［M]．北京：人民出版社，1996.

[77]艾根．全球反腐网：世界反贿赂斗争[M]．吴勉，译．成都：四川天地出版社，2006.

[78]阿特休尔．权力的媒介[M]．北京：华夏出版社，1989.

[79]江金权．学好党史必修课反腐倡廉的中国答案[EB/OL]．(2021-05-20)[2021-05-27]．https://www.ccdi.gov.cn/toutiao/202105/t20210520_242249.html.

[80]邓小平．邓小平文选：第3卷[M]．北京：人民出版社，1993.

[81]王明高．构建中国特色的科学反腐制度[J]．湘潭大学学报，2015(1)：40-43.

[82]中共中央文献研究室．习近平关于全面深化改革论述摘编[M]．北京：中央文献出版社，2014.

[83]陈家喜，黄慧丹．制度治党的概念缘起与实施路径[J]．特区实践与理论，2015(3)：34-37.

[84]涂子沛．正在到来的数据革命：大数据[M]．桂林：广西师范大学出版社，2015.

[85]工业和信息化部，中央网信办印发．关于加快推动区块链技术应用和产业发展的指导意见[EB/OL]．(2021-06-07)[2021-06-17]．http://www.cac.gov.cn/2021-06/07/c_1624629407537785.htm.

[86]PRASAD K. E-governance policy for modernizing government through digital democracy in India[J]. Journal of information policy，2012(2)：183-203.

[87]何琳娣．松原：正风反腐走进大数据时代[N]．吉林日报，2016-9-7(012).

[88]骆成明．大数据时代科技反腐的作用与发展建议[J]．廉政文化研究，2016(4)：49-53.

[89]中共中央文献研究室．十五大以来重要文献选编(上)[M]．北京：人民出版社，2000.

[90]中共中央文献研究室．十四大以来重要文献选编(上)[M]．北京：人民出版社，1996.

[91]中央纪委国家监委通报2020年全国纪检监察机关监督检查、审查调查情况[EB/OL].(2021-01-26)[2021-07-16]. https://www.ccdi.gov.cn/toutiao/202101/t20210125_234753.html

[92]中央纪委国家监委通报2021年上半年全国纪检监察机关监督检查、审查调查情况[EB/OL].(2021-07-16)[2021-07-20]. https://www.ccdi.gov.cn/toutiao/202107/t20210715_246133.html.

[93]郑方辉，李莹. 反腐败绩效：腐败治理的目标与逻辑[J]. 行政论坛，2020(6)：26-33.

[94]李燕凌，吴松江，胡扬名. 我国近年来反腐败问题研究综述[J]. 中国行政管理，2011(11)：115-119.

[95]杜治洲，任建明. 贪官"潜伏期"为何越来越长[J]. 人民论坛，2010(10)：38-39.

[96]习近平. 习近平关于党风廉政建设和反腐败斗争论述摘编[M]，北京：中央文献出版社，2015.

[97]中共中央文献研究室. 十八大以来重要文献选编(中)[M]. 北京：中央文献出版社，2016.

[98]中共中央文献研究室. 中共中央关于坚持和完善中国特色社会主义制度、推进国家治理体系和治理能力现代化若干重大问题的决定辅导读本[M]. 北京：人民出版社，2019.

[99]吴丽萍，王蔚. 构建一体推进不敢腐不能腐不想腐体制机制研究[J]. 湖湘论坛，2020(6)：97-105.

[100]黄仁宇. 资本主义与二十一世纪[M]. 上海：生活·读书·新知三联书店，1997.

[101]韦伯. 经济与社会(上卷)[M]. 上海：商务印书馆，1997.

[102]斯科特. 国家的视角：那些试图改善人类状况的项目是如何失败的[M]. 王晓毅，译. 北京：社会科学文献出版社，2004.

[103]刘永谋. 技术治理的逻辑[J]. 中国人民大学学报，2016，30(6)：118-127.

[104]彭亚平. 技术治理的悖论：一项民意调查的政治过程及其结果[J]. 社会，2018，38(3)：46-78.

[105]刘永谋. 智能社会与技术治理[J]. 金融博览，2020(6)：24-25.

[106]宋辰熙，刘铮. 从“治理技术”到“技术治理”：社会治理的范式转换与路径选择[J]. 宁夏社会科学，2019(6)：125-130.

[107]解胜利，吴理财. 从“嵌入-吸纳”到“界权-治理”：中国技术治理的逻辑嬗变：以项目制和清单制为例的总体考察[J]. 电子政务，2019(12)：95-107.

[108]MEIJER A，BOLIVAR M. Governing the smart city[J]. International review of administrative sciences，2016，82(2)：392-408.

[109]刘永谋. 技术治理主义：批评与辩护[N]. 光明日报，2017-02-20(15).

[110]渠敬东，周飞舟，应星. 从总体支配到技术治理：基于中国30年改革经验的社会学分析[J]. 中国社会科学，2009(6)：104-127+207.

[111]刘永谋，兰立山. 大数据技术与技治主义[J]. 晋阳学刊，2018(2)：75-80.

[112]王张华，颜佳华. 人工智能驱动政府治理变革：技术逻辑、价值准则和目标指向[J]. 天津行政学院学报，2020，22(6)：3-11.

[113]韩志明. 国家治理技术的演进逻辑：以流动人口管控实践为例[J]. 武汉大学学报(哲学社会科学版)，2017(5)：106-116.

[114]黄晓春. 技术治理的运作机制研究：以上海市L街道一门式电子政务中心为案例[J]. 社会，2010，30(4)：1-31.

[115]付建军. 社区治理中的信息技术效率悖论及其形成逻辑：基于上海市J街道的实证分析[J]. 探索，2019(6)：54-63.

[116]应小丽，钱凌燕. “项目进村”中的技术治理逻辑及困境分析[J]. 行政论坛，2015，22(3)：93-97.

[117]单勇. 数据主义对犯罪治理体系的重塑及其反思[J]. 南京社会科学，2021(1)：84-90.

[118]谭九生，杨建武. 智能时代技术治理的价值悖论及其消解[J]. 电子政务，2020(9)：29-38.

[119]张现洪. 技术治理与治理技术的悖论与迷思[J]. 浙江学刊，2019(1)：160-165.

[120]吕德文. 治理技术如何适配国家机器：技术治理的运用场景及其限度[J]. 探索与争鸣，2019(6)：59-67+158.

[121]张丙宣. 技术治理的两副面孔[J]. 自然辩证法研究，2017，33

(9)：27-32.

[122]张丙宣. 政府的技术治理逻辑[J]. 自然辩证法通讯，2018，40(5)：95-102.

[123]代佳欣. 从割裂到弥合：政府技术治理何以可能与何以可为[J]. 学习与实践，2020(11)：76-84.

[124]韩兆柱，马文娟. 数字治理理论及其应用的探索[J]. 公共管理评论，2016(1)：92-109.

[125]孔繁玲. 构建电子治理运行机制探析[J]. 学习与探索，2006(6)：70-72.

[126]鲍静，贾开. 数字治理体系和治理能力现代化研究：原则、框架与要素[J]. 政治学研究，2019(3)：23-32.

[127]彭锦鹏. 全观型治理：理论与制度化策略[J]. 政治科学论丛(台湾)，2015(3)：23+61-62+75.

[128]韩兆柱，单婷婷. 网络化治理、整体性治理和数字治理理论的比较研究[J]. 学习论坛，2015(7)：44-49.

[129]马文娟. 数字治理理论及其应用研究[D]. 秦皇岛：燕山大学，2016.

[130]韩兆柱，李亚鹏. 数字化治理、网络化治理与网格化管理理论的比较研究[J]. 学习论坛，2017，33(3)：41-46.

[131]韩兆柱，翟文康. 西方公共治理前沿理论的比较研究[J]. 教学与研究，2018(2)：86-96.

[132]王少泉. 数字时代治理理论：背景、内容与简评[J]. 国外社会科学，2019(2)：96-104.

[133]黄建伟，刘军. 欧美数字治理的发展及其对中国的启示[J]. 中国行政管理，2019(6)：36-41.

[134]优化政府治理：打造“重要窗口”的着力点[N]. 浙江日报，2020-12-08(03).

[135]黄建伟，陈玲玲. 国内数字治理研究进展与未来展望[J]. 理论与改革，2019(1)：86-95.

[136]杜治洲. 科技反腐的理论模型与风险防范[J]. 安徽师范大学学报(人文社会科学版)，2011(6)：630-634.

[137]本清松，彭小兵. 人工智能应用嵌入政府治理：实践、机制与风险架

构：以杭州城市大脑为例[J]. 甘肃行政学院学报，2020(3)：29-42+125.

[138]谭必勇，刘芮. 数字政府建设的理论逻辑与结构要素：基于上海市“一网通办”的实践与探索[J]. 电子政务，2020(8)：60-70.

[139]沈费伟，叶温馨. 基层政府数字治理的运作逻辑、现实困境与优化策略：基于“农事通”“社区通”“龙游通”数字治理平台的考察[J]. 管理学刊，2020，33(6)：26-35.

[140]国家互联网信息办公室. 数字中国发展报告(2020年)[EB/OL]. (2021-07-03)[2021-7-16]. https://m.thepaper.cn/baijiahao_13434166.

[141]王洛忠，闫倩倩，陈宇. 数字治理研究十五年：从概念体系到治理实践：基于CiteSpace的可视化分析[J]. 电子政务，2018(4)：67-77.

[142]沈费伟，诸靖文. 数据赋能：数字政府治理的运作机理与创新路径[J]. 政治学研究，2021(1)：104-115+158.

[143]叶笃初. 党的建设辞典[M]. 北京：中共中央党校出版社，2009.

[144]钟伟军，郭剑鸣. 双向吸纳：网络反腐中的国家-社会关系及其转型：基于“严书记”反腐案例的分析[J]. 社会科学战线，2020(10)：190-203.

[145]杨金卫. 网络：一种新的反腐利器：网络反腐的制度规范与机制创新研究[M]. 济南：山东人民出版社，2012.

[146]谢金林. 网络反腐发展趋势、特点及对策研究：基于2004—2013年大数据的分析[J]. 北京行政学院学报，2014(2)：39-44.

[147]彭晓薇. 论网络反腐[J]. 求实，2013(3)：65-66.

[148]尚建宝. “网络反腐热”的冷思考[J]. 领导科学，2010(8)：27-28.

[149]高新民. 网络监督是人民的监督[J]. 理论视野，2010(9)：1.

[150]王达，王彬彬. 网络监督行为的导正及他国的经验[J]. 中共中央党校学报，2013(4)：56-60.

[151]王瑞娟. 网络廉政监督存在的主要问题探讨[J]. 科学社会主义，2014(3)：54-57.

[152]彭文龙，李珍珍. 从网络反腐到大数据反腐：基于信息流建构的反腐模式创新[J]. 廉政文化研究，2017(5)：17-23.

[153]杜晓燕. 应用大数据提升腐败治理的能力与成效[N]. 检察日报，2020-07-07(08).

[154]董石桃. 技术执行视域中的大数据反腐：情境、结构与绩效[J]. 行政

论坛，2019(6)：14-22.

[155]董石桃. 技术执行的组织整合：整体性治理视域下的大数据反腐[J]. 电子政务，2020(11)：24-36.

[156]唐衍军，肖长春. 区块链助力网络反腐：技术—制度协同视角[J]. 理论导刊，2020(10)：73-78.

[157]高辉，程佳琪. 区块链反腐的制度逻辑、国际经验及政策启示[J]. 中国领导科学，2021(1)：117-123.

[158]吴振坤. 20 世纪共产党执政的经验教训[M]. 北京：中央党校出版社，2002.

[159]包玉秋. 法治与契约理论下制度反腐的立法构架[J]. 社会科学辑刊，2011(3)：57-59.

[160]黄少平，蒋政. 反腐制度与制度反腐[J]. 中共郑州市委党校学报，2007(2)：77-78.

[161]张源，陈氚，陈明珠，等. 制度反腐与国家治理现代化："中国社会发展高端论坛·2015"会议综述[J]. 科学社会主义，2015(1)：151-157.

[162]李旭辉. 关于我国制度反腐的思考[J]. 人民论坛，2012(10)：52-53.

[163]纪程. "权力寻租"与"制度反腐"[J]. 社会科学论坛，2004(7)：28-31.

[164]黄少平，蒋政. 制度反腐与反腐制度[J]. 唯实，2007(5)：36-38.

[165]辛宇. 制度反腐的核心是什么[J]. 领导科学，2010(7)：18.

[166]创新发展管党治党规律[N]. 南京日报，2017-06-28(11).

[167]郑春勇. 西方学术界关于协同演化理论的研究进展及其评价[J]. 河北经贸大学学报，2011(5)：14-19.

[168]马克思，恩格斯. 马克思恩格斯全集：第 2 卷[M]. 北京：人民出版社，1957.

[169]芳汀. 构建虚拟政府：信息技术与制度创新[M]. 邵国松，译. 北京：中国人民大学出版社，2004.

[170]谢遥. 从虚拟走向现实：网络反腐的式微及其制度化出路[J]. 理论导刊，2018(2)：41-46.

[171]覃甫政. 贵州黔西南：借力大数据精准揪出扶贫"蛀虫"[J]. 中国纪检监察，2018 (21)：38-39.

[172]创新推动纪检监察工作高质量发展：写在市纪委十三届六次全会召开之际[EB/OL].（2021-02-09）[2021-05-02]. http://www.sysjjjc.gov.cn/3002/3634/3635/content_179990.html.

[173] How governments can leverage policy and blockchain technology to stunt public corruption [EB/OL].（2020-06-15）[2021-07-20]. https://www.weforum.org/ agenda/2020/06/ governments-leverage-blockchain-public-procurement-corruption.

[174]中国华融资产管理股份有限公司党委书记、董事长赖小民个人涉嫌严重违纪违法接受纪律审查和监察调查[EB/OL].（2018-04-17）[2021-07-20]. https://www.ccdi.gov.cn/scdc/zggb/zjsc/201804/t20180417_170141.html.

[175]中国华融资产管理股份有限公司原党委书记、董事长赖小民严重违纪违法被开除党籍和公职[EB/OL].（2018-10-15）[2021-07-20]. https://www.ccdi.gov.cn/scdc/zggb/djcf/201810/t20181015_181425.html.

[176]天津检察机关依法对赖小民涉嫌受贿、贪污、重婚案提起公诉[EB/OL].（2019-02-15）[2021-07-20]. https://www.spp.gov.cn/spp/qwfb/201902/t20190215_408134.shtml.

[177]《国家监察》再现影视剧场景[N]. 南京日报，2020-01-14(A09).

[178]李秋芳. 反腐倡廉蓝皮书：中国反腐倡廉建设报告(2011 年)[M]. 北京：社会科学文献出版社，2012.

[179]王寿林. 权力制约和监督研究[M]. 北京：中共中央党校出版社，2007.

[180]倪星，孙宗锋. 经济发展、制度安排与地方反腐败力度：基于G省面板数据的分析[J]. 经济社会体制比较，2015(5)：92-103.

[181]全球200多处机密区域遭泄露，美英俄法荷被一款手表坑了[EB/OL].（2018-07-11）[2018-08-20]. https://www.guancha.cn/internation/2018_07_11_463658.shtml.

[182]中华人民共和国数据安全法(全文)[EB/OL].（2021-06-11）[2021-06-20]. https://baijiahao.baidu.com/s?id=1702265632126727684&wfr=spider&for=pc.

[183]关于下架“滴滴出行”App 的通报[EB/OL].（2021-07-04）[2021-07-06]. http://www.cac.gov.cn/2021-07/04/c_1627016782176163.htm.

[184]大数据揭秘：高温天部委加班大比拼[EB/OL].（2015-07-18）[2016-

07-20]. http://www.xinhuanet.com/politics/2015-07/18/c_1115967447.htm.

[185]滴滴提交招股书，网约车这场“无限游戏”只是刚开篇[EB/OL]. (2021-06-18) [2021-06-20]. https://www.thepaper.cn/newsDetail_forward_13163156.

[186]最高法：中国互联网司法发展已从“跟跑”走向“领跑”[EB/OL]. (2021-06-18)[2021-06-20]. http://www.chinapeace.gov.cn/chinapeace/c100007/2021-06/18/content_12500371.shtml.

[187]审时度势精心谋划超前布局力争主动 实施国家大数据战略加快建设数字中国[N]. 人民日报，2017-12-10(01).

[188]马克思，恩格斯. 马克思恩格斯选集：第3卷[M]. 北京：人民出版社，1995.

[189]王岐山. 全面从严治党把纪律挺在前面忠诚履行党章赋予的神圣职责[N]. 人民日报，2016-01-25.

[190]李后强，李贤彬. 大数据时代腐败防治机制创新研究[J]. 社会科学研究，2015(1)：29-36.

[191]WATTS D. A twenty-first century science[J]. Nature，2007，2(1)：445+489.

[192]党明辉，杜骏飞. 中国大数据研究学术进展分析[J]. 中国网络传播研究，2013(1)：248-264.

[193]Rubinstein I S. Voter privacy in the age of big data[J]. Wisconsin Law Review，2014(5)：861-936.

[194]刘筱勤，庄国波. 防腐反腐的制度“疫苗”：官员财产监控制度[J]. 领导科学，2016(2)：8-11.

[195]毛泽东. 毛泽东文集：第2卷[M]. 北京：人民出版社，1993.

[196]郭文亮. 制度反腐新课题：如何加强对党内权力监督者的监督[J]. 理论探索，2016(3)：28-35.

[197]郭文亮. 全面从严治党必须把好“三关”[J]. 观察与思考，2015(12)：58-61.

[198]习近平. 加强反腐倡廉法规制度建设 让法规制度的力量充分释放[EB/OL]. (2015-06-28)[2016-12-02]. http://politics.rmlt.com.cn/2015/0628/392541.shtml.

［199］马克思，恩格斯. 马克思恩格斯全集：第 6 卷［M］. 北京：人民出版社，1961.

［200］亨廷顿. 变化社会中的政治秩序［M］. 上海：生活·读书·新知三联书店，1989.

［201］赵振华，蔡爽爽. 网络监督体系化研究：以网络反腐法治化为切入点［J］. 重庆邮电大学学报(社会科学版)，2014(3)：36-41.

［202］习近平主持中共中央政治局第十二次集体学习并发表重要讲话［EB/OL］.（2019-01-25）［2021-01-20］. http://www.gov.cn/xinwen/2019-01/25/content_5361197.htm.

［203］人民是最强大的监督力量，从严治党必须依靠人民［N］. 人民日报，2014-12-02.

［204］如何更加突出发挥监督治理效能 推动国家治理体系和治理能力现代化［N］. 中国纪检监察报，2020-12-24（06）.

［205］蔡宝刚. 迈向权利反腐：认真对待微博反腐的法理言说［J］. 法学，2013(5)：3-12.

［206］格罗弗斯塔林. 公共部门管理［M］. 陈宪，译. 上海：上海译文出版社，2003.

［207］毛寿龙. "网络政治"带来了什么［J］. 人民论坛，2007(14)：16-17.

［208］俞可平. 治理与善治［M］. 北京：社会科学文献出版社，2000.

［209］李伟权. 政府回应论［M］. 北京：社会科学文献出版社，2005.

［210］刘源源. 建构网络权力反腐与权利反腐的制度化沟通机制［J］. 学习论坛，2015(1)：49-51.

［211］郑兴刚. 网络监督优势析论［J］. 理论视野，2013(6)：54-56.

［212］郭小安. 网络民主的可能及限度［M］. 北京：中国社会科学出版社，2011.

［213］李辉. 超越国家中心主义：中国腐败治理的历史梳理［J］. 文化纵横，2013(6)：56-62.

［214］马克思，恩格斯. 马克思恩格斯全集［M］. 北京：人民出版社，1957.

［215］孙志惠. 发挥信息技术在反腐倡廉中的积极作用［J］. 投资与创业，2016(4)：158-159.

［216］喻国明. 传媒责任：时代的发展与内涵的转变［J］. 新闻与传播研究，

2009(6)：11-13.

[217]香港廉署专家：贪腐官员最怕的不是死刑而是被抓几率.［EB/OL］.(2017-05-11)［2017-9-10］. http://opinion.caixin.com/2017-05-11/101088992.html.

[218]杨晓渡. 国家监察委员会关于开展反腐败国际追逃追赃工作情况的报告［EB/OL］.(2020-08-10)［2021-06-20］. https://www.ccdi.gov.cn/toutiao/202008/t20200810_223555.html.

[219]中国编织全球追逃网缉捕贪官：外逃人数仍未知［EB/OL］.(2009-02-23)［2021-06-20］. https://news.ifeng.com/mainland/200902/0223_17_1029247.shtml.

[220]艾克曼. 腐败与政府［M］. 王江，程文浩，译. 北京：新华出版社，1999.

[221]王世谊. 关于权力腐败与权力制约研究的几个问题［J］. 中共浙江省委党校学报，2016，32(1)：101-108.

[222]杨钰恬，鲍梦若，尹文婷，等. 大数据时代反腐败研究：以我国的“天网行动”为例［J］. 领导科学，2016(26)：53-55.

[223]许峰. 地方政府数字化转型机理阐释：基于政务改革“浙江经验”的分析［J］. 电子政务，2020(10)：2-19.

[224]刘展旭，董玲玲. 党的建设与国家治理现代化［J］. 人民论坛，2018(34)：54-55.

[225]周文彰. 数字政府和国家治理现代化［J］. 行政管理改革，2020(2)：4-10.

[226]胡税根，杨竞楠. 发达国家数字政府建设的探索与经验借鉴［J］. 探索，2021(1)：77-86.

[227]后向东. “互联网+政务”：内涵、形势与任务［J］. 中国行政管理，2016(6)：6-10.

[228] CHON-KYUN K. Anti-corruption initiatives and e-government: a cross-national study［J］. Public organization review, 2014, 14(3): 385-396.

[229]金鸿浩，童庆庆. 高级领导干部腐败犯罪的“大数据画像”及廉洁治理对策：基于十八大以来125个腐败案例的实证分析［J］. 中共天津市委党校学报，2020(3)：47-57.

[230]倪星，肖汉宇，陈永亮．“机会-意愿”视角下的反腐败研究[J]．广州大学学报(社会科学版)，2010(8)：5-12+36.

[231]轩传树．国外政党对网络传媒的应用及其启示[J]．中国特色社会主义研究，2008(6)：46-49.

[232]张锐昕，刘红波．电子政务反腐败的效力表现与提升策略[J]．行政与法，2013(10)：1-4.

[233]李斌．网络政治学导论[M]．北京：中国社会科学出版社，2006.

[234]国务院廉政工作会议[EB/OL]．(2013-03-27)[2024-10-07]．http://fanfu.people.com.cn/n/2013/0327/c64372-20929143.html.

[235] FAZEKAS M, Tóth I J. New ways to measure institutionalised grand corruption in public procurement[J]. Social science electronic publishing, 2014, 10(9): 9-13.

[236]李宇．“互联网+政务”解决社会治理问题：贵州省政府大数据应用经验的启示[J]．中国党政干部论坛，2015(6)：26-27.

[237]许金叶，朱鸯鸯．区块链信息技术对会计监督的影响研究[J]．会计之友，2018(1)：156-160.

[238]兰晓霞．移动社交网络信息披露意愿的实证研究：基于隐私计算与信任的视角[J]．现代情报，2017(4)：82-86.

[239]段琳，张凤侠．区块链技术在腐败治理中的作用研究[J]．会计之友，2018(22)：157-160.

[240]王利明．隐私权的新发展[J]．人大法律评论，2009(1)：3-27.

[241]余宇新，章玉贵．区块链为国家治理体系与治理能力现代化提供技术支撑[J]．上海经济研究，2020(1)：86-94.

[242]谢纬，李烨．区块链探索建立反腐长效机制的“娄底实践”[EB/OL]．(2020-09-24)[2021-01-10]．https://ldhn.rednet.cn/content/2020/09/24/8359314.html.

[243]袁峰．以互联网为工具的反腐败模式研究[J]．上海行政学院学报，2009(6)：12.

[244]林瑞青．科学技术在反腐败工作中的应用[J]．中国监察，2010(2)：42-43.

[245]New report focuses on digital instruments in the fight against corruption[EB/

OL］.（2018-10-22）［2021-01-12］. https://um.dk/en/news/newsdisplaypage/?newsID= EB2A6E2C-B30E-4808-943B-31D1434B07C1.

［246］郑浩，王娟，王书瑶，等. 认知数字孪生体教育应用：内涵、困境与对策［J］. 现代远距离教育，2021(1)：13-23.

［247］李海峰，王炜. 数字孪生智慧学习空间：内涵、模型及策略［J］. 现代远程教育研究，2021，33(3)：73-80+90.

［248］张枝实. 数字孪生技术的教育应用研究［J］. 成人教育，2021，41(5)：27-32.

［249］朱珂，张莹，李瑞丽. 全息课堂：基于数字孪生的可视化三维学习空间新探［J］. 远程教育杂志，2020，38(4)：38-47.

［250］张艳丽，袁磊，王以宁，等. 数字孪生与全息技术融合下的未来学习：新内涵、新图景与新场域［J］. 远程教育杂志，2020，38(5)：35-43.

［251］褚乐阳，陈卫东，谭悦，等. 虚实共生：数字孪生(DT)技术及其教育应用前瞻：兼论泛在智慧学习空间的重构［J］. 远程教育杂志，2019，37(5)：3-12.

后记

互联网作为人类最重要的通用目的技术，它深刻影响着中国政治、经济、社会、文化、生态等各个方面。习近平总书记在2015年的第二届世界互联网大会开幕式上就指出，中国正在实施互联网+行动计划，推进数字中国建设。到2024年底，中国的“互联网+”新经济形态已初步形成，网络化、智能化、服务化、协同化的“互联网+”产业生态体系也基本完善。未来的中国将全面建成社会主义现代化强国，未来的社会将是人工智能技术主导的数字社会，未来的市场将是高效规范、公平竞争、充分开放的全国统一大市场……面对百年变局的加速演进，党的建设如何与时俱进是十分重要的命题，反腐败斗争则是其中攸关存亡的关键环节。

2014年，我在中山大学从事中共党史与党建方向博士后研究工作，我开始关注并思考“互联网+”在反腐倡廉领域的协同作用与影响。本书是在我主持的国家社科基金青年项目研究报告的基础上拓展延伸完善而成，书中梳理了大量的数据、政策文件及经典案例，同时采用行动研究法对“技术反腐与制度反腐”进行深入剖析研究，探讨“互联网+”条件下技术反腐与制度反腐协同创新模式，提出了“互联网+”条件下的技术反腐与制度反腐协同创新实施路径。由于个人知识面的限制，本书内容可能会存在不成熟的地方，恳请同行专家学者们给予宝贵的建议，我将在后续的科研中不断增益完善。

“千磨万击还坚劲，任尔东西南北风。”本书得以顺利出版，除了自己对科研的热爱与坚持，离不开众多专家学者、同行及组织平台的鼎力支持和帮助。感谢我的导师郭文亮教授，他严谨的治学态度、理论与实践相结合的治学方法、在党建领域深厚的学术造诣都令我受益匪浅，老师独到的见解指引着研究方向、丰富了研究层次、提高了研究水平；感谢我的科研团队伙伴们，他们在各自擅长的研究方向上有着卓越的科研成果，本书的许多观点和思路在大家的交流碰撞中臻于完善，在此向他们表达衷心的谢意；感谢评审专家们的专业建议，其高屋建瓴的大视野时常让我茅塞顿开、拍案叫绝；感谢我的研究生巫丽珠、张停停、姚侠、赵淑娴，她们不辞辛苦地协助处理海量资料、细致耐心地查漏补缺，力求将研究成果完美呈现。感谢中山大学和华南农业大学提供的科研支持和保障，特别是华南农业大学马克思主义学院资助了本书的出版；感谢湖南大学出版社的悉心指导与编校；最后感谢我的家人，无论任何时候，我做任何抉择，他们都坚定地予以支持、鼓励和陪伴，这份无条件的包容理解，一直温暖且支撑着我在科研的道路上笃定前行。

黄威威

2024 年 12 月